Richtig bauen: Ausführung

Neubau und Umbau

Peter Burk
Günther Weizenhöfer

4., aktualisierte Auflage
45. – 50.000 Exemplare
© 2012, Verbraucherzentrale NRW, Düsseldorf

Alle veröffentlichten Beiträge sind urheberrechtlich geschützt. Das
gilt auch gegenüber Datenbanken und ähnlichen Einrichtungen.
Die Reproduktion – ganz oder in Teilen – durch Nachdruck, foto-
technische Vervielfältigung oder andere Verfahren – auch Auszüge,
Bearbeitungen sowie Abbildungen – oder Übertragung in eine von
Maschinen, insbesondere Datenverarbeitungsanlagen, verwend-
bare Sprache oder die Einspeisung in elektronische Systeme bedarf
der vorherigen schriftlichen Zustimmung des Verlags. Alle übrigen
Rechte bleiben vorbehalten.

Verbraucherzentrale Nordrhein-Westfalen
ISBN 978-3-86336-015-3

Zu diesem Buch

„Das Leben ist eine Baustelle" – ein Satz, über den viele schmunzeln, dessen Inhalt aber jeder schnell nachvollziehen kann, der selbst vor der Herausforderung des Bauens steht. Eine Baustelle bringt komplizierte Abläufe unter Beteiligung vieler Menschen und Einsatz hoher Geldsummen mit sich. Ohne Strukturierung und Steuerung geht hier schnell etwas schief. Dieser Ratgeber befasst sich mit der Durchführung von Neu- und Umbauvorhaben für private Bauherren wie den Neubau von Einfamilienhäusern, Doppelhäusern, Mehrfamilienhäusern sowie An- oder Umbauten bei bestehenden Gebäuden. Es geht aber nicht um Holzbauten, sondern ausschließlich um den Bau von Massivhäusern.

Der Ratgeber setzt voraus, dass eine Baugenehmigung entweder nicht notwendig war oder aber bereits von den Behörden erteilt wurde, also vorliegt. Ab diesem Zeitpunkt ist die Phase der Bauplanung abgeschlossen. Die Phase der Bauausführung, mit der Vorbereitung, Durchführung und Abwicklung der Baustelle, behandelt dieses Buch.

Je nachdem, mit welchem Baupartner ein Vorhaben umgesetzt werden soll, müssen sich Auftraggeber bzw. Bauherren unterschiedlich intensiv mit dem Bauablauf und der Qualitäts- und Kostenkontrolle auseinandersetzen. Aus diesem Grund werden zu Beginn die möglichen Partner vorgestellt.

Durch die Kontrolle des Bauablaufs können bereits im Vorfeld viele Schwierigkeiten und Fehler vermieden werden. Wenn nach Erhalt der Baugenehmigung die Bauphase beginnt, sind eine gute und umfassende Ausschreibung sowie aufmerksame Kontrolle und Dokumentation der Handwerkerleistungen besonders wichtig. Ihre Baustelle sollte daher von einem engagierten, qualifizierten und erfahrenen Architekten bzw. Bauleiter betreut werden. Bauen Sie mit einem Bauträger oder Generalübernehmer, können Sie einen unabhängigen Bausachverständigen für Kontrollen mit einbeziehen. So besteht die Chance, weitgehend von Mängeln verschont zu werden.

Es lohnt sich außerdem, bei größeren Bau- oder Umbauvorhaben schon im Vorfeld Kontakt zu einem auf Baurecht spezialisierten Anwalt aufzunehmen und dessen Leistungen von Anfang an in das Kostenbudget mit einzuplanen. Er kann Ihre Bauverträge vor Vertragsabschluss prüfen und steht Ihnen bei Problemen kurzfristig zur Seite. Auch hat er so die Chance, sich von Beginn an die Rechtswerkzeuge zu schaffen, die er braucht, um Sie später gegebenenfalls optimal verteidigen zu können.

Trotz aller Fachleute sollten auch Sie regelmäßig auf der Baustelle anwesend sein und den Bauablauf mit Fotos dokumentieren, denn Sie sind letztlich der Bau- und Vertragspartner der beteiligten Unternehmen und Fachingenieure. Lassen Sie sich beim Bauen mit dem Bauträger das Betretungsrecht der Baustelle vertraglich zusichern. Wenn Sie mit solider Finanzierung, Planung, Kontrolle, Dokumentation und rechtlicher Beratung an Ihr Vorhaben herangehen, haben Sie schon viel für das Gelingen getan.

Alle Checklisten und Formulare finden Sie auch als kostenpflichtigen Download im Internet: **www.vz-nrw.de/baucheck**.

Inhalt

3   Zu diesem Buch

9   **Mögliche Vertragspartner beim Bauablauf**
10   Bauen mit dem Architekten
12   Bauen mit dem Baubetreuer
13   Erwerb vom Bauträger
14   Bauen mit dem Generalübernehmer
15   Bauen mit dem Generalunternehmer
16   Kauf eines Fertighauses
17   Bauen in Eigenregie

19   **Die Vorbereitung der Bauphase eines Neubaus**
20   Prüfen der Planunterlagen auf Vollständigkeit
24   Flächenplanung der freien Grundstücksfläche
26   Terminplanung
29   Fachingenieure
32   Anträge und Anzeigen bei Behörden
36   Anträge bei Versorgungsunternehmen
39   Präventive Einschaltung eines auf Baurecht spezialisierten Anwalts

41   **Die Vorbereitung der Bauphase eines Umbaus**
42   Prüfen der Planunterlagen auf Vollständigkeit
45   Flächennutzung, Raumnutzung und Bestandsschutz
51   Terminplanung
53   Fachingenieure
54   Anträge und Anzeigen bei Behörden
58   Anträge bei Versorgungsunternehmen
60   Präventive Einschaltung eines auf Baurecht spezialisierten Anwalts

61 Auswahl und Beauftragung der Unternehmer für die Bauleistungen

62 Rechtlicher Rahmen für die Zusammenarbeit
66 Bauabzugsteuer für Bauleistungen
67 Vollständige Ausschreibungsunterlagen
74 Auswahl von Handwerksunternehmen
76 Einholen von Angeboten
77 Auswertung der Angebote
78 Bietergespräche
78 Auftragserteilung

81 Sicherheits-, Gesundheits- und Versicherungsschutz auf Baustellen

82 Die Baustellenordnung
85 Absicherung der Baustelle nach außen
87 Gefahrstoffe auf der Baustelle
88 Arbeitsschutz auf der Baustelle
94 Versicherungsschutz auf der Baustelle

99 Die Baustellensteuerung

100 Aufgaben des Bauleiters während der Bauphase
105 Ordnerstruktur, Jour fixe, Bautagebuch, Aktennotiz
108 Mängel während der Bauphase
114 Behinderungsanzeigen der Unternehmer
116 Rechnungsprüfung von Abschlagszahlungen
120 Kostenkontrolle und Kostensteuerung
123 Nachtragsforderungen der Unternehmer
125 Das sollten Sie auf der Baustelle dabeihaben

127 Die Gewerke – Qualitätskontrolle der Bauausführung

130	1	Herrichten des Grundstücks
132	2	Wasserhaltung während der Bauphase
134	3	Die Baustelleneinrichtung
136	4	Aushubarbeiten
138	5	Rohbauarbeiten: Gründung
142	6	Rohbauarbeiten: Kellergeschoss
146	7	Drainage
147	8	Rohbauarbeiten: Obergeschosse
153	9	Zimmererarbeiten
155	10	Dachdeckerarbeiten: Steildach
159	11	Dachdeckerarbeiten: Flachdach
165	12	Klempner- bzw. Blechnerarbeiten
170	13	Fensterarbeiten
173	14	Rollladenarbeiten
175	15	Fassade mit Wärmedämmverbundsystem
178	16	Putzfassade
181	17	Klinkerfassade
185	18	Fassade mit Holzverschalung
188	19	Heizungsarbeiten
191	20	Sanitärinstallation
196	21	Elektroinstallation
199	22	Lüftungsanlage
203	23	Blitzschutzanlage
205	24	Schlosserarbeiten
207	25	Innenputzarbeiten
209	26	Estricharbeiten
213	27	Trockenbauarbeiten
217	28	Fliesenarbeiten
221	29	Malerarbeiten
223	30	Schreinerarbeiten
228	31	Parkettarbeiten
230	32	Teppich- und Linoleumbelagsarbeiten
232	33	Luftdichtigkeit allgemein

235 Fertigstellung, Abnahme, Schlussrechnung, Gewährleistung
236 Fertigstellung und Abnahme
241 Prüfung der Schlussrechnung
244 Mängel nach Abnahme
246 Gewährleistungssicherung
247 Honorarschlussrechnung des Architekten, Bauleiters oder Fachingenieurs

251 Anhang

Mögliche Vertragspartner beim Bauablauf

Je nachdem, mit welchen Vertragspartnern Sie Ihr Bau- oder Umbauvorhaben umsetzen, ergeben sich für Sie unterschiedliche Handlungsweisen und Verantwortlichkeiten während der Bauphase. Auch die Verantwortlichkeit für die Abwicklung des Bauvorhabens gegenüber Behörden ist unterschiedlich.

Viele Prüfungen, die in diesem Buch beschrieben werden, müssen von Ihren Vertragspartnern durchgeführt werden, gehören also zum Leistungsumfang der Auftragnehmer. Die Baupraxis zeigt aber, dass dies nicht immer passiert, und macht deutlich, wie wichtig es ist, dass auch Sie als Bauherr genau wissen, was im Bauablauf eigentlich veranlasst oder geprüft werden muss. Sie können dieses Buch daher gut dazu nutzen, die Arbeit der Unternehmen zu kontrollieren. Wenn Sie bei einzelnen Prüfpunkten in den Gewerkechecklisten (⟶ Seite 128 ff.) feststellen, dass Ihnen eine Kontrolle fachlich nicht möglich ist, können Sie die Checklisten auch Ihrem Vertragspartner, zum Beispiel dem Architekten, aushändigen und sie sich geprüft und abgezeichnet wieder zurückgeben lassen.

Tipp

Weitere und ausführlichere Informationen zu den einzelnen Vertragspartnern erhalten Sie in den themenspezifischen Ratgebern der Verbraucherzentralen. Die Adressen der Verbraucherzentralen finden Sie im Anhang (⟶ Seite 254 ff.).

Bauen mit dem Architekten

Für Neubauten und jede Form von Umbauten ist der Architekt der klassische Vertragspartner. Ein Architekt kann entweder für Teilleistungen beauftragt werden, also zum Beispiel nur für die Planung eines Neubaus, der dann in Eigenregie durchgeführt wird, oder nur für die Bauleitung bei einem Umbau, für den keine Baugenehmigung nötig ist. Oder der Architekt wird mit der Gesamtabwicklung eines Bauvorhabens beauftragt. Auch als Sachverständiger für die begleitende Kontrolle eines Bauträgers kann ein Architekt infrage kommen.

Der Architekt arbeitet auf der Grundlage der **Honorarordnung für Architekten und Ingenieure**

Steckbrief Architekt

Bauaufgaben	Neubauten und Umbauten
Leistungsumfang	Gesamtabwicklung oder Teilleistungen von Planung, Ausschreibung und Bauleitung
Rolle des Bauherrn	Intensiv und individuell beteiligt am Bauprozess, unmittelbar verantwortlich gegenüber Behörden, direkter Vertragspartner der Fachingenieure und der Handwerker

Leistungsphasen nach § 33 der Honorarordnung für Architekten und Ingenieure (HOAI)

Leistungsphase	Grundleistungen
1 Grundlagenermittlung	Ermitteln der Voraussetzungen zur Lösung der Bauaufgabe durch die Planung
2 Vorplanung (Projekt- und Planungsvorbereitung)	Erarbeiten der wesentlichen Teile einer Lösung der Planungsaufgabe
3 Entwurfsplanung (System- und Integrationsplanung)	Erarbeiten der endgültigen Lösung der Planungsaufgabe
4 Genehmigungsplanung	Erarbeiten und Einreichen der Vorlagen für die erforderlichen Genehmigungen oder Zustimmungen
5 Ausführungsplanung	Erarbeiten und Darstellen der ausführungsreifen Planungslösung
6 Vorbereitung der Vergabe	Ermitteln der Mengen und Aufstellen von Leistungsverzeichnissen
7 Mitwirkung bei der Vergabe	Ermitteln der Kosten und Mitwirkung bei der Auftragsvergabe
8 Objektüberwachung (Bauüberwachung)	Überwachen der Ausführung des Objekts
9 Objektbetreuung und Dokumentation	Überwachen der Beseitigung von Mängeln und Dokumentation des Gesamtergebnisses

(HOAI). Diese ordnet zur Bemessung des Honorars das zu errichtende Gebäude nach Schwierigkeitsgrad bestimmten Honorarzonen zu. Wohnhäuser beispielsweise werden den Honorarzonen III und IV zugeordnet, ein Krankenhaus der Zone V, eine Scheune den Zonen I bis II.

Die Arbeit wird in neun Leistungsphasen unterteilt. Für die Bauphase relevant sind zum einen die **Leistungsphase 6 „Vorbereitung der Vergabe"** und **Leistungsphase 7 „Mitwirkung bei der Vergabe",** innerhalb derer der Architekt unter anderem Leistungsverzeichnisse für die Ausschreibung der auszuführenden Arbeiten erstellt, Angebote bei Handwerkern einholt, Preise verhandelt und bei der Auftragserteilung mitwirkt. Außerdem gehört dazu wesentlich die **Leistungsphase 8 „Objektüberwachung".**

Zur Bemessung des Honorars werden die Baukosten zugrunde gelegt, das Objekt wird einer Honorarzone zugeordnet und dann wird je nach erbrachter Leistungsphase ein prozentualer Anteil am Gesamthonorar ermittelt. Dabei sind die Mindestsätze der HOAI zu beachten.

Honorarbemessung bei Umbauten und Modernisierungen

Bei Umbauten und Modernisierungen können nach § 35 der HOAI Zuschläge zum Honorar von bis zu 80 Prozent (Umbauzuschlag) erhoben werden. Ein Umbauzuschlag kann so zu einer erheblichen

Mögliche Vertragspartner beim Bauablauf

Erhöhung des Honorars führen und sollte deshalb vorab besprochen und vertraglich geregelt werden. Die Höhe des Umbauzuschlags kann im Vertrag eindeutig geregelt werden. Ist gar kein Zuschlag geregelt, hat der Architekt nach den Regelungen des § 35 der HOAI automatisch Anspruch auf 20 Prozent.

Im August 2009 ist eine novellierte Fassung der HOAI mit zahlreichen Detailänderungen in Kraft getreten. Alle wichtigen Änderungen dieser HOAI finden Sie im Kapitel „Honorarschlussrechnung des Architekten, Bauleiters oder Fachingenieurs" (···≽ Seite 247).

Im Einzelfall, zum Beispiel bei begrenzten Leistungen wie der fachlichen Begleitung einer Bauträgerabnahme, können auch Stundenlohnvereinbarungen getroffen werden.

Verantwortung und Rolle des Bauherrn

Beim Bauen mit dem Architekten sind Sie Vertragspartner aller beauftragten Unternehmen und Fachingenieure und als Bauherr gegenüber den Behörden mitverantwortlich für die Sicherheit auf Ihrer Baustelle, auch wenn Sie dem Bauleiter die Verantwortung übertragen haben. Für Unfälle auf der Baustelle oder Verletzungen von Passanten durch den Baustellenbetrieb können deshalb auch Sie zur Verantwortung gezogen werden. Das Thema Sicherheit wird im Kapitel „Sicherheits-, Gesundheits- und Versicherungsschutz auf Baustellen" (···≽ Seite 81) ausführlich behandelt.

Bauen mit dem Baubetreuer

Ein Baubetreuer übernimmt die Aufgaben, die normalerweise Ihnen als Bauherr obliegen. Hierzu gehören zum Beispiel Vertragsabschlüsse mit Architekten, Planern und Unternehmern, Prüfung von Rechnungen, Bezahlung von Rechnungen, Abnahmen erbrachter Leistungen. Das Tätigkeitsfeld des Baubetreuers liegt in aller Regel im Neubaubereich.

Entscheidend für Sie als Bauherr ist die Tatsache, dass der Baubetreuer in Ihrem Namen die Verträge abschließt und Rechnungen bezahlt, Sie also Vertragspartner aller Unternehmen bleiben. Im Falle einer Baubetreuerinsolvenz kann es deshalb passieren, dass Sie zwar die Gelder für die Bezahlung von Rechnungen an den Baubetreuer überwiesen haben, dieser das Geld jedoch nicht weitergeleitet hat. In einem solchen Fall bleibt der Vergütungsanspruch der Unternehmer bestehen, was zur Folge hat, dass Sie doppelt zahlen werden. Beim Bauen mit einem Baubetreuer sind in diesem Zusammenhang daher besonders die Kapitel „Auswahl und Beauftragung der Unternehmer für die Bauleistungen" (⟶ Seite 61) und „Die Baustellensteuerung" (⟶ Seite 99) für Sie von Bedeutung, damit Sie Unregelmäßigkeiten rechtzeitig erkennen können.

Für die Überwachung der Bauarbeiten sollte – unabhängig von einem Baubetreuer – auf jeden Fall ein erfahrener Bauleiter beauftragt werden.

Steckbrief Baubetreuer	
Bauaufgaben	In der Regel nur Neubauten
Leistungsumfang	Gesamtabwicklung der Bauherrenaufgaben mit Vertragsabschlüssen, Zahlungen, Abnahmen
Rolle des Bauherrn	Der Baubetreuer handelt nur in Vollmacht des Bauherrn, rein rechtlich bleibt der Bauherr dadurch Auftraggeber und Vertragspartner. Der Bauherr ist allerdings von allen Aufgabenstellungen während der Bauphase entlastet.

Erwerb vom Bauträger

Beim Erwerb eines Bauträgerobjekts gibt es zwei wesentliche Unterschiede zu den sonstigen Wegen, ein Haus zu bauen. Sie sind nicht mehr Bauherr, sondern Käufer einer Immobilie. Außerdem wird in aller Regel ein Grundstück mitverkauft, sodass der Kaufvertrag notariell beurkundet werden muss.

Da Sie nicht Bauherr sind, sind Sie auch nicht Vertragspartner der Handwerker. Auch gegenüber den Behörden sind nicht Sie verantwortlich, sondern der Bauträger. Sie haben anderer-

Steckbrief Bauträger	
Bauaufgaben	Neubauten
Leistungsumfang	Gesamtabwicklung mit Planung und Ausführung
Rolle des Bauherrn	Rechtlich betrachtet ist der Bauherr beim Kauf eines Bauträgerobjekts kein Bauherr, sondern Käufer. Ihm kommen daher keine klassischen Bauherrenaufgaben, -pflichten und -verantwortlichkeiten zu.

Tipp

Da der Leistungsumfang von Bauträgerangeboten nicht immer umfassend und klar ist, bieten die Verbraucherzentralen in einigen Bundesländern eine Bauberatung an, bei der Kaufvertrag und Baubeschreibung von fachlicher Seite geprüft werden. Gleiches gilt für die anderen Varianten des Bauens, die hier vorgestellt werden.

Mehr dazu finden Sie auf den Internetseiten der Verbraucherzentralen unter www.verbraucherzentrale.de oder in den Beratungsstellen.

seits nicht ohne Weiteres die Befugnis, jederzeit die Baustelle zu betreten und Arbeiten zu kontrollieren oder kontrollieren zu lassen. Das sollten Sie sich im Kaufvertrag also schriftlich bestätigen lassen.

Wenn Sie mit dem Bauträger bauen, also faktisch von ihm ein Haus und Grundstück kaufen, hilft Ihnen dieses Buch, die Bauqualität während der Bauphase einzuschätzen. Zusätzlich können Sie natürlich einen externen Fachmann einschalten, der unabhängig Ihren Bauträger überwacht. Mit einer entsprechenden vertraglichen Vereinbarung mit dem Bauträger können Sie jederzeit die Baustelle besichtigen und zum Beispiel vor einer anstehenden Ratenzahlung die erbrachten Leistungen mithilfe der Gewerkechecklisten (⸱⸱⸱➔ Seite 128 ff.) prüfen oder durch einen externen Fachmann prüfen lassen. Da Sie nicht als Bauherr gegenüber Behörden auftreten, haben diese Kapitel aber eher einen informativen Wert, der Ihnen hilft, die Qualität der Arbeit einzuschätzen.

Bauen mit dem Generalübernehmer

Steckbrief Generalübernehmer

Bauaufgaben	Neubauten und größere Umbauten
Leistungsumfang	Alle Leistungen aus einer Hand, teilweise von der Planung bis zur Fertigstellung, häufig auch nach erfolgter Baugenehmigung bis Fertigstellung. Ausführung aller Leistungen durch Subunternehmen.
Rolle des Bauherrn	Der Bauherr ist Vertragspartner des Generalübernehmers, entweder nur für die Bauphase oder auch schon für die Planungsphase. Der Generalübernehmer baut häufig auf dem Grundstück des Bauherrn, sodass der Bauherr den Behörden gegenüber verantwortlich bleibt.

Beim Bauen mit dem Generalübernehmer arbeiten Sie mit einem Vertragspartner zusammen, der entweder die Planung und Bauausführung oder nur die Bauausführung nach der erteilten Baugenehmigung komplett übernimmt. Hierbei erbringt der Generalübernehmer – im Unterschied zum Generalunternehmer – keine Leistungen im eigenen Betrieb, sondern vergibt diese komplett an Subunternehmen. Ausnahme hiervon kann die Planung sein. Die zu erbringende Bauleistung wird häufig in Form einer Baubeschreibung festgelegt, vergleichbar mit den Baubeschreibungen beim Bauträger. Diese ist Bestandteil des Vertrags und sollte so genau wie möglich beschreiben, welche Leistung in welcher Qualität zu erbringen ist. Eine solche Baubeschreibung sollte von einem Fachmann, zum Beispiel einem erfahrenen Architekten, erstellt und dem Generalübernehmer als Angebotsgrundlage zur Verfügung gestellt werden. Außerdem sollte der Vertrag vorab fachlich und rechtlich geprüft werden.

Für die Überwachung der Arbeiten ist es sinnvoll, einen erfahrenen externen Bauleiter oder Architekten einzuschalten.

Bauen mit dem Generalunternehmer

Ein Generalunternehmer übernimmt die kompletten Bauleistungen als Gesamtpaket. Er kann einzelne Leistungen wie Elektroarbeiten an andere Handwerksunternehmen weitervergeben, bleibt Ihnen als Bauherr jedoch für die mangelfreie Erstellung der Bauleistung verantwortlich. Auch hier wird die zu erbringende Bauleistung meist in Form einer Baubeschreibung festgelegt und mit dem Generalunternehmer zum Vertragsbestandteil gemacht. Es empfiehlt sich, die Baubeschreibung und den späteren Bauvertrag von unabhängigen Fachleuten erstellen zu lassen.

Der Generalunternehmer ist verantwortlich für die Koordination seiner Leistungen sowie der Leistungen, die die von ihm beauftragten Subunternehmer erbringen. Die Einschaltung eines erfahrenen externen Bauleiters oder Architekten zur Überwachung der Arbeiten beim Bauen mit dem Generalunternehmer ist sinnvoll.

Steckbrief Generalunternehmer

Bauaufgaben	Neubauten und größere Umbauten
Leistungsumfang	Alle Bauleistungen aus einer Hand, teilweise von der Planung bis zur Fertigstellung; eigene Ausführung der Leistungen sowie durch Subunternehmen
Rolle des Bauherrn	Der Bauherr ist Vertragspartner des Generalunternehmers. Der Generalunternehmer baut auf dem Grundstück des Bauherrn, sodass der Bauherr den Behörden gegenüber verantwortlich bleibt.

Kauf eines Fertighauses

Steckbrief Fertighausanbieter

Bauaufgaben	Neubauten
Leistungsumfang	Gesamtabwicklung von der Planung bis zur Fertigstellung mit oder ohne Keller
Rolle des Bauherrn	Der Bauherr ist beim Bau eines Fertighauses rechtlich der Käufer eines Produkts. Soweit der Keller mit angeboten wird, hat er nur einen Vertragspartner. Wird der Keller nicht mit angeboten, kommen für den Keller – sofern gewünscht – weitere Vertragspartner hinzu. Da auf dem Grundstück des Bauherrn gebaut wird, ist er gegenüber allen Behörden verantwortlich.

Ähnlich dem Bauen mit dem Generalübernehmer kaufen Sie beim Fertighausanbieter das Produkt „Haus", das zu einem vereinbarten Preis geliefert und auf Ihrem Grundstück erstellt wird. Sie sind Bauherr und damit gegenüber den Behörden verantwortlich.

Beim Bauen mit dem Fertighausanbieter ist es wichtig, dass Sie eine Baubeschreibung zum Vertragsbestandteil machen, die exakt formuliert, welche Leistung zum vereinbarten Preis zu erbringen ist. Die Erfahrung zeigt, dass diese Baubeschreibungen oft viel zu vage gehalten sind. Da steht dann zum Beispiel einfach „Fliesen: deutsche Markenware". Dahinter können Billigprodukte schlechter Qualität stecken. Stattdessen sollten in der Baubeschreibung Hersteller, Marke, Ausführung und Preis (pro Quadratmeter) genannt werden.

Tipp

Lassen Sie sich nicht verführen, bei Fertighäusern den Keller in Eigenregie zu bauen. Untersuchungen der Stiftung Warentest zeigen immer wieder, dass mangelnde Passgenauigkeit dabei zu zahlreichen Problemen führt, deren Beseitigung teuer zu stehen kommen kann.

Bei Fertighäusern werden die wesentlichen Bauteile vorgefertigt zur Baustelle gebracht und dort von einem Bauteam montiert. Massiv gebaute Häuser, die von einem Bauträger gekauft werden, fallen nach dieser Definition nicht in die Kategorie „Fertighaus". Fertighäuser gibt es in den unterschiedlichsten Ausstattungsvarianten und Lieferformen, mit oder ohne Keller, schlüsselfertig oder als Ausbauhaus. Dieses Buch befasst sich nicht mit dem Bau von Holzhäusern.

Bauen in Eigenregie

Wenn Sie vorhaben, in Eigenregie zu bauen, werden Sie selbst zum Bauunternehmer. Sie sind in einem solchen Fall für alle Tätigkeiten, die Sie ausführen, voll verantwortlich. Das reicht bis zum korrekten Arbeitsschutz und zur Bezahlung und Versicherung der Mitarbeiter auf der Baustelle. Das Bauen in Eigenregie kommt in aller Regel nur dann infrage, wenn Sie über ausreichende Baupraxiserfahrung verfügen oder jemanden an Ihrer Seite haben, der über diese Erfahrung und die notwendige Zeit verfügt. Dieses Buch kann Ihnen helfen einzuschätzen, ob Sie sich die alleinige Bewältigung einer Baustelle zutrauen oder nicht und, soweit Sie wirklich ein Bauvorhaben in Eigenregie umsetzen, worauf Sie hinsichtlich Behörden, Versicherungen, aber auch Bauqualität und vieler anderer Dinge achten müssen.

Steckbrief Bauen in Eigenregie	
Bauaufgaben	Neubauten und Umbauten
Leistungsumfang	Gesamtabwicklung, teilweise mit Planung und Ausführung, teilweise nur Ausführung
Rolle des Bauherrn	Der Bauherr wird zu seinem eigenen Planer und Bauunternehmer. Er ist für alle von ihm ausgeübten Tätigkeiten voll verantwortlich. Er wird teilweise externe Fachleute wie Architekten oder Fachingenieure hinzuziehen.

Die Kapitel zur Bauvorbereitung (···▸ Seite 19 bzw. 41) und das Kapitel „Sicherheits-, Gesundheits- und Versicherungsschutz auf Baustellen" (···▸ Seite 81) sind bei einem Bauvorhaben in Eigenregie besonders wichtig, denn gerade auf kleinen, privaten Baustellen werden viele gesetzliche Regelungen häufig nicht beachtet. Auch bei knappem Budget lohnt es sich, in der Bauvorbereitungsphase mit einem erfahrenen Architekten oder Bauleiter zu sprechen.

Die Vorbereitung der Bauphase eines Neubaus

Ein reibungsloser Bauablauf hängt wesentlich von einer guten Vorbereitung der Bauphase ab. Nicht in jedem Fall werden Sie sich persönlich um den Bauablauf kümmern müssen, zum Beispiel, wenn Sie auf einem fremden Grundstück mit einem Bauträger bauen. In allen anderen Fällen sollten Sie aber die Hintergründe einer guten Bauvorbereitung kennen.

Prüfen der Planunterlagen auf Vollständigkeit

Bauvorhaben nur mit vollständigen Ausführungsplänen beginnen

Als Erstes muss geprüft werden, ob geeignete Planunterlagen angefertigt wurden, aus denen der Unternehmer alle Informationen entnehmen kann, die er für eine mangelfreie Ausführung seiner Arbeiten benötigt. Diese Pläne werden als **Ausführungspläne** oder **Werkpläne** bezeichnet. Es handelt sich um Grundrisse, Ansichten, Schnitte und Detailpläne im Maßstab 1:50 bis 1:1. Sie werden in der Regel von einem Architekten gefertigt.

Ein **Grundrissplan** stellt den horizontalen Schnitt in etwa einem Meter Höhe durch das jeweilige Geschoss (Kellergeschoss, Erdgeschoss, Obergeschoss usw.) dar. Auf diesen Plänen werden Wände, Öffnungen, Treppen usw. von oben gesehen dargestellt.

Ein **Schnittplan** stellt den vertikalen Schnitt durch ein Gebäude dar, in der Regel innerhalb eines Treppenhauses, da hier wichtige Detailpunkte dargestellt und benannt werden müssen.

Ansichtspläne stellen die Fassaden des Gebäudes mit der Lage der Fenster, Türen, First- und Traufhöhen usw. dar.

Ohne Ausführungsplanung sollte grundsätzlich kein Bauvorhaben begonnen werden. Trotzdem kommt es hin und wieder vor, dass außer den Plänen im Maßstab 1:100, die für die Baugenehmigung eingereicht werden müssen, keine weiteren Pläne erstellt werden und dann versucht wird, nach diesen Plänen zu bauen. Die Folge ist, dass den Unternehmern wichtige Angaben auf der Baustelle fehlen, denn Ausführungspläne sind wesentlich mehr als vergrößerte Baugesuchpläne. Sie enthalten wichtige Angaben, die in Baugesuchplänen nicht enthalten sind, weil diese Zeichnungen für einen anderen Zweck erstellt werden.

Aber auch so manche Ausführungsplanung hat große Informationslücken. Die folgenden Checklisten dienen dazu, Ausführungspläne auf ihre Vollständigkeit hin zu überprüfen.

✓ Grundrisspläne bei Neubaumaßnahmen

geprüft am

		Angaben zu Verfasser/Planer, Bauherr, Lage und Ort, Maßstab, Änderungsvermerke mit Datum und Namenszeichen sowie laufender Plannummerierung und klarer Planangabe (z. B. Grundriss EG) im Plankopf
		Nordpfeil deutlich und klar
		Im Erdgeschossgrundriss die Erschließung (Außentreppen, Terrassen, Gartenwege, Zufahrten)
		Gesamtmaße über die volle Hausbreite und -tiefe
		Sämtliche Teilmaße (z. B. von Hauskante zu Fenster, von Fenster zu Fenster)
		Alle Öffnungsmaße in Höhe und Breite des Rohbaumaßes (Türen, Fenster)
		Alle Wandstärken mit Materialsymbolik
		Maße von Vor- und Rücksprüngen in Wänden (Wandnischen, Erker etc.)
		Soweit vorhanden alle Dehnungsfugen und Achsmaße (Achsen sind Orientierungslinien in Zeichnungen, die z. B. in allen Grundrissen gleich dargestellt sind und auf der Baustelle die Orientierung erleichtern)
		Öffnungsviertelkreise mit Öffnungsrichtung sämtlicher Türen bzw. Fenstertüren
		Treppenlauf mit ordnungsgemäßer Grundrisskonstruktion der Treppe bei Wendelungen sowie Steigungsangaben, Stufenzahl und Gehlinie
		In gestrichelter Linie alle auskragenden Bauteile oberer oder unterer Geschosse (Balkone, Dach etc.)
		Lage von Stürzen, Kanälen, Unterzügen, Durchlässen als gestrichelte Linie mit Bezug auf die lichten Raumhöhen
		Lage von Rollläden und Gurtbändern
		Alle Raumgrößen in Quadratmetern mit Bezeichnung und Angabe der Berechnungsgrundlage (z. B. Wohnflächenverordnung, Zweite Berechnungsverordnung, DIN 277)

22   Die Vorbereitung der Bauphase eines Neubaus

✓ Grundrisspläne bei Neubaumaßnahmen Fortsetzung

geprüft am

Oberkante Rohfußboden und Oberkante Fertigfußboden in allen Räumen

Lage und Art von Bodeneinläufen (Abflussmöglichkeit in Bädern oder Waschküchen)

Wo nötig, Verlegepläne für Boden- und Wandfliesen

In den Bädern: Lage, Form und Art sämtlicher sanitärer Einrichtungsgegenstände

In Dachgeschossgrundrissen: Kniestocklinie (Stoßlinie von aufgehender Wand und Dachschräge), Dachspitzbodenlinie (Stoßlinie von aufgehender Dachschräge mit Zimmerdecke Dachgeschoss), Dachgaubenlinien, Lage und Anordnung von Boden-einschubtreppen

Lage und Durchmesser der Kaminzüge und/oder Lüftungskanäle inkl. Reinigungs-bzw. Austrittsöffnungen

Lage von Kellerlichtschächten

Fundamentlage

Bei Heiztechnikräumen: Stellung, Lage, Installation und Anschlüsse der Heizzentrale sowie evtl. benötigter Tanklager- bzw. Gaszuführungen

Angaben über Be- und Entlüftung im Heizraum

Ausstattung des Hausanschlussraums

Eventuell Revisionsschacht (vertikaler Schacht durch mehrere Geschosse, in dem Leitungen verlegt werden, mit Öffnungen in jedem Geschoss)

Hinweis auf jeweils zugeordnete Detailpläne (z. B. durch Einkreisung eines Details mit zugeordneter Plannummer, wo dieses im größeren Maßstab zu finden ist) sowie Pläne der Fachingenieure wie Elektro-, Sanitär- und Heizungsplanung (enorm wichtig z. B. für Lage und Anzahl Ihrer Steckdosen und Lichtschalter bzw. Heizkörper oder aber auch sämtlicher Wasser- und Abwasseranschlüsse)

Bezeichnung und Lage von Schnittlinien, die aussagen, wo der Vertikalschnitt des Schnittplans durchs Haus gelegt wurde (z. B. Schnitt A-A)

✓ Schnittpläne bei Neubaumaßnahmen

geprüft am

Angaben zu Verfasser/Planer, Bauherr, Lage und Ort, Maßstab, Änderungsvermerken mit Datum und Namenszeichen sowie laufende Plannummerierung und klare Plan-angabe (z. B. Schnitt A-A) im Plankopf

Höhenlage des Gebäudes über Meereshöhe bezogen auf die Oberkante des Fertigfuß-bodens des Erdgeschosses

Bezeichnung der Geschosse

Alle Höhenmaße über die komplette Haushöhe inkl. lichte Raummaße

Prüfen der Planunterlagen auf Vollständigkeit　23

✓ Schnittpläne bei Neubaumaßnahmen Fortsetzung

geprüft am

Alle lichten Rohbau- und Fertigbaumaße

Durchgangshöhen von Türen, Fenstertüren oder Treppenunterläufen

Alle Deckenstärken mit Maßangaben des gesamten Bodenaufbaus (Rohdecke, Trittschalldämmung, Estrich, Bodenbelag etc.)

Bei Außenwänden im Fensterbereich Brüstungshöhen (Wandanteil unterhalb des Fensters) und Sturzhöhen (Wandanteil oberhalb des Fensters) inkl. ihrer Konstruktion

Stärken, Aufbau und Konstruktion von Wänden

Lage und Ausbildung von Ringankern (Betonstreifen oberhalb von Mauerwerk u. a. zur Verteilung von Lasten oberhalb von Wänden)

Wo notwendig, Wandabwicklungen (z. B. Zeichnungen von gefliesten Böden und Wänden mit Darstellung aller Fugen und Fliesengrößen)

Lage, Anordnung, Konstruktion und Höhenverlauf von Treppen, inkl. sämtlicher Zwischenpodeste mit Art und Ausformung aller Anschlusspunkte der Treppen an bestehende Bauteile, wie evtl. Wände oder Geschosszwischendecken

Anschlüsse von Lichtschächten, Außentreppen, Terrassen, Balkonen etc.

Verankerungen, Verlauf und Maße der Dachbinder sowie des Dachtragwerks

Aufbau, Montagepunkte und Ausbildung des gesamten Dachaufbaus inkl. Lattenlage und Ziegeleindeckung sowie Traufanschlusspunkt mit Ausladung und Ausbildung des Sparrenfußes, Montage der Dachrinne sowie Firstanschluss mit Firstlinie (Dachgrafik, ⋯⊳ Seite 150)

Konstruktive Ausformung von Gauben oder Dachausstiegen inkl. aller Anschlusspunkte an die Dachhaut

Hinweis auf jeweils zugeordnete Detailpläne (z. B. durch Einkreisung eines Details mit zugeordneter Plannummer, wo dieses im größeren Maßstab zu finden ist) sowie Pläne der Fachingenieure wie Elektro-, Sanitär- und Heizungsplanung (enorm wichtig z. B. für Lage und Anzahl Ihrer Steckdosen und Lichtschalter bzw. Heizkörper oder aber auch sämtlicher Wasser- und Abwasseranschlüsse)

Höhenlage und Anschlüsse der Hauszuleitungen für Gas, Wasser, Strom etc.

Lage und Verlauf der Grundleitung

Fundamentschnitte mit eindeutiger Darstellung und Bezeichnung der Materialien und Konstruktionsweisen der Fundamentierungen, der aufgehenden Kellerwände, der vorgesehenen Abdichtung der Kellerwände gegen Feuchtigkeit von außen (Sperrschichtenaufbau), der Lage und Stärke des Drainagerohrs (Kunststoffrohr im Erdreich, das Sickerwasser ableitet), der Kiesverfüllung sowie des max. gemessenen Grundwasserstands

Lage und Ausbildung von waagerechten Sperrschichten (unterhalb der Grundplatte, in den aufgehenden Wänden)

24   Die Vorbereitung der Bauphase eines Neubaus

✓ Ansichtspläne bei Neubaumaßnahmen

geprüft am

Angaben zu Verfasser/Planer, Bauherr, Lage und Ort, Maßstab, Änderungsvermerken mit Datum und Namenszeichen sowie laufende Plannummerierung und klare Planangabe (z. B. Ansicht Südwest) im Plankopf

Gestrichelt die Höhenlinien der Ober- und Unterkanten der einzelnen Geschossdecken

Lage und Anordnung von Fenstern und Türen inkl. eingestrichelter Öffnungssystematik

Lage und Anordnung von Rollläden, Jalousien, Markisen etc.

Lage und Anordnung von Außentreppen und Terrassen

Lage und Anordnung von Regenfallrohren

Trauf-, Kehl-, Grat- und Firstlinien (Dachgrafik, ⸱⸱⸱⸴ Seite 150)

Kniestocklinie gestrichelt

Schornsteine, Gauben, Dachausstiege

Gesimse, Balkone, Geländer

Sockelverlauf

Besondere Fassadenbekleidungen wie z. B. Verputzungen, Verklinkerungen oder Holzverkleidungen

Hinweis auf zugeordnete Detailpläne (z. B. durch Einkreisung eines Details mit Plannummer, wo dieses im größeren Maßstab zu finden ist)

Gründungstiefe der Fundamente gestrichelt

Erdreichverlauf

Höhenlinie des Straßenverlaufs der Erschließungsstraße

Flächenplanung der freien Grundstücksfläche

Kleine Grundstücke erfordern eine gute Flächenplanung

Zur vorbereitenden Baustellenorganisation gehören auch Überlegungen, wie die zur Verfügung stehende Restfläche des Grundstücks optimal genutzt werden kann. Das liegt normalerweise im Aufgabenbereich Ihres Baupartners, soweit dieser Architekt, Bauleiter, Bauträger oder Generalübernehmer ist. Bauen Sie in Eigenregie, werden Sie sich hierum selbst kümmern müssen. Unabhängig davon sollten Sie die Hintergründe der Flächenplanung kennen, zumal wenn auf Ihrem eigenen Grundstück gebaut wird. In Ballungsräumen sind aufgrund der hohen Grundstückspreise die bebaubaren Grundstücke immer kleiner geworden. Gängige Größen liegen heute zwischen 300 und 500 Quadratmetern.

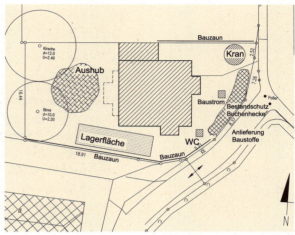

Vorüberlegungen zur Baustelleneinrichtung

Beispiel: Für ein Haus mit einer Grundfläche von 10 × 10 m wird bei Berücksichtigung des Arbeitsraums je nach Bodenbeschaffenheit eine Baugrube von ca. 16,5 × 16,5 m, also ca. 270 m² benötigt. So ver-

✓ Flächenplanung

festgelegt am

☐	☐	Genauer Kranstandort
☐	☐	Benötigte Länge des Kranauslegers
☐	☐	Standort des Baustromverteilers
☐	☐	Bezugspunkt für Baustrom
☐	☐	Bezugspunkt für Bauwasser
☐	☐	Leitungsführung Baustrom auf Grundstück
☐	☐	Leitungsführung Bauwasser auf Grundstück
☐	☐	Schutzmaßnahmen für Stromleitungen
☐	☐	Schutzmaßnahmen für Wasserleitungen
☐	☐	Standort der Bautoilette
☐	☐	Lage der befestigten Freifläche
☐	☐	Lagerplatz für Mutterboden
☐	☐	Zufahrt für Baustofflieferungen
☐	☐	Schutz bestehender Bäume (wenn nötig)
☐	☐	Antrag auf Nutzung von öffentlichem Verkehrsraum (wenn nötig)

bleibt bei einer Grundstücksgröße von 500 m² bis zum Verfüllen des Arbeitsraums nach erfolgter Kellerabdichtung eine Restfläche von ca. 230 m².

Auf dieser Fläche müssen der Kran, das Bau-WC, der Stromanschluss und evtl. ein Bauwagen für den Rohbauunternehmer stehen. Der Rohbauunternehmer benötigt außerdem Lagerflächen für Stahl, Steine, weiteres Arbeitsmaterial und eine befestigte Freifläche, um beispielsweise Stahl zu biegen oder zu sortieren. Mutterboden muss zwischengelagert werden, damit er nicht später teuer dazugekauft werden muss. Je nach Lage kann es sein, dass Teile des Grundstücks nicht genutzt werden können, weil der Ausleger des Krans diese nicht erreicht oder die Flächen nach Erstellung des Rohbaus nicht mehr zugänglich sind.

Es ist zu spät, erst vor Ort auf der Baustelle zu überlegen, wie die Flächen am besten zu nutzen sind, denn möglicherweise reichen die freien Flächen nicht aus, sodass Sie zusätzlichen Straßenraum benötigen. Das wiederum muss vom Bauherrn beantragt werden. Haben Sie einen Bauleiter beauftragt, kümmert dieser sich darum.

Materialanlieferungen dürfen nicht den Straßenverkehr lahmlegen

Wenn Sie erst beim Bauablauf feststellen, dass eine Anlieferung von Beton oder Stahl den gesamten Straßenverkehr vor der Baustelle lahmlegt, werden Sie es gleich zu Beginn mit der Polizei, dem Ordnungsamt oder einer Behinderungsanzeige des Unternehmers (⋯⟩ Seite 114) zu tun bekommen. Sie können dann sicher sein, dass die Behörden während des restlichen Bauablaufs ein besonderes Augenmerk auf Ihre Baustelle haben werden.

Terminplanung

Manchmal reicht es, wenn Sie einen Fertigstellungstermin vertraglich vereinbaren, zum Beispiel, wenn Sie mit einem Bauträger oder Generalübernehmer bauen. Bauen Sie jedoch individuell, zum Beispiel mit einem Architekten oder Bauleiter, sollten Sie dessen Terminplanung auch überprüfen können.

Eine der ersten Leistungen, die im Rahmen der Vorplanung unbedingt erbracht werden sollte, ist die Erstellung eines **Projektzeitenplans,** der vom Entwurfsbeginn bis zur Fertigstellung alle notwendigen Abläufe in einen zeitlichen Rahmen bringt. Wenn Sie mit einem Architekten bauen, gehört dies zur Leistungsphase 2 „Entwurfsplanung". Ein Bestandteil des Projektzeitenplans ist der **Bauzeitenplan,** der den zeitlichen Ablauf der Baustelle und die Verflechtungen der einzelnen Gewerke untereinander darstellt. Der Bauzeitenplan gehört zur Bauvorbereitung und muss vor Baubeginn vorliegen.

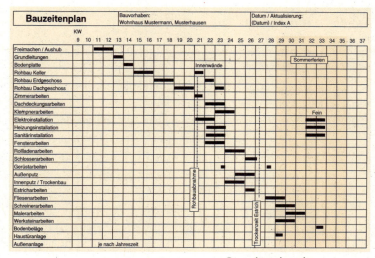

Bauzeitenplan als Balkendiagramm

Dieser Bauzeitenplan sollte sorgfältig geprüft werden: Kann zum geplanten Zeitpunkt mit der Baustelle begonnen werden? Ist der Fertigstellungstermin realistisch? Vielleicht hat es Änderungen in der Bauplanung gegeben, die noch nicht berücksichtigt wurden. Lassen Sie sich den Bauzeitenplan ausführlich erläutern und klären Sie die vorgenannten Punkte mit Ihrem Architekten.

In der Regel wird der Bauzeitenplan in Form eines Balkendiagramms erstellt. Auf der linken Seite stehen in der Vertikalen alle Gewerke in der Reihenfolge ihres Beginns auf der Baustelle. Oben werden auf der Horizontalen die Kalenderwochen eingetragen. Für jedes Gewerk wird dann ein Zeitbalken eingetragen, dessen Länge die voraussichtliche Dauer der Arbeiten darstellt. So entsteht ein Diagramm, das einer abwärts führenden Treppe von links oben nach rechts unten ähnelt.

Der Bauzeitenplan macht die Abhängigkeit der einzelnen Gewerke voneinander sichtbar. Solange der Elektriker beispielsweise seine Leitungen nicht verlegt hat, können die Wände nicht verputzt werden.

Alle Anträge eintragen

Wenn für den Beginn von Arbeiten Leistungen von Fachingenieuren und Planern benötigt werden oder Genehmigungen der Behörden vorliegen müssen, sollte auch das im Bauzeitenplan eingetragen werden. Alle notwendigen Anträge bei Behörden und Versorgungsunternehmen sollten zeitlich berücksichtigt werden. Das gilt auch für Lieferzeiten für benötigtes Material und für Trockenzeiten.

Die Vorbereitung der Bauphase eines Neubaus

Tipp

Anhand des Terminplans kann auch ein Zeitplan für den Geldmittelfluss erstellt werden, da oft mit der Fertigstellung eines bestimmten Bauabschnitts oder Gewerks Zahlungen an Bauträger oder Handwerker fällig werden.

Davon hängt wiederum der Beginn der Fliesenarbeiten ab usw. Zeitverzögerungen bei einem Gewerk führen häufig zu Verzögerungen bei allen folgenden Gewerken.

Ein Bauzeitenplan muss regelmäßig kontrolliert und gegebenenfalls überarbeitet werden. Dazu werden sogenannte Meilensteine für Leistungen festgelegt, die zu einem bestimmten Zeitpunkt fertiggestellt sein müssen. Meilensteine bei einem Massivhaus können sein:

- Fertigstellung Rohdecke Kellergeschoss
- Fertigstellung Rohdecke Obergeschosse
- Richtfest
- Einbau der Fenster und Fenstertüren

Werden diese Termine nicht eingehalten, muss geprüft werden, inwiefern das Einfluss auf die Termine anderer Gewerke und vor allem auf den Zeitpunkt der Fertigstellung hat.

In einem Bauzeitenplan sollten die in der Checkliste genannten Eintragungen vorgenommen werden.

✓ Bauzeitenplan

geprüft am

		Datum der Erstellung bzw. Datum der letzten Aktualisierung
		Auflistung aller Gewerke, die zum Einsatz kommen
		Einteilung in Kalenderwochen bis zum Fertigstellungstermin
		Eintragung der geschätzten Zeit für die jeweiligen Gewerke mit festem Start- und Fertigstellungstermin
		Eintragung von Zeiten, in denen die Baustelle nicht begangen werden kann (z. B. Trockenzeiten für Estrich)
		Eintragung der Ferienzeiten des Bundeslands
		Festlegung von Meilensteinen, d. h. von festen Terminen, an denen ein bestimmtes Ziel erreicht sein muss, damit der Fertigstellungstermin gehalten werden kann
		Eintragung von Vorlaufzeiten, wenn Material vom Bauleiter bestellt werden muss
		Eintragung von Terminen für behördliche Abnahmen oder Anträge bei Versorgungsunternehmen
		Eintragung von Planlieferungsterminen für Fachingenieure und Planer

Fachingenieure

Egal, mit welchem Baupartner Sie Ihr Bauvorhaben angehen: Zum Zeitpunkt des Baustellenbeginns müssen alle erforderlichen Fachingenieure, wie Statiker oder Haustechniker, längst eingeschaltet worden sein, denn sie legen im Vorfeld der Bauausführung wichtige Planungsgrundlagen fest. Um die Einschaltung der Fachleute müssen Sie sich nur dann kümmern, wenn Sie individuell mit dem Architekten oder Bauleiter bauen. Unabhängig davon, mit wem Sie bauen, sollten Sie das Tätigkeitsbild dieser Fachleute kennen.

Der Statiker
Die statische Berechnung ist Bestandteil der Baugesuchsunterlagen und eine Voraussetzung für den Baubeginn.

Der Statiker ermittelt die auf die tragenden Bauteile einwirkenden Lasten. Diese ergeben sich durch das Eigengewicht der Bauteile und die Verkehrslasten. Die Verkehrslast ist ein pauschaler Gewichtszuschlag für die Benutzung durch Menschen, das Gewicht von Möbeln usw. Beim Dach kommt die Schneelast hinzu. Daraus resultieren die erforderlichen Abmessungen der einzelnen Bauteile. Diese Vorgaben werden in die Ausführungsplanung des Architekten übernommen. Daher kann es beispielsweise bei Wanddicken Abweichungen zwischen den Baugesuchs- und den Ausführungsplänen geben.

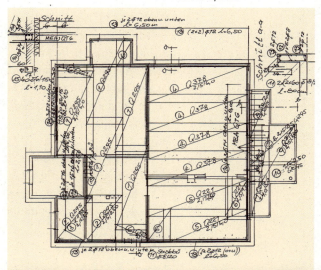

Planausschnitt eines Positionsplans

Der Statiker erstellt für die Betonarbeiten die Positionspläne für den Baustahl und die Stahllisten, nach denen der Rohbauunternehmer den Stahl bestellt. In den Positionsplänen des Statikers sind Lage und Anzahl des Baustahls genau festgelegt. Es ist wichtig, vor dem Betonieren vom Statiker oder Bauleiter überprüfen zu lassen, ob die Bewehrung (Baustahlmatten und Stabstahl) ordnungsgemäß verlegt wurde.

Der Vermessungsingenieur
Zum Baugesuch gehört auch der Lageplan des Vermessungsingenieurs. Nachdem die Baugenehmigung erteilt wurde, steckt der Vermessungsingenieur mit Pflöcken das Gebäude auf dem Grundstück ab, damit der Aushubunternehmer seine Arbeiten beginnen kann.

Nach dem Aushub kennzeichnet der Vermessungsingenieur in der Baugrube am Schnurgerüst die genaue Lage des Gebäudes.

Nach Fertigstellung des Rohbaus erfolgt schließlich eine Gebäudeeinmessung zur Kontrolle, ob das Gebäude ordnungsgemäß errichtet wurde.

Der Bodengutachter
Je nach Lage und vorheriger Nutzung des Grundstücks ist es sinnvoll, vor Baubeginn ein Bodengutachten erstellen zu lassen. Das kostet zwar Geld, kann aber auch Geld und Zeit einsparen helfen. Ohne genaue Daten über die Tragfähigkeit des Baugrunds wird der Statiker beispielsweise mehr Sicherheitszuschläge in seiner Berechnung berücksichtigen, was zur Folge haben kann, dass in die Bodenplatte oder die Fundamente mehr Stahl als nötig kommt.

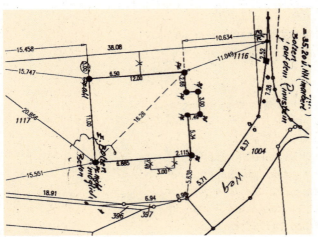

Planausschnitt eines Absteckungsprotokolls

Wichtig für Häuser mit Keller: Sie erfahren den zur Zeit der Messung vorhandenen Grundwasserstand, falls dieser nahe der Oberfläche ist. Wird erst beim Aushub bemerkt, dass das Gebäude im Grundwasser steht, sind teure Wasserhaltungsmaßnahmen nötig. Manchmal geht es nur um 25 Zentimeter, die das Gebäude eventuell auch höher stehen könnte. Dies muss aber bereits beim Baugesuch berücksichtigt werden.

Der staatlich anerkannte Sachverständige für den Schall- und Wärmeschutz
Seine Aufgabe ist es, den Nachweis zu erbringen, dass das Bauwerk in der geplanten Ausführung die Anforderungen an den Schall- und

Wärmeschutz erfüllt. Er ermittelt die erforderlichen wärmetechni-
schen Eigenschaften der Außenbauteile und legt beispielsweise
fest, wie dick die Dämmung zwischen den Sparren des Dachstuhls
sein muss.

Der Schallschutznachweis hat ebenfalls Einfluss auf die verwendeten Baumaterialien und kann in Regionen mit hohen Anforderungen
an den Schallschutz gegen Außenlärm zum Beispiel dazu führen,
dass nicht jeder Außenwandaufbau geeignet ist. Gleiches gilt für
Dächer und Fenster. Beide Nachweise fließen in die Ausführungsplanung ein. Oft sind Statiker oder Architekt gleichzeitig Sachver-
ständige für den Schall- und Wärmeschutz.

Wichtige Nachweise für die Ausführungsplanung

Es ist sinnvoll, sowohl bei der Ausführungsplanung als auch bei der
Bauausführung darauf zu achten, ob die Vorgaben eingehalten werden. Die erforderlichen Nachweise gemäß der Energieeinsparverordnung (EnEV) führen üblicherweise zu einer engen Zusammenarbeit
mit dem Haustechnik-Ingenieur.

Der Haustechnik-Ingenieur

Die Haustechnik von heute ist viel komplizierter als vor 20 Jahren.
Eine umfangreiche Elektroausstattung gehört oft ebenso zum Stan-
dard wie eine Fußbodenheizung. Lüftungsanlagen mit Wärmerückgewinnung für eine geregelte Wohnungslüftung haben mittlerweile
Einzug in den Einfamilienhausbau gehalten.

Zu den Aufgaben des Haustechnik-Ingenieurs gehören die allgemeine
Beratung des Bauherrn zur Haustechnik und die Auswahl, Abstimmung und Dimensionierung der Geräte, Anlagen und Leitungen.

Fachingenieur für komplizierte Haustechnik

Er koordiniert die Leitungsführungen von Sanitär-, Heizungs-, Lüf-
tungs- und Elektroinstallation. Die Wegführung vieler Hundert Meter
verschiedenster Leitungen muss so geplant werden, dass möglichst
wenig Überschneidungen entstehen. Neben der Planung und zeich-
nerischen Darstellung der Leitungsführungen und der notwendigen
Durchbrüche fertigt er auch Ausschreibungstexte an und berät bei
der Auftragsvergabe.

Anträge und Anzeigen bei Behörden

Abhängig davon, mit welchem Baupartner (···› Seite 9 ff.) Sie bauen, werden Sie mehr oder weniger intensiven Kontakt mit den Behörden haben.

Behörden und Ämter frühzeitig informieren

Nicht nur in der Marktwirtschaft, auch im öffentlichen Dienst hat mittlerweile eine Neuorientierung stattgefunden. Behörden und Ämter haben sich vielfach zu modernen Dienstleistern entwickelt, die kundenorientiert und engagiert arbeiten. Wichtig ist, dass die zuständigen Stellen im Vorfeld über alles informiert werden. Beziehen Sie die Sachbearbeiter dort frühzeitig mit ein und versuchen Sie gemeinsam, das Bauvorhaben so reibungslos wie möglich abzuwickeln. Betrachten Sie die Behörden als Partner, nicht als Gegner.

Mit der Erteilung der **Baugenehmigung** durch die Baubehörde haben Sie die Erlaubnis, das Gebäude in der beantragten Weise zu errichten. Vor Baubeginn und während der Bauphase muss die Genehmigungsbehörde über den Stand der Arbeiten informiert werden. Je nach Situation vor Ort kann es sein, dass die folgenden Punkte berücksichtigt werden müssen: Achten Sie darauf, dass Ihr Baupartner alle notwendigen Anträge und Anzeigen so rechtzeitig für Sie stellt, dass eventuelle Fristen eingehalten werden bzw. Bearbeitungszeiten vonseiten der Behörden ausreichend berücksichtigt sind. Bauen Sie in Eigenregie, müssen Sie sich selbst darum kümmern. Teilweise kosten die Anzeigen nichts, teilweise müssen Sie für bestimmte Anträge Gebühren bezahlen, die von Gemeinde zu Gemeinde unterschiedlich hoch sind. Erkundigen Sie sich daher vor Ort bei Ihrer Gemeinde über die entsprechenden Gebühren.

Die Baugenehmigung

Wird die Baugenehmigung erteilt, ist Folgendes zu beachten:

- Die Baugenehmigung kann Auflagen enthalten, die unbedingt zu berücksichtigen sind. Geänderte Vorgaben für das Bauvorhaben müssen in die Unterlagen (Entwurfszeichnungen, Statikberechnung etc.) eingearbeitet werden.
- Die Baugenehmigung gilt nur für einen bestimmten Zeitraum (je nach Bundesland in der Regel drei oder vier Jahre). In dieser Zeit muss mit dem Bau begonnen werden, sonst verfällt die Baugenehmigung.
- Die Baugenehmigung enthält auch Vorschriften über die Einbeziehung und Information der Genehmigungsbehörde während der Bauphase (Auskunft über den bestellten Bauleiter, Baubeginnanzeige, Rohbaufertigstellung, Endfertigstellung etc.). Die Genehmigungsbehörde behält sich dabei eigene Kontrollen vor.

Vor Baubeginn

Baubeginnanzeige
Spätestens eine Woche vor Baubeginn muss der Genehmigungsbehörde der geplante Beginn mitgeteilt werden, außerdem der Name des verantwortlichen Bauleiters und der Name des Rohbauunternehmers. Das entsprechende Formular liegt in der Regel der Baugenehmigung bei.

Antrag auf das Fällen von Bäumen
Es kann sein, dass Bäume gefällt werden müssen, damit das Bauwerk errichtet werden kann. Je nach Größe und Umfang des Stammes kann es sein, dass diese Bäume geschützt sind und nicht ohne Zustimmung gefällt werden dürfen. Ein solcher Antrag wird in der Regel bereits dem Bauantrag beigefügt. Meist wird die Genehmigung unter der Bedingung erteilt, dass eine Ersatzpflanzung vorgenommen werden muss. Manchmal ist es auch möglich, einen Baum zu versetzen, statt ihn zu fällen.

Benutzung von öffentlichem Verkehrsraum
Manchmal ist das Grundstück so klein, dass nach dem Aushub nicht mehr genügend Freifläche für Kran, Lagerflächen und Anlieferung von Materialien usw. bleibt. In diesem Fall muss die zeitweise Nutzung öffentlicher Verkehrsflächen beantragt werden.

Sperrung öffentlicher Verkehrsflächen
Es kann auch sein, dass durch die Anlieferung von Baumaterial ein Weg oder eine Straße zeitweise gesperrt werden muss. Auch das muss im Vorfeld mit den Behörden besprochen werden – gegebenenfalls im Rahmen eines gemeinsamen Ortstermins.

Grundwasserabsenkung
Eine vorübergehende Absenkung des Grundwassers im Bereich der Baugrube muss ebenfalls rechtzeitig vor Baubeginn beantragt werden. Da Grundwasserabsenkungen das Risiko von Setzungen der umliegenden Häuser und der damit verbundenen Entstehung von Rissen mit sich bringen, kann eine Beweissicherung bestehender Risse und Schäden notwendig sein, um unberechtigte Regressansprüche der Nachbarn abzuwehren.

Die Vorbereitung der Bauphase eines Neubaus

Einleitung von Grundwasser in die öffentliche Kanalisation oder in öffentliche Gewässer

Beides muss beantragt werden. Während jedoch das Einleiten in einen nahe liegenden Bach meist kostenfrei ist, lassen sich die Kommunen die Einleitung in die öffentliche Kanalisation teuer bezahlen.

Während der Bauphase

Rohbauabnahme

Eine Woche vor Fertigstellung des Rohbaus muss dies der Genehmigungsbehörde mitgeteilt werden. Das Formblatt dafür liegt in der Regel der Baugenehmigung bei. Das Bauaufsichtsamt prüft nun während eines Ortstermins die Übereinstimmung der Baugesuch-

✓ Anträge bei Behörden

Vor Baubeginn

beantragt am	erhalten am	
		Baubeginnanzeige
		(falls notwendig)
		Antrag auf das Fällen von Bäumen
		Benutzung von öffentlichem Verkehrsraum
		Sperrung öffentlicher Verkehrsflächen
		Grundwasserabsenkung
		Einleitung von Grundwasser in die öffentliche Kanalisation oder öffentliche Gewässer

Während der Bauphase

beantragt am	erhalten am	
		Rohbauabnahme
		Rohbauabnahme Kamin
		Schlussabnahme Heizungsanlage

Nach Fertigstellung

beantragt am	erhalten am	
		Amtliche Gebäudeeinmessung und Herstellung der Grundstücksgrenzen
		Schlussabnahme des Gebäudes

pläne mit dem bestehenden Rohbau. Abweichungen von den Baugesuchplänen wie beispielsweise das Erstellen eines zusätzlichen Erkers oder ein zu hoher First können dazu führen, dass die Baustelle stillgelegt wird, bis hin zu der Forderung, die nicht genehmigten Bauteile abzureißen.

Rohbauabnahme Kamin und Schlussabnahme Heizungsanlage

Nach Erstellung des Rohbaus prüft der Bezirksschornsteinfeger die ordnungsgemäße Erstellung des Kamins, nach Fertigstellung der Heizungsanlage deren ordnungsgemäße Ausführung.

Nach Fertigstellung

Amtliche Gebäudeeinmessung und Herstellung der Grundstücksgrenzen

Die amtliche Gebäudeeinmessung dient der Kontrolle, ob das Gebäude an der vorgesehenen Stelle in den vorgesehenen Abmessungen errichtet wurde. Wurden durch die Bauarbeiten Grenzsteine beschädigt oder entfernt, werden diese neu eingemessen und gesetzt.

Schlussabnahme des Gebäudes

Nach Fertigstellung erfolgt nochmals eine Begehung durch das Bauaufsichtsamt zur Kontrolle des nun fertigen Bauwerks auf Übereinstimmung mit dem Baugesuch. Zu diesem Termin müssen vorliegen:

Zum Schluss: Kontrolle durch das Bauaufsichtsamt

- die Unternehmerbescheinigungen für die ordnungsgemäße Erstellung der Heizungs- und Sanitäranlagen,
- die Bescheinigung der Schlussabnahme des Schornsteinfegers,
- die Bestätigung des Sachverständigen für Schall- und Wärmeschutz, dass das Gebäude nach den Vorgaben errichtet wurde,
- das Protokoll der Dichtigkeitsprüfung der Abwasserkanäle, zum Beispiel durch eine Fachfirma für Kanalarbeiten.

Anträge bei Versorgungs-unternehmen

Auch bei der Beantragung von Bauwasser, Baustrom usw. werden Sie je nach Baupartner mehr oder weniger involviert sein. Bauen Sie in Eigenregie, müssen Sie sich hierum vollständig selbst kümmern.

Versorgungsunternehmen frühzeitig informieren

Die Versorgungsunternehmen müssen frühzeitig über Ihr Bauvorhaben informiert werden, damit Sie mit Bauwasser und Baustrom beliefert werden. In Einzelfällen kann die Bearbeitungszeit von Anträgen durchaus drei Monate dauern. In der Regel wird Ihnen der Bauleiter diese Anträge vorbereiten und zur Unterschrift vorlegen. Sie sollten sich auf jeden Fall ein Belegexemplar geben lassen.

Vor Baubeginn

Bauwasser und Baustrom

Damit Ihnen von Beginn an Strom und Wasser zur Verfügung stehen, sollten zeitgleich mit dem Einreichen des Baugesuchs die entsprechenden Anträge gestellt werden. Sofern das Grundstück bereits erschlossen ist, sich also die Anschlüsse für Strom, Wasser und eventuell Gas bereits auf dem Grundstück befinden, ist die Bereitstellung während der Bauzeit unkompliziert. Schwieriger und vor allem teurer wird es, wenn das Grundstück noch nicht erschlossen ist und sich die nächste Verteilerstation für Strom oder Zapfstelle für Wasser in größerer Entfernung befindet. Klären Sie dies alles möglichst frühzeitig mit den Versorgungsunternehmen.

Trassenanfrage bei den Versorgungsunternehmen

**Wichtig:
Liegen Techniktrassen auf Ihrem Grundstück?**

Besonders wichtig ist die Klärung der Frage, ob im Bereich der Baugrube Techniktrassen der Versorgungsunternehmen liegen. Schicken Sie hierzu einen Lageplan mit dem eingetragenen Gebäude an die jeweiligen Unternehmen. Eine gekappte Telefonleitung mag noch relativ harmlos sein und trübt vielleicht nur das nachbarschaftliche Verhältnis. Beschädigt der Baggerführer beim Aushub jedoch eine Gasleitung, wird es gefährlich und außerdem teuer.

✔ Anträge und Anfragen bei Versorgungsunternehmen

Vor Baubeginn

beantragt am	erhalten am	
		Trassenanfrage bei den Versorgungsunternehmen für
		• Telefon
		• Elektrizitätsversorgung
		• Gasversorgung
		• Fernwärmeversorgung
		• Wasserversorgung
		• Städtisches Kanalnetz
		Antrag für Baustrom
		Antrag für Bauwasser

Während der Bauphase

beantragt am	erhalten am	
		Erschließungsanträge bei den Versorgungsunternehmen für
		• Telefon
		• Elektrizitätsversorgung
		• Gasversorgung
		• Wasserversorgung
		• Anschluss an städtisches Kanalnetz
		• Fernwärmeversorgung
		Anträge auf Zählermontage für
		• Telefon
		• Strom
		• Gas
		• Wasser
		• Fernwärme
		Abmelden von Baustrom
		Abmelden von Bauwasser

Während der Bauphase

Erschließung des Grundstücks und Hausanschluss

Ist das Grundstück noch nicht erschlossen, wird dies in der Regel zusammen mit dem Hausanschluss durchgeführt. Hierzu kommen die einzelnen Versorgungsunternehmen und verlegen ihre Leitungen über das Grundstück in den Hausanschlussraum, der sich meist im Keller befindet. Beides sollte ebenfalls frühzeitig beantragt werden.

Kanalanschluss

Die Schmutzwasserleitungen werden oft vom Rohbauunternehmer verlegt. Er führt die Leitungen vom Haus weg zu einem Revisionsschacht an der Grundstücksgrenze. Von dort aus verlegt die Kommune eine Leitung bis zum Straßenkanal.

Zählermontage

Strom, Wasser und Gas im Haus können Sie erst nutzen, wenn die Zähler montiert sind. Auch dies muss beantragt werden.

Abmelden von Baustrom

Da die Preise für Baustrom wesentlich höher sind als für normalen Strom, sollten Sie darauf achten, Baustrom nicht länger als nötig zu nutzen. Sobald der Elektriker die notwendigen Voraussetzungen geschaffen hat und die Zähler im Haus montiert wurden, sollte der Baustrom abgemeldet werden.

Präventive Einschaltung eines auf Baurecht spezialisierten Anwalts

In der Regel wird ein Anwalt erst dann eingeschaltet, wenn es Probleme gibt, bei denen der Bauherr und sein Architekt nicht mehr allein weiterkommen. Das können beispielsweise Mängel sein, die nicht behoben oder nicht anerkannt werden, erhebliche Terminüberschreitungen, Nachtragsforderungen des Unternehmers und vieles mehr. Die Aufgabe des Anwalts besteht dann darin, in der bereits bestehenden Rechtssituation die Interessen seines Mandanten zu vertreten. Je nach Sachverhalt kann es sein, dass die Ansprüche des Bauherrn nicht oder nur teilweise durchzusetzen sind, weil die entsprechenden Vertragsgrundlagen fehlen.

Solche Rechtsnachteile können Sie vermeiden, indem Sie von Anfang an einen Rechtsanwalt einschalten, am besten schon zur Prüfung der Verträge mit den Unternehmen. Planen Sie daher eine Position mit Anwaltskosten in Ihr Kostenbudget ein und nehmen Sie schon vorab Kontakt mit einem auf Baurecht spezialisierten Anwalt auf. Nur dann können Sie darauf vertrauen, dass er mit der aktuellen Rechtsprechung im Baurecht vertraut ist. Das Baurecht ist ein äußerst komplexes Rechtsgebiet. Nur ein wirklich versierter und prozesserfahrener Anwalt wird Ihnen weiterhelfen können.

> **Tipp**
>
> Im Branchenbuch finden Sie fachgebietsbezogene Adressen von Anwälten. Suchen sollten Sie nach „Fachanwälten für Bau- und Architektenrecht". Ferner gibt es im Internet einen Suchservice der Arbeitsgemeinschaft für Bau- und Immobilienrecht im Deutschen Anwaltverein: www.arge-baurecht.de.
>
> Klären Sie vorab, wie hoch das Honorar voraussichtlich ist. Treffen Sie schriftliche Vereinbarungen.

Bei der Einschaltung eines Anwalts kommt es nicht darauf an, mit welchem Baupartner Sie Ihr Bauvorhaben umsetzen. Ein guter Anwalt kennt die rechtlichen Differenzen sowie unterschiedlichen Voraussetzungen und Grundlagen der verschiedenen Baupartner sehr gut und kann Ihnen für jede Vertragsform eine angepasste Beratung bieten.

Es ist nicht notwendig, sich sämtliche Vertragsunterlagen von einem Anwalt erstellen zu lassen. Das gehört zu den Leistungen Ihres Baupartners. Wichtig ist vielmehr, dass ein Anwalt diese Unterlagen prüft, denn nicht selten stehen zum Beispiel Vorbemerkungen eines Bauvertrags im Widerspruch zur gleichzeitig vereinbarten Vergabe- und Vertragsordnung für Bauleistungen (VOB) (⋯⟩ Seite 63 f.) oder sind in wesentlichen Teilen lückenhaft.

Der Vorteil beim frühzeitigen Einschalten eines Anwalts liegt für Sie darin, dass dieser von Anfang an mit dem Bauvorhaben vertraut ist und bei auftretenden Problemen sofort angemessen reagieren kann. Da er sämtliche rechtlichen Belange vor Vertragsabschluss prüft, schafft er eine für Sie günstige rechtliche Ausgangsposition.

Die Vorbereitung der Bauphase eines Umbaus

Ein Umbau unterscheidet sich von einem Neubau ganz wesentlich. So ist ein Umbau fast immer ein individuelles Bauprojekt. Damit fallen verschiedene Baupartner automatisch weg, zum Beispiel der Bauträger. Andere, wie der Architekt, rücken in den Vordergrund. Ferner findet ein Umbau praktisch immer auf Ihrem eigenen Grundstück statt und sehr häufig in bewohntem Umfeld, sowohl im Gebäude selbst wie auch in der Nachbarschaft. Bei einem Umbau wird von Ihnen in aller Regel sehr viel mehr Beteiligung abverlangt, als wenn Sie zum Beispiel mit einem Bauträger neu bauen. Daher werden Sie hier sehr viele Überprüfungen und Kontrollen persönlich übernehmen müssen.

Bei Weitem nicht jeder Architekt kann einen reibungslosen Umbau leiten. Gerade komplexe Umbauvorhaben, möglicherweise sogar noch unter besonderen Bedingungen wie Denkmalschutz oder Schadstoffbelastungen der Gebäudesubstanz, erfordern spezielle Kenntnisse und hohe persönliche Einsatzbereitschaft des Architekten. Daher ist es für Sie wichtig, mit den Grundlagen der Vorbereitung eines Umbaus vertraut zu sein.

Prüfen der Planunterlagen auf Vollständigkeit

Sorgfältige Planung des Umbaus

Nicht immer sind im Zuge eines Umbaus auch Planunterlagen notwendig, wenn zum Beispiel nur ein oder zwei Wände aus einem bestehenden Wandgefüge herausgenommen werden sollen. Sind beide Wände nicht tragende Wände im Innenbereich eines Hauses, ist dafür keine Baugenehmigung notwendig.

Aber schon für einen einfachen Deckendurchbruch zum Einziehen einer neuen Treppe oder für einen Wintergartenanbau ist eine sorgfältige Planung notwendig. Die Bauunternehmer brauchen in jedem Fall eine Planung, nach der sie sich richten können bzw. die Vertragsgrundlage für die auszuführenden Arbeiten ist. Das vermeidet von Anfang an Missverständnisse.

Solche Pläne sollten vor Ausgabe an die Handwerker gut überprüft werden. Denn diese werden sich nach der Planung richten und ihr Material kalkulieren. Auch ist eine solche Planung im Streitfall ggf. Beweisgrundlage, insbesondere dann, wenn sie Vertragsbestandteil wurde.

Nur geprüfte Pläne

Umbauplanung bei Innenumbauten

Umbauplanungen von Innenbauteilen nehmen sowohl Innenarchitekten wie auch Architekten vor. Handelt es sich nur um eine kleine Maßnahme wie das Entfernen von Wänden zwischen Räumen, bei der ggf. nur ein Statiker eingeschaltet werden muss, kann auch dieser die notwendigen Pläne anfertigen. Zwar ist ein Statiker nicht bauvorlageberechtigt, er kann also nicht die Planvorlage bei den genehmigungsrelevanten Behörden vorlegen, aber Sie benötigen für solche kleinen Planungen im Innenraum von Gesetzes wegen keinen bauvorlageberechtigten Planer. Das sind in der Regel nur Architekten, in einigen Bundesländern auch bestimmte Gruppen von Bauingenieuren. Bei komplexeren Innenraum-Umgestaltungen, zum Beispiel mit Neueinbau von Kaminzügen, Treppen, Fenstern und Decken, sollten in jedem Fall vor Beginn der Baumaßnahme umfassende Detailplanungen vorliegen. Sehr wichtig ist hierbei, dass die

✓	Grundrisspläne bei Umbaumaßnahmen	
geprüft am		
		Neu zu errichtende Wände sind rot gekennzeichnet
		Abzubrechende Wände sind gelb gekennzeichnet und mit gestrichelten Linien dargestellt
		Bestandswände, die unverändert bleiben, sind grau gekennzeichnet
		Kennzeichnung von Räumen, die nicht betreten werden dürfen
		Kennzeichnung von Wandflächen, die geschützt werden müssen
		Kennzeichnung von Bodenflächen, die geschützt werden müssen
		Kennzeichnung von Deckenbereichen (z. B. bei Stuck), die geschützt werden müssen
		Kennzeichnung von Türzargen, die geschützt werden müssen
		Bei Abbrucharbeiten: Kennzeichnung von Wandleitungen, auf die geachtet werden muss

Schnittpläne bei Umbaumaßnahmen

geprüft am

		Neu zu errichtende Wände sind rot gekennzeichnet
		Abzubrechende Wände sind gelb gekennzeichnet und mit gestrichelten Linien dargestellt
		Deckendurchbrüche sind gelb gekennzeichnet und mit gestrichelten Linien dargestellt
		Bestandswände, die unverändert bleiben, sind grau gekennzeichnet

Ansichtspläne bei Umbaumaßnahmen

geprüft am

		Wandöffnungen, die geschlossen werden sollen, sind rot gekennzeichnet
		Wandöffnungen, die neu hergestellt werden sollen, sind gelb gekennzeichnet und mit gestrichelten Linien dargestellt

vorliegende Planung exakt mit den Gegebenheiten vor Ort übereinstimmt, also auf einem Aufmaß beruht und in einem angemessenen Maßstab, also 1:50, gefertigt ist. Das heißt: Ein Meter in der Realität entspricht zwei Zentimetern auf dem Plan. Kleinere Maßstäbe, zum Beispiel 1:100, sind in der Regel ungeeignet. Für Detailplanungen sollte im Einzelfall auf sehr große Maßstäbe, zum Beispiel 1:10 oder 1:5, gegangen werden. Nur so kann sichergestellt werden, dass der Handwerker eine exakte Ausführungsdarstellung erhält.

Vergleichen Sie die Planmaße mit den tatsächlichen Maßen

Die in den Plänen eingetragenen Maße des Bestandsgebäudes können Sie durch Nachmessen und Abgleichen mit den real vorhandenen Maßen sehr gut überprüfen. Welche Angaben über die bei einem Neubau (···> Seite 19 ff.) aufgeführten Punkte zusätzlich eingetragen sein sollten, finden Sie in den Checklisten auf Seite 43 f.

Umbauplanung bei Außenumbauten

Außenumbauten unterliegen in aller Regel der Genehmigungspflicht durch die zuständigen Behörden bzw. einem Kenntnisgabeverfahren gegenüber diesen Behörden und den Nachbarn. Selbst wenn Sie zum Beispiel auf eine bestehende Terrasse nur einen Wintergarten setzen möchten, muss dies den zuständigen Baubehörden ordnungsgemäß mitgeteilt werden. Das geschieht grundsätzlich mit der Einreichung entsprechender Planunterlagen. Diese sogenannten Baugenehmigungspläne sind in der Regel nur im Maßstab 1:100 gehalten, als spätere Bauausführungspläne also ungeeignet.

Bauausführungspläne von Außenumbauten sollten in jedem Fall im Maßstab 1:50 dargestellt sein. Sehr wichtig ist dabei die detaillierte Darstellung von Anschlüssen der Neubauteile an bestehende Bauelemente, die sogenannte Detailplanung. Soll beispielsweise ein Wintergarten an eine bestehende Holzfassade angeschlossen werden, ergeben sich möglicherweise komplizierte Anschlussdetails, die keinesfalls vor Ort durch die Kreativität des Handwerkers gelöst werden sollten, sondern im Vorfeld gut überlegt und geplant sein müssen. Sehr häufig ergeben sich an solchen Schnittstellen zwischen Alt- und Neubau bauphysikalisch völlig neue Situationen, sodass die Konsequenzen solcher Eingriffe wohlüberlegt sein müssen. Aus einer Außenwand wird zum Beispiel eine Innenwand oder eine bislang geschlossene Außenfassade mit dahinterliegender Dämmung muss an bestimmten Stellen geöffnet werden. Die Kennzeichnung bestehender Bauteile, abzubrechender Bauteile und neu zu errichtender Bauteile erfolgt wie in den Checklisten (⋯⋗ Seite 43 f.) beschrieben.

Detailpläne für alle Anschlüsse

Flächennutzung, Raumnutzung und Bestandsschutz

Bei einem Umbau stehen in der Regel viel weniger Lager- und Baustellenflächen zur Verfügung als bei einem Neubau. Wird das Gebäude während des Umbaus bewohnt, muss zusätzlich der Flächenbedarf für die Bewohner berücksichtigt werden, sowohl im Innen- wie im Außenbereich. Ferner muss dem Schutz der bestehenden Bausubstanz große Beachtung geschenkt werden, was bei einem Neubau häufig gar nicht notwendig ist. Viele Unternehmen vernachlässigen diesen Punkt bei Umbaumaßnahmen.

Außenbereich

Die richtigen Standorte wählen

Es kann gut sein, dass die vorhandene Grundstücksfläche nicht ausreicht und auf öffentlichen Straßenraum ausgewichen werden muss. Ist das der Fall, muss dessen Nutzung beantragt werden (···▸ Seite 33). Soweit ein **Sanitärcontainer** (Dusch-WC-Container) aufgestellt werden soll und dieser mit Frischwasserzu- und Abwasserausleitungen versorgt werden muss, bestimmen die vorhandenen Anschlussmöglichkeiten seinen Standort. Sehr häufig kommt aber nur ein kleines **Chemie-WC-Häuschen** zum Einsatz. Hierbei ist zu beachten, dass die Abpumpschläuche der Entsorgungsfahrzeuge häufig nicht länger sind als acht bis zehn Meter. Daher werden diese WCs von den Entsorgungsunternehmen nicht zu weit von einer Straße entfernt aufgestellt und sollten während der Baumaßnahme nicht versetzt werden. Gleiches gilt für **Abfallentsorgungscontainer.** Die Stellplätze muss ein Lkw nach Möglichkeit ohne langes Rangieren rückwärtig anfahren können, um dort etwas anzuheben und aufzunehmen. Es hat sich sehr bewährt, vor solchen Containern schwenkbare Bauzauntore anzubringen, damit der Container direkt aus dem Baustellengelände gehoben werden kann. Schwere Abrollcontainer sollten immer Holzbohlenunterlagen als Druckverteiler und gegen Beschädigung des Untergrunds erhalten.

Schutz für Grünflächen und Bäume

Soweit für die Baustelleneinrichtung im Außenbereich bestehende Grünfläche genutzt werden muss, sollten **Baustraßen** gelegt werden. Die Grasoberfläche kann dazu bis auf eine Tiefe von ca. 15 Zentimetern ausgestochen, ausgehoben und seitlich gelagert werden, um sie später wieder einzusetzen. Auf die ausgehobenen Flächen wird dann zunächst als Trennschicht ein stabiler Flies gelegt. Dieser bewirkt, dass Regenwasser nach unten abfließen kann, andererseits nach Abschluss der Bauarbeiten die Schüttung wieder einfach vom darunterliegenden Erdreich getrennt werden kann. Von den Unternehmern wird häufig eine Schüttung aus Recyclingmaterial angeboten. Hierbei ist Vorsicht geboten. Solche Schüttungen beinhalten mitunter problematische Stoffe wie Asbest- oder Teerreste. Daher sollten Sie auf güteüberwachtem Material bestehen oder eine Neuschüttung, zum Beispiel aus Kalkschotter, wählen. Das Schüttgut muss nach Einbau auch verdichtet werden, damit darauf beispielsweise Baugerüste gestellt werden können. Im Zuge der Baustraßenerstellung sollte auch gleich der **Baumschutz** erfolgen. Dafür eignen sich alte Autoreifen, die von außen mit einer Schutzlage aus senkrecht gestellten Brettern um den Baumstamm herum angebracht werden. Für den Wurzelschutz von Bäumen kann es notwendig werden, Stahlplatten um den Baum herum auszulegen.

Wertvolle Strauchpflanzen, die der Baustelleneinrichtung im Wege sind, müssen notfalls rechtzeitig von einem Gärtner umgepflanzt werden.

Wertvolle Strauchpflanzen umpflanzen

Außeneinrichtungen wie fest installierte Gartenbänke, Pergolen oder Ähnliches sollten ebenfalls eine Schutzeinrichtung erhalten. Die einfachste Möglichkeit ist, sie mit Bauzaunelementen zu umstellen.

Wichtig: Es muss einen klar definierten Personen- und Maschinenein- und -ausgang in das Baufeld geben, einen Stellplatz für das WC und die Abfallcontainer sowie Lagerplätze für Baumaterial wie Fenster oder Wärmedämmung. Gleiches gilt für die Ab- und Aufladefläche für Gerüstelemente und die Stellfläche von Baumaschinen. Ferner kann es notwendig werden, einen Bauaufzug als Schrägaufzug zu installieren. Dieser hat eine weite Ausladung vom Gebäude weg, je nach Höhe des Gebäudes.

Mitunter ist bei Umbauten auch ein Kran notwendig, dessen Schwenkradius natürlich wesentlich seinen Aufstellpunkt bestimmt.

Schließlich muss durch eine solche Baustelleneinrichtung auch für die Hausbewohner ein sicherer Zugang zum Gebäude geschaffen werden, wenn es keine andere Zugangsmöglichkeit gibt. Ein solcher Zugang muss klar gekennzeichnet sein und darf kein gefährlicher Hindernislauf durch eine Baustelleneinrichtung sein. Die Kennzeichnung kann zum Beispiel durch Absperrband oder den Bauzaun erfolgen. Droht die Gefahr herabfallender Bauteile, zum Beispiel unter

Sicherer Zugang für die Hausbewohner

einem Gerüst, müssen an diesen Stellen weit ausladende Schutz-
dächer montiert werden, um Passanten zu schützen.

Innenbereich

Klären Sie zunächst, welche Zimmer des Hauses während des Umbaus gar nicht genutzt werden können und welche zeitweise oder
generell nur eingeschränkt genutzt werden können. Geklärt werden
muss die Erreichbarkeit der Zimmer untereinander (zum Beispiel
der Weg vom Schlafzimmer zum Bad, der Weg vom Erdgeschoss
ins Obergeschoss usw.) wie auch ein eventuell notwendiger Umzug
innerhalb des Hauses während des Umbaus. Es empfiehlt sich,
für den Innenbereich einen Nutzungsplan aufzustellen. Zeichnen
Sie zum Beispiel in Grundrisspläne des Bestandsgebäudes die
Nutzungsarten, -zuordnungen und -dauern der einzelnen Zimmer
ein.

Wenn während der Bauzeit offene Durchbrüche zu bestehenden
Zimmern erfolgen, müssen die Bestandszimmer geschützt werden.
Meist geschieht das, indem Staubwände in Form einer Dachlatten-
konstruktion aufgestellt werden, die zwischen Boden, Decke und
Wänden des bestehenden Zimmers verklemmt werden. Die Verklemmung hat den Vorteil, dass die angrenzenden Wände, der Boden
und die Decke nicht beschädigt werden. Auf diese Holzkonstruktion
wird dann eine reißfeste Kunststofffolie gespannt und an allen Stoßpunkten zum Bestand gut abgedichtet. Falls größere Erschütterun-
gen zu erwarten sind, müssen zerbrechliche Güter (Kronleuchter,
Porzellanlampen u. Ä.) abgehängt und gepolstert zwischengelagert
werden. Wertvolle Möbel müssen mit Polsterdecken für den Zeitraum
der Erschütterung geschützt werden.

Bestandsschutz

Je nachdem, mit welchen Gewerken Sie es zu tun haben werden,
müssen bestehende Gebäudeelemente gut geschützt werden, an
vorderster Stelle Böden, Wände, Türrahmen, Heizkörper und Fenster.
Folgende Schutzmaßnahmen sind bei massiveren handwerklichen
Arbeiten in Innenräumen zu empfehlen:

Separate Eingänge für Handwerker und Bewohner

Für Bewohner und Handwer-
ker sind separate Eingänge
sinnvoll. Nutzen beide die
gleichen Eingänge, kann es
schnell zu großen Problemen
kommen (Schmutz, Haustür-
schlüssel usw.).

Als Handwerkereingang kann
zum Beispiel eine Kellertür
oder eine Fenstertür im Erdgeschoss dienen, die für
die Dauer der Bauarbeiten
herausgenommen wird und
durch eine Bautür aus Sperr-
holz mit Verschlussriegel
und Vorhängeschloss ersetzt
wird. Solch eine Bautür wird
in einen Schutzrahmen ge-
hängt, der den bestehenden
Rahmen während der Bauzeit
umkleidet und schützt.

Tipp

Bei großen Lärmbelästigun-
gen sollten Hausbewohner
und Haustiere eine Ausweich-
möglichkeit haben. Es ist
sinnvoll, eine solche rechtzeitig einzuplanen, z. B. in Form
eines Ausweichquartiers bei
Freunden oder einer Pension
oder Ferienwohnung für die
Tage, an denen es extrem
laut werden kann. Planen Sie
die Kosten für solche Aus-
weichquartiere von Anfang
an mit ein!

Flächennutzung, Raumnutzung und Bestandsschutz

■ **Parkettbodenschutz:** Parkettboden muss vor allem vor Punktbelastungen geschützt werden, die Druckstellen im Holz hinterlassen. Ebenso vor Kratzern und Abschürfungen der Oberfläche. Am besten wird Parkettboden durch stabile Druckverteilungsplatten, zum Beispiel Spanholzplatten, geschützt, die unterseitig mit einem Fliestuch bespannt sind. Das Fliestuch wird dazu seitlich um die Kanten des Sperrholzbretts gezogen und von oben fixiert. Aus diesen Platten werden dann Wege für die Handwerker gelegt oder der gesamte Arbeitsplatz auf dem Parkettboden wird abgedeckt. Ein entsprechender Parkettschutz sollte mit ausgeschrieben werden, bevor Sie Handwerker beauftragen.

■ **Treppenschutz:** Stabile Natursteintreppen benötigen nicht unbedingt einen Schutz, Holztreppen aber in jedem Fall. Dieser kann wie beim Parkettbodenschutz ausgeführt werden. Allerdings müssen die Spanplatten durch eine stabile Verklemmung sicher mit den Stufen verbunden werden, sodass ein Abrutschen der Schutzauflage unmöglich ist.

■ **Fliesenbodenschutz:** Fliesenböden sind riss- und bruchgefährdet. Sie werden wie Parkettböden geschützt.

Schutzauflage für eine Treppe

■ **Teppichbodenschutz:** Teppichböden benötigen vor allem Schutz vor eindringenden Flüssigkeiten. Ein flächendeckender Schutz mit einer stabilen, zweilagigen Folie ist daher sehr wichtig. Eine solche Folie sollte durch die Handwerker jeden Morgen vor Arbeitsbeginn auf Beschädigungen untersucht und ggf. ausgewechselt werden. Auch dies gehört in eine Ausschreibung.

■ **Wandschutz:** Der Wandschutz kann durch eine Folienbespannung erfolgen, soweit die Wände während der Umbauarbeiten nicht durch Stoßbelastungen beansprucht werden. Vor einer Wand wird aus Dachlatten ein Rahmen gebaut, der dann zwischen Boden, Decke und Seitenwänden vorsichtig durch Holzkeile verklemmt wird. Auf diesen Rahmen wird die Schutzfolie für die Wand gespannt. Ist eine Stoßbeanspruchung zu befürchten, muss statt einer Folie eine Spanplattenverschalung auf den Dachlattenrahmen montiert werden.

■ **Türschutz:** Immer wieder bleiben Handwerker in Türöffnungen mit Leitern und sperrigem Werkzeug hängen. Das führt sehr häufig zu Beschädigungen der Türrahmen. Daher sollten bei Innentüren während der Umbauphase Türblätter grundsätzlich herausgenommen und an sicherer Stelle zwischengelagert werden. Der

Türrahmen selbst wird mit einem Spanbrettrahmen umkleidet, der sowohl die Laibungsflächen wie auch alle Zargenflächen umkleidet. Der schützende Rahmen wird durch Verklemmung im bestehenden Türrahmen montiert.

■ **Fensterschutz:** Wenn durch Fenster Baumaterial ins Gebäude gebracht oder Schuttmaterial entsorgt werden soll oder die Fenster Stoßbeanspruchungen unterliegen, müssen Fensterrahmen und/oder Fensterglas geschützt werden. Fensterrahmen werden geschützt wie Türrahmen. Auch hier kann es sinnvoll sein, während der Bauphase Fensterflügel auszuhängen und sicher zwischenzulagern. Als Ersatz kann ein Baufenster eingehängt werden, zum Beispiel ein einfacher Rahmenverschlag mit einer Folienbespannung. Soll ein Fenster während der Bauphase eingehängt bleiben, kann das Fensterglas durch eine Spanplattenverkleidung vor Beschädigungen geschützt werden. Diese kann durch kleine Holzkeile vorsichtig an den Laibungsflächen des Glasrahmens verklemmt werden.

■ **Fensterbank- und Fassadenschutz:** Fassaden, die bereits von außen gedämmt sind, müssen in den Bereichen, in denen sie von einer Modernisierung betroffen sind, geschützt werden. Sehr wichtig ist das zum Beispiel im Bereich von Türen oder Fenstern, durch die Material transportiert wird. Gerade Fensteraußenbrüstungen unterliegen bei Modernisierungsmaßnahmen häufig Stoßbeanspruchungen durch dort anschlagende Werkzeuge, Behälter oder Leitern.

Für Schutzverkleidungen wird ein Spanplattenwinkel auf die Außenfensterbank aufgelegt und seitlich in den Laibungen vorsichtig (da häufig auch gedämmt) verklemmt. An der Vorderkante der Fensterbank hängt dann der andere Spanplattenschenkel senkrecht nach unten und schützt die Brüstungsaußenseite.

Terminplanung

Für die Planung des Terminablaufs eines Umbauprojekts gibt es wie bei einem Neubau einen Projektzeiten- und einen Bauzeitenplan.

Projektzeitenplan eines Umbaus

Der Projektzeitenplan ist der übergreifende Terminplan, der nicht nur die reinen Bauzeiten berücksichtigt, sondern alle Terminabläufe. Bei einer Umbaumaßnahme diktiert der Projektzeitenplan in der Regel den Bauzeitenplan.

Die zeitliche Planung eines Umbaus richtet sich nicht nur nach dem optimalen Bauablauf, sondern auch nach den Wohnmöglichkeiten der gegenwärtigen oder zukünftigen Bewohner des Gebäudes während der Umbaumaßnahme. Ein grundlegender Faktor für die Zeitplanung ist daher, ob das umzubauende Objekt während der Bauarbeiten bewohnt ist oder nicht. Bei einem bewohnten Objekt wird man zum Beispiel kaum im Winter alle Fenster austauschen, bei einem unbewohnten hingegen kann man solche Umbaumaßnahmen recht frei planen. Bei einem bewohnten Haus muss zum Beispiel die gesamte Sanitär- und Elektroversorgung während des Umbaus im Grunde ununterbrochen funktionieren. Ein WC, das aufgrund von Umbauarbeiten drei Wochen nicht benutzt werden kann, ist schlicht nicht hinnehmbar. Bei bewohnten Gebäuden muss die Umbautaktung, wann zum Beispiel welcher Wanddurchbruch oder -abbruch erfolgt, wann welche Installationsleitungen getauscht werden etc., eng mit den Bewohnern des Gebäudes abgestimmt werden.

Terminplanung mit den Bewohnern abstimmen

Wichtig für die Terminplanung von Umbaumaßnahmen ist auch, dass bewusst Erholungszeiten eingeplant werden. Samstage können für Arbeiten bewusst ausgeklammert werden, damit man wenigstens am Wochenende keinen Krach in die Nachbarschaft bzw. in das eigene Wohnumfeld trägt.

Bauzeitenplan eines Umbaus

Der Umbau beginnt mit dem Bestandsschutz

Der Bauzeitenplan beginnt mit dem Bestandsschutz, erst dann folgt die Baustelleneinrichtung. Direkt danach kommen häufig die Demontage- und Abbrucharbeiten, bevor es an die klassischen Baugewerke geht. Das Treppenmuster des Bauzeitenplans eines Umbaus sieht ähnlich dem eines Neubaus aus (⸱⸱⸱⸱ Seite 27), wobei die Treppe in der Regel ungleichmäßig lange Stufen hat, teilweise auch Leerläufe, die durch die Planungen aus dem Projektzeitenplan für die Bewohner notwendig sind. So kann es zum Beispiel sein, dass nicht in allen WCs gleichzeitig Estrich gelegt wird, der lange trocknen muss, sondern zunächst in einem und erst drei Wochen später in einem anderen, sodass immer ein WC in Funktion bleiben kann.

Anhand der Checkliste auf dieser Seite können Sie prüfen, ob die bei einem Umbau unter Bewohnung zusätzlich zu der Bauterminplanung der Baugewerke (⸱⸱⸱⸱ Seite 28) notwendigen Punkte beachtet werden.

✓ Umbauplanung

geprüft am

☐	☐	Sind Vorlaufzeiten für die Bestandsschutzarbeiten berücksichtigt?
☐	☐	Ist die durchgängige Versorgung der Bewohner mit Sanitär- und Kocheinrichtungen sichergestellt?
☐	☐	Sind notwendige Ruhezeiten für die Bauherren zu berücksichtigen (z. B. vor wichtigen Prüfungen), während derer kein Lärm entstehen sollte?
☐	☐	Sind evtl. notwendige freie Tage zeitlich berücksichtigt, an denen z. B. Familienfeste, Jubiläen oder Geburtstage geplant sind, und welche Räumlichkeiten sind zu diesem Zeitpunkt in welchem Zustand dafür nutzbar?
☐	☐	Ist ein Urlaub der Baufamilie zeitlich berücksichtigt (nicht nur für den Fortgang der Arbeiten, sondern auch für Entscheidungen, die der Bauherr vor Ort treffen muss)?
☐	☐	Ist für mögliche Zwischenfälle vorgesorgt (Beispiel: Bauherren müssen überraschend für einige Tage weg – wie kommen die Handwerker ins Haus)?
☐	☐	Ist die Notruferreichbarkeit von Handwerkern auch sonntags und in den Handwerkerferien sichergestellt?
☐	☐	Ist der Einbruchschutz auch bei längeren Abwesenheiten von Handwerkern oder Bauherr sichergestellt?
☐	☐	Wurden die Versicherungen über den geplanten Umbau informiert?
☐	☐	Gibt es seitens der Versicherungen zusätzliche Anforderungen an den Brandschutz, Einbruchschutz usw., um den Versicherungsschutz während der Bauzeit zu erhalten?

Fachingenieure

Neben den bereits vorgestellten Fachingenieuren (---> Seite 29) können bei einem Umbau Innenarchitekten und Umweltingenieure zum
Einsatz kommen.

Innenarchitekten

Innenarchitekten sind häufig nur auf die Gestaltung und den Aus-
bau von Innenräumen spezialisiert. Außenumbauten oder die
Gebäudehülle tangierende Umgestaltungen wie Fensterdurchbrüche
oder Wintergartenanbauten übernehmen in der Regel Architekten.
Innenarchitekten sind daher eher selten im privaten Umbaubereich
anzutreffen. Bei komplexeren Innenumbaumaßnahmen kann das
Einschalten eines Innenarchitekten aber durchaus sinnvoll sein,
weil er Ihnen Vorschläge machen kann, die Sie so noch gar nicht in
Erwägung gezogen haben. Vor allem aber erstellt er eine Bauausfüh-
rungsplanung und Ausschreibung, die die Grundlage für die Bauausführung ist.

Nur selten bei privaten Umbauten

Umweltingenieure

Bei Umbauten, bei denen man es mit der Entsorgung hochgiftiger
Stoffe zu tun hat, zum Beispiel polyzyklische aromatische Kohlen-
wasserstoffe (PAK) oder polychlorierte Biphenyle (PCB), aber auch
Asbest in Innenräumen, wird in der Regel ein Umweltingenieur eingeschaltet. Dieser bereitet die fachgerechte Planung und Ausschreibung vor, indem er vorab alle anfallenden Stoffe analysiert und
erfasst. Er übernimmt auch eine begleitende Fachbauleitung, die
zum Beispiel die Überwachung der Arbeitsschutz- und Entsorgungsvorschriften und nach Entsorgung der Schadstoffe die Kontrolle etwa
der Luft- oder Staubreinheit per Mess- und Labortechnik umfasst.

Wichtig für die Entsorgung hochgiftiger Stoffe

Anträge und Anzeigen bei Behörden

Vor Umbaubeginn

Wenn Ihr Umbauvorhaben umfangreicher ist und zum Beispiel
- eine Baubeginnanzeige,
- das Fällen von Bäumen,
- die Benutzung von öffentlichem Verkehrsraum,
- die Sperrung öffentlicher Verkehrsflächen,
- eine Grundwasserabsenkung,
- die Einleitung von Grundwasser in die öffentliche Kanalisation

erforderlich sind, muss dies wie beim Neubau beantragt werden (→ Seite 32). Darüber hinaus müssen bei Umbauvorhaben in aller Regel auch Abbrucharbeiten und Abfallentsorgungen angezeigt und beantragt werden. Beides muss vor Umbaubeginn geschehen.

Abbrucharbeiten
Abbrucharbeiten sind je nach Art und Größe des abzureißenden Gebäudes oder Gebäudeteils genehmigungspflichtig. Das regeln im Einzelnen die Landesbauordnungen der Bundesländer. In der Regel sind Gebäude oder Teile davon bis zu einem umbauten Rauminhalt von 300 Kubikmetern von der Genehmigungspflicht ausgenommen, allerdings kann es sowohl auf Landes- wie auf Kommunalebene zahlreiche Zusatzregelungen geben. So kann zum Beispiel der Denkmalschutz einem Abriss ebenso entgegenstehen wie die Erhaltungssatzung einer Gemeinde oder auch brandschutztechnische Belange. Daher sollte bei einem geplanten Abriss in jedem Fall frühzeitig die zuständige Genehmigungsbehörde eingeschaltet werden, unabhängig vom Volumen des abzureißenden Gebäudes. Bei einem solchen Kontakt kann dann auch abgefragt werden, ob bestimmte Formularvordrucke für die Beantragung zu verwenden sind und welche Anlagen beigefügt werden sollen.

Abfallentsorgung

Bauschutt kann nicht einfach nur in einen Container geworfen und auf eine Müllhalde gebracht werden. Viele Bauabfälle bestehen aus gesundheitsschädlichen Substanzen oder enthalten solche – zum Beispiel Asbestplatten, lackiertes Holz oder auch PVC-Bodenbeläge, die unterschiedlich entsorgt werden müssen. Aus diesem Grund hat der Gesetzgeber das Kreislaufwirtschafts- und Abfallgesetz erlassen (KrW-/AbfG). Dieses Gesetz regelt die Verpflichtungen der Abfall-erzeuger, -besitzer oder -transporteure.

Grundsätzlich wird unterschieden in Abfall zur Verwertung und Abfall zur Entsorgung. Ferner wird differenziert zwischen nicht besonders überwachungsbedürftigem Abfall (nbüA) und besonders überwachungsbedürftigem Abfall (büA). Welche Bauabfälle in welche Kategorie fallen, finden Sie unten in den beiden Tabellen.

Meistens werden Sie allerdings ein Abbruchunternehmen mit der Beseitigung der Abfälle beauftragen. Da dieses Unternehmen gewerblich mit der Abfallentsorgung zu tun hat, wird es von den meisten kommunalen Ämtern anders behandelt als die Einwohner der Stadt. Es kann sein, dass es seinen Abfall nicht auf den kommunalen Entsorgungsstellen entsorgen kann, will oder darf. Der ist von Kommune zu Kommune sehr unterschiedlich. Will es den Abfall allerdings bewusst außerhalb der kommunalen Grenzen deponieren oder entsorgen lassen, sollte die Kommune dem zugestimmt haben.

Wohin mit den Abbruchabfällen?

Bei Ihrem kommunalen Umwelt- oder Abfallamt oder der kommunalen Abfallbeseitigungsgesellschaft können Sie erfahren, in welcher Form und an welchem Ort Material von A wie Asbest bis Z wie Zement abzuliefern ist.

Für Bauabfälle zur Verwertung gelten folgende Abfallschlüssel	
EAK-Abfallbezeichnung	**EAK-Abfallschlüssel**
Gemischte Bau- und Abbruchabfälle	17 07 01
Beton	17 01 01
Ziegel	17 01 02
Fliesen und Keramik	17 01 03
Baustoffe auf Gipsbasis	17 01 04
Erde und Steine	17 05 01
Hafenaushub	17 05 02
Asphalt, teerhaltig	17 03 01
Teer und teerhaltige Produkte	17 03 03

Für Bauabfälle zur Beseitigung gelten folgende Abfallschlüssel	
EAK-Abfallbezeichnung	**EAK-Abfallschlüssel**
Isoliermaterial, freies Asbest enthaltend	17 06 01
Beton, Ziegel, Fliesen, Keramik und Baustoffe auf Gips- oder Asbestbasis mit schädlichen Verunreinigungen	17 01 99 D 1
Bodenaushub, Baggergut sowie Abfälle aus Bodenbehandlungs-anlagen mit schädlichen Verunreinigungen	17 05 99 D 1
Holz, Glas und Kunststoff mit schädlichen Verunreinigungen	17 02 99 D 1
Anderes Isoliermaterial mit schädlichen Verunreinigungen	17 06 99 D 1

56 Die Vorbereitung der Bauphase eines Umbaus

Andienungspflicht

Eine Andienungspflicht besagt, dass Sie gezwungen sind, bestimmte Abfallstoffe bei bestimmten Deponien in Ihrem Bundesland oder auch außerhalb anzuliefern. Auskunft hierüber erhalten Sie in aller Regel bei den Sonderabfallagenturen der Länder. Sie sollten allerdings zunächst auf kommunaler Ebene klären, inwieweit Sie mit Ihren Abfallmengen überhaupt von solchen Länderverordnungen betroffen sind.

Für größere Mengen von Abfällen, vor allem für die besonders überwachungsbedürftigen Abfälle, gelten in der Regel andere Entsorgungswege als für kleine Mengen. So kann es sein, dass ab einem bestimmten Volumen eines besonders überwachungsbedürftigen Abfalls sogar eine **Andienungspflicht** für eine bestimmte Deponie in dem betreffenden Bundesland gilt.

Das große Problem für Sie in der Praxis ist, dass Sie nicht wissen, mit welchen Abfallstoffen Sie es bei einem Abbruch überhaupt zu tun haben. Sie können natürlich einfach einen Abbruch ausschreiben und durchführen lassen. Da aber der Unternehmer dann zum Zeitpunkt seiner Kalkulation selbst nicht weiß, mit welchen Abfallstoffen er es zu tun haben wird, wird er Ihnen ein eher teures Angebot machen. Sehr wahrscheinlich wird er mit einem Mischcontainer kalkulieren und eine Trennung der Bauabfälle nicht vorsehen. Je sorgsamer Bauabfälle aber separiert sind, desto preiswerter kann die Entsorgung sein. Normalerweise werden alle notwendigen Formulare durch das Abbruchunternehmen vorbereitet und Ihnen zur Unterschrift vorgelegt. Drei Dinge sind hierbei immer sehr wichtig:

- **Stimmen die vom Unternehmen angegebenen Abfallschlüssel mit den tatsächlichen Abfallstoffen überein?**
  Alle Abfälle werden von den Behörden durch Abfallschlüssel klassifiziert, die bestimmten Verwertungs- oder Entsorgungsvorschriften unterliegen. So ist zum Beispiel nicht jede Deponie berechtigt, Stoffe aller Abfallschlüssel aufzunehmen. Auch können nicht alle Stoffe überall verbrannt werden. Daher müssen Sie bzw. Ihr Entsorgungsunternehmen allen Stoffen, die als Abfall anfallen werden, die vorgeschriebenen Abfallschlüssel zuordnen. Die wichtigsten Abfallschlüssel von Bauabfällen finden Sie auf Seite 55. Damit können Sie zum Beispiel die Angaben Ihres Entsorgungsunternehmens kontrollieren.

- **Stimmen die vom Unternehmen eingetragenen Mengen mit den tatsächlich anfallenden Mengen überein?**
  Es ist nicht auszuschließen, dass ein Abbruch- oder Entsorgungsunternehmer nicht die korrekten Abfallmengen Ihres Abbruchvorhabens einträgt. Das kann aus Versehen, aber auch bewusst geschehen – zum Beispiel, wenn es im Interesse des Unternehmers ist, Abfallstoffe, die er von anderen Abbrucharbeiten zu erwarten hat, auf Ihre Kosten gleich mitzuentsorgen. Daher ist es

sehr wichtig, dass Sie alle Abfallstoffe und deren Mengen mit den zuvor geschätzten Mengen abgleichen.

- **Sind die vom Unternehmen angegebenen Entsorgungswege behördlich zulässig?**

Die ordnungsgemäße Entsorgung von Abfallstoffen unter Angabe, auf welche Deponie oder zu welcher thermischen Entsorgungseinrichtung sie verbracht werden, ist Teil der zu erbringenden Nachweise gegenüber den zuständigen Abfallbehörden. Diese Entsorgungswege müssen in aller Regel vom Abbruch- bzw. Entsorgungsunternehmen beantragt werden.

Wichtig ist vor allem, dass bei einem möglichen Wechsel des Entsorgungswegs während der laufenden Abbruchbaustelle alle notwendigen behördlichen Genehmigungen eingeholt werden. Lassen Sie sich nicht von Argumenten eines Abbruch- oder Entsorgungsunternehmers beeindrucken, dass Kapazitätsprobleme der einen oder anderen Deponie bestünden und dadurch ein sofortiger Wechsel des Entsorgungswegs notwendig sei, sondern bestehen Sie auf behördlichen Genehmigungen.

> **Tipp**
>
> Es ist immer sinnvoll, den Abbruch inklusive Entsorgung durch ein und denselben Unternehmer durchführen zu lassen. So vermeiden Sie zum Beispiel, dass das Abbruchunternehmen die unterschiedlichen Abfallfraktionen so unglücklich durchmengt, dass sie erst aufwendig sortiert werden müssen, weil das Entsorgungsunternehmen davon ausgegangen ist, dass es sortierte Abfallstoffe vorfindet.

Während der Umbauphase

Rohbauabnahme und Abnahme der Heizungsanlage

Wenn Ihr Umbau auch Rohbauarbeiten umfasst, zum Beispiel einen neuen Anbau oder Kaminbauarbeiten und die Neuinstallation einer Heizungsanlage, müssen wie beim Neubau entsprechende Anträge und darauf folgende offizielle Abnahmen erfolgen: eine Rohbauabnahme, eine Rohbauabnahme des Kamins und die Schlussabnahme der Heizungsanlage (⤳ Seite 34 f.).

Anträge und Abnahmen wie beim Neubau

Nach Fertigstellung

Gebäudeeinmessung

Wenn Sie einen umfangreichen Anbau errichtet haben, muss dieser nach Fertigstellung offiziell eingemessen werden. Das geschieht über die amtliche Gebäudeeinmessung (---> Seite 35). Eher selten ist bei einem Umbau die Einmessung der Grundstücksgrenzen, da diese in der Regel schon seit Langem feststehen und die einzelnen Grenzpunkte im Boden beim Umbau in der Regel nicht entfernt wurden.

Schlussabnahme des Gebäudes

Bei einem umfangreichen Umbau erfolgt schließlich noch die offizielle Schlussabnahme des Gebäudes durch die zuständigen Behörden (---> Seite 35).

Anträge bei Versorgungsunternehmen

Anträge bei Versorgungsunternehmen für Bauwasser und Baustrom sind bei Umbauten nur dann notwendig, wenn keine eigenen Zapfstellen und Stromanschlüsse zur Verfügung stehen.

Vor Umbaubeginn

Bauwasser

Beim Umbau eines bestehenden Gebäudes sind meistens Wasseranschlüsse vorhanden, die von den Handwerkern genutzt werden können. Befinden sich jedoch vermietete Wohneinheiten im Gebäude, muss diese Wasserentnahmestelle mit einem Verbrauchsmesser versehen werden. Der Mieter muss nur die Kosten seines Verbrauchswassers tragen, nicht die des Bauunternehmers bei einem Umbau. Hier muss also eine separate, temporäre Messuhr so gesetzt werden, dass sie den Verbrauch der Bauunternehmen exakt erfasst. Eine solche Messuhr darf nicht willkürlich gesetzt werden, sondern in Durchflussrichtung des Frischwassers nach dem zentralen Hauptwasserzähler des Gebäudes, aber noch vor den Uhren der

Bei vermieteten Wohnungen separate Messuhr einbauen

einzelnen Mietparteien. Gibt es keine Einzelerfassung, muss das verbrauchte Bauwasser vom verbrauchten Gesamtwasser der Hauptuhr subtrahiert werden, um den Bewohnerverbrauch zu erhalten.

Ferner müssen Sie bedenken, dass bestehende Wasseranschlussmöglichkeiten, zum Beispiel ein Außenwasserhahn, häufig nicht den ganzen Winter über zur Verfügung stehen, weil die Gefahr des Einfrierens droht. Entweder müssen Sie einen solchen Anschluss dann isolieren oder eben doch eine separate Wasserentnahmestelle legen lassen.

Wenn Sie keinen geeigneten Wasseranschluss im Haus zur Verfügung stellen können oder möchten, besteht für den Bauunternehmer die Möglichkeit, Bauwasser über ein Standrohr mit Zähler an einer Entnahmestelle an der Straße zu entnehmen und direkt mit dem Versorgungsunternehmen abzurechnen (zur Beauftragung ⤑ Seite 36). Gleiches gilt für die Abwassereinleitung, soweit diese nicht über bestehende Entsorgungsstränge erfolgen kann.

Alternative: Bauwasser über ein Standrohr an der Straße

Baustrom
Für viele Baumaschinen wird Drehstrom (exakt: Dreiphasenwechselstrom) benötigt, im Volksmund auch Baustrom genannt. Dieser ist nur in den seltensten Fällen direkt über den Hausstrom zu erhalten. Daher muss er in der Regel unmittelbar über den Hausanschlusskasten gezogen und zu einem Baustromverteilerkasten geführt werden. In einem solchen Baustromkasten sollte sich auch ein Stromzähler befinden, der den entnommenen Strom misst. Das ist wichtig, damit Sie später wissen, wie viel Strom für die Bauarbeiten verbraucht wurde, und diesen Strom nicht aus Versehen Mietern in Rechnung stellen oder mit anderen Stromrechnungen Ihres Versorgungsunternehmens durcheinanderbringen.

Während der Umbauphase

Haben Sie einen separaten Baustrom- und Bauwasseranschluss installieren lassen, gilt während der Umbauphase das Gleiche wie bei einem Neubau (⤑ Seite 32 f.).

Nach Fertigstellung

Auch nach der Fertigstellung gilt für extra gelegte Baustrom- und Bauwasserversorgung alles, was auch für einen Neubau gilt.

Präventive Einschaltung eines auf Baurecht spezialisierten Anwalts

> **Tipp**
>
> Im Branchenbuch finden Sie fachgebietsbezogene Adressen von Anwälten. Suchen sollten Sie nach „Fachanwälten für Bau- und Architektenrecht". Ferner gibt es im Internet einen Suchservice der Arbeitsgemeinschaft für Bau- und Immobilienrecht im Deutschen Anwaltverein: **www.arge-baurecht.de.**
>
> Klären Sie vorab, wie hoch das Honorar voraussichtlich ist. Treffen Sie schriftliche Vereinbarungen.

Bei kleineren Umbausummen lohnt sich die präventive Einschaltung eines auf Baurecht spezialisierten Anwalts nicht immer. Sind die Baukosten aber höher als 25 000 Euro, sollte ein solcher Fachmann frühzeitig eingeschaltet werden. Er sollte bereits vor Aussendung die an die Unternehmer gehenden Ausschreibungsunterlagen in rechtlicher Hinsicht prüfen und auf mögliche Problempunkte aufmerksam machen. Ihr Anwalt hat so die Chance, frühzeitig für Sie günstige Rechtspositionen zu schaffen, und wird nicht erst eingeschaltet, wenn es aufgrund unklarer oder ungünstiger Vereinbarungen Auseinandersetzungen mit einem Handwerker gibt.

Gerade bei einem Umbau ist es auch wichtig, einen juristischen Ansprechpartner für Probleme mit der Nachbarschaft oder den eigenen Mietern zu haben. Bei umfassenderen Hausmodernisierungen sollten mit Mietern vor Baubeginn schriftliche Modernisierungsvereinbarungen getroffen werden, die die Rechte und Pflichten aller Beteiligten während der Modernisierung detailliert regeln. So kann im Interesse der Mieter beispielsweise auf der Baustelle auf Samstagsarbeit verzichtet werden. Umgekehrt gestehen die Mieter zu, Handwerkern zu den üblichen Werkzeiten an Wochentagen Zugang zu ihrer Wohnung zu gewähren.

Auswahl und Beauftragung der Unternehmer für die Bauleistungen

Dieses Kapitel betrifft Sie im Wesentlichen dann, wenn Sie in Eigenregie bauen und die Unternehmerleistungen einzeln oder die Gesamtbauleistung an einen Bauunternehmer vergeben wollen. Prüfen Sie nach dem Lesen genau, ob Ihre fachlichen Kenntnisse für die Beauftragung von Unternehmern ausreichen, und entscheiden Sie sich im Zweifel lieber dafür, einen erfahrenen Fachmann hinzuzuziehen.

Rechtlicher Rahmen für die Zusammenarbeit

Der Unternehmer gewährleistet den Erfolg seiner Tätigkeit

Bei allen Verträgen, die Sie für den Bau Ihres Hauses abschließen, handelt es sich um **Werkverträge.** Der Auftragnehmer gewährleistet Ihnen darin nicht nur ein Tätigsein, sondern den **Erfolg** seiner Tätigkeit.

Das bedeutet zum Beispiel, dass der Fliesenleger sich nicht nur dazu verpflichtet, Fliesen zu verlegen, sondern dass er diese Leistung mangelfrei, nach den allgemein anerkannten Regeln der Bautechnik, innerhalb der vereinbarten Zeit und im Rahmen der vereinbarten Vertragsbedingungen erbringen muss.

Damit später in den Ausschreibungsunterlagen keine widersprüchlichen Aussagen stehen, die Ihnen bei Auseinandersetzungen mit dem Unternehmer Nachteile bescheren, ist es wichtig, im Vorfeld den rechtlichen Rahmen zu klären. Im Wesentlichen handelt es sich dabei um zwei Bausteine, die festgelegt werden müssen:

- Soll es sich um einen Werkvertrag nach **BGB** (Bürgerliches Gesetzbuch) handeln oder wird die **VOB** (Vergabe- und Vertragsordnung für Bauleistungen, früher: Verdingungsordnung für Bauleistungen) vereinbart?
- Soll ein **Einheitspreisvertrag** oder ein **Pauschalpreisvertrag** vereinbart werden?

Vertrag nach BGB oder VOB

War es früher noch so, dass Unternehmer auch mit Verbrauchern
die VOB vereinbaren konnten, so ist das heute nicht mehr ohne
Weiteres möglich. Bislang legte das BGB in seinen Regelungen zu
den allgemeinen Geschäftsbedingungen (AGB) fest, dass die VOB
von der Inhaltskontrolle nach dem BGB ausgenommen ist, wenn sie
als Ganzes vereinbart wurde, da sie als ausgewogenes Vertragswerk
zwischen Auftraggeber und Auftragnehmer gesehen wurde. Das hat
sich geändert, und in der Novellierung des BGB vom Januar 2009
wurde festgelegt, dass nunmehr auch die VOB der Inhaltskontrolle
nach dem BGB unterliegt (§ 307 ff. BGB). Sind aber Sie es oder Ihr
Architekt, der die VOB/B als Vertragsgrundlage einsetzen will, kann
es für Sie schwierig werden, sich später auf die Unwirksamkeit
einzelner Klauseln zu berufen. Daher sollten Sie Vor- und Nachteile
der Anwendung der VOB/B in Ihrem individuellen Fall möglichst
mit einem Fachanwalt für Bau- und Architektenrecht abstimmen.
Die neuen Regelungen zur VOB/B sind nach wie vor vielen am Bau
Beteiligten nicht bekannt und Verbraucher sind weiterhin häufig mit
VOB/B-Vertragsentwürfen konfrontiert. Daher wird in diesem Buch
fortlaufend auch die VOB/B mit ihren Regelungen erläutert.

Neue Regelungen zur VOB

Das Werkvertragsrecht des BGB umfasst die Paragrafen 631 bis 651.
Sie können diese Regelungen sehr einfach und immer aktuell über
das Internet-Gesetzesportal des Bundesjustizministeriums unter
www.gesetze-im-internet.de einsehen. Es ist wichtig und sinnvoll,
sich diese Regelungen vor Abschluss eines Werkvertrags einmal aufmerksam durchzulesen, damit man zumindest eine Idee davon hat,
auf welcher rechtlichen Grundlage man sich beim Abschluss eines
Werkvertrags bewegt. Die Regelungen zu den allgemeinen Geschäftsbedingungen, so Ihnen solche vorgelegt werden, finden sich unter
den Paragrafen 305 bis 310 des BGB.

Die VOB finden Sie in diesem Online-Portal nicht, da sie keinen
Gesetzescharakter hat, sondern nur eine Allgemeine Geschäftsbedingung ist, die vom Deutschen Vergabe- und Vertragsausschuss
für Bauleistungen (DVA) herausgegeben und professionellen
Baupartnern, wie zum Beispiel Bauunternehmen und Kommunen,
empfohlen wird. Allerdings ist auch sie im Internet frei zugänglich.

Auswahl und Beauftragung der Unternehmer für die Bauleistungen

Tipp

Sie finden eine aktuelle Version der VOB/B auf der Internetseite des Bundesministeriums für Verkehr, Bau und Stadtentwicklung **www.bmvbs.de**.

Wichtig ist, dass Ihnen eine aktuelle Version der VOB bzw. VOB/B vorliegt, da die VOB von Zeit zu Zeit überarbeitet wird. Zur Zeit gilt die VOB 2012.

Die VOB gliedert sich in drei Teile, wobei
- Teil A die allgemeinen Bestimmungen für die Vergabe von Bauleistungen,
- Teil B die allgemeinen Vertragsbedingungen für Bauleistungen,
- Teil C die Allgemeinen Technischen Vertragsbedingungen für Bauleistungen (ATV) umfasst.

Während Teil A die Vergaberichtlinien für öffentliche Auftraggeber regelt und Teil C DIN-Normen zur handwerklichen Ausführungsqualität und Abrechnung der Arbeiten enthält, regelt die VOB/B in Form von allgemeinen Geschäftsbedingungen die rechtlichen Fragen der Baudurchführung. Daher wird häufig nur ein sogenannter VOB/B-Vertrag abgeschlossen. Dieser umschließt dann automatisch auch den Teil C der VOB, was in § 1 der VOB/B festgelegt ist. Auch wenn die VOB/B nicht mehr ohne Weiteres Grundlage für Verbraucherverträge sein kann, falls sie seitens Handwerkern oder Bauunternehmen Verbrauchern als Vertragsgrundlage vorgeschlagen wird, wird sie hier berücksichtigt, da möglicherweise Sie in Abstimmung mit Ihrem Architekten und Anwalt die VOB/B nutzen möchten.

BGB – die eigentliche Rechtsgrundlage für Verbraucherverträge

Einheitspreisvertrag oder Pauschalpreisvertrag

Basierend auf einer Rechtsgrundlage (BGB oder VOB) können Sie dann einen Einheitspreisvertrag oder einen Pauschalpreisvertrag vereinbaren.

Der Einheitspreisvertrag

Beim Einheitspreisvertrag wird auf Grundlage des vorliegenden Angebots bei den Vergabeverhandlungen zunächst eine vorläufige Vertragssumme vereinbart. Der Einheitspreis jeder Position wird als Festpreis pro Mengeneinheit für die gesamte Bauzeit vereinbart, die Menge ist variabel. Kommt es während des Bauablaufs zu einer

Über- oder Unterschreitung der vereinbarten Mengen um mehr als zehn Prozent, berechtigt das zu einer Anpassung der vertraglich vereinbarten Einheitspreise auf der Grundlage der tatsächlichen Mengen.

Beispiel: Wurden Fliesenarbeiten in einer Größenordnung von 100 m² ausgeschrieben und ergeben sich auf der Baustelle Arbeiten in einer Größenordnung von 70 m², berechtigt das den Handwerker, den Preis dieser Leistung generell neu zu kalkulieren. Gleiches gilt für den Fall, dass sich statt 70 m² Fliesenarbeiten 100 m² ergeben.

Soweit sich die Leistungen allerdings im Korridor von zehn Prozent unter oder über dem ausgeschriebenen Leistungsumfang bewegen, berechtigt dies nicht zur Neukalkulation des Einheitspreises.

Nach Fertigstellung der Arbeiten werden die Mengen der einzelnen Positionen des Angebots aufgemessen. Diese Daten dienen dann als Grundlage, um den endgültigen Betrag zu ermitteln.

Nach Fertigstellung: Aufmaß der Leistungen

Beispiel: Wurden bei Fliesenarbeiten statt der ursprünglich geschätzten Menge von 100 m² tatsächlich 105 m² verlegt, müssen diese zusätzlichen 5 m² dem Handwerker gemäß seinem ursprünglich angesetzten Einheitspreis vergütet werden, sind es nur 95 m², muss der Handwerker seine Abrechnung um diese Summe reduzieren. Der Endpreis kann also niedriger oder höher sein als die vorläufige Vertragssumme.

Der Pauschalpreisvertrag

Beim Pauschalpreisvertrag wird bei Vertragsabschluss ein Pauschalpreis vereinbart, der alle Nebenleistungen enthält, die zur ordnungsgemäßen Erbringung der Leistungen notwendig sind. Es findet kein Aufmaß der tatsächlich erbrachten Leistung mehr statt. Mehr- oder Minderleistungen in geringem Umfang werden nicht mehr berücksichtigt. Dies gilt allerdings nur in einem bestimmten Rahmen.

Vor- und Nachteile der Vertragsformen

Während Sie beim **Einheitspreisvertrag** Glück haben können, zum Beispiel weil sich ganze Positionen als überflüssig herausstellen und wegfallen, kann es umgekehrt sein, dass Sie eine ganze Reihe von notwendigen Positionen übersehen haben und nun viele Nachforderungen auf Sie zukommen.

Das passiert Ihnen beim **Pauschalpreisvertrag** nicht, hier steht vorrangig das Ergebnis im Vordergrund, und dieses muss vom Unternehmer erbracht werden, auch wenn das in einem gewissen Rahmen zusätzliche Arbeiten erfordert.

Allerdings hilft Ihnen auch der Pauschalpreisvertrag nicht in jeder Situation. Haben Sie in Ihrer Ausschreibung für Erdarbeiten zum Beispiel den Aushub einer Baugrube vereinbart und das Erdreich als Tonerde deklariert, dann wird es auch beim Pauschalpreisvertrag zu Mehrkosten kommen, wenn sich plötzlich herausstellt, dass es sich um Felsboden handelt.

Auch bei einem Pauschalpreisvertrag darf sich der auf der Baustelle anfallende Leistungsumfang nicht beliebig erhöhen oder verringern, ohne dass dem Unternehmer eine Neukalkulation seines Pauschalpreises möglich wäre. Das kann bereits bei einer Erhöhung oder Verringerung des Leistungsumfangs von 20 Prozent der Fall sein. Die Rechtsprechung ist hier nicht einheitlich.

Beispiel: Wurden bei Fliesenarbeiten 130 m² statt der ausgeschriebenen 100 m² verlegt, ist der Unternehmer auch bei einem Pauschalpreisangebot zur Neukalkulation seines Angebots berechtigt. Ebenso, wenn statt 100 m² nur 70 m² verlegt wurden.

Nicht berechtigt zur Neukalkulation ist er hingegen bei Änderungen des Leistungsumfangs geringer Größenordnung.

Beispiel: Wurden bei Fliesenarbeiten statt der vertraglich vereinbarten Menge von 100 m² tatsächlich 105 m² oder 95 m² verlegt, ergibt sich hieraus keine höhere oder niedrigere Vergütung.

Bauabzugsteuer für Bauleistungen

„Schwarzarbeit"

Am 30. August 2001 wurde das Gesetz zur Eindämmung illegaler Betätigung im Baugewerbe („Schwarzarbeit") verabschiedet. Zur Sicherung von Steueransprüchen bei Bauleistungen wurde ein Steuerabzug bei der Unternehmerrechnung eingeführt.

Seit 1. Januar 2002 müssen **unternehmerisch tätige Bauherren** nach § 48 EStG von der Bruttorechnungssumme des Unternehmers 15 Prozent einbehalten und an das zuständige Finanzamt des Unternehmers abführen. Als Bauleistungen gelten alle gewerblichen Leistungen am Bau. Nicht dazu gehören freiberufliche Leistungen (Architekt, Statiker und Fachingenieure) sowie reine Materiallieferungen. Ausnahmen bestehen dann, wenn die Leistungen des Unternehmers 5 000 Euro nicht übersteigen oder wenn dieser eine Freistellungsbescheinigung seines Finanzamts vorlegen kann.

Die Freistellungsbescheinigung muss ein Dienstsiegel und eine Sicherheitsnummer enthalten. Lassen Sie sich bereits bei Vertragsabschluss das Original vorlegen und heften Sie eine Kopie zum Bauvertrag.

Private Bauherren sind von dieser Regelung ausgenommen. Allerdings werden Sie schon dann zum Unternehmer, wenn Sie eine Einliegerwohnung in Ihrem Einfamilienhaus einplanen und diese vermieten möchten.

Müssen Sie als Bauherr die Bauabzugsteuer bei den Rechnungen berücksichtigen und versäumen Sie es, die Abzüge an das Finanzamt abzuführen, können Sie zur Nachzahlung verpflichtet werden. Außerdem begehen Sie eine strafbare Steuerhinterziehung. Klären Sie deshalb bereits im Vorfeld mit Ihrem Steuerberater, ob Sie als Unternehmer gelten. Sind Sie von der Bauabzugsteuer betroffen, sollten Sie die Vorgehensweise bei Zahlungen mit Ihrem Steuerberater oder Anwalt klären.

> **Tipp**
>
> Vereinbaren Sie grundsätzlich, dass Ihnen der Unternehmer bei Auftragsvergabe eine Freistellungsbescheinigung vorlegt. Machen Sie das zur Voraussetzung für das Zustandekommen des Bauvertrags.

Klärung mit dem Steuerberater

Vollständige Ausschreibungsunterlagen

Soweit Sie nicht mit einem Baupartner bauen, der Ihnen eine Komplettleistung anbietet, kommt im Vorfeld und häufig auch noch während der Baumaßnahme die Ausschreibung der Bauleistungen auf Sie zu. Wesentliche Aufgabe dieser Leistungsphase ist das Ausarbeiten von Ausschreibungsunterlagen, die Grundlage für Angebote von Unternehmern sind. Bauen Sie mit einem Architekten, wird dieser die Ausschreibungsunterlagen erstellen. Ausschreibungen

Tipp

Lassen Sie das komplette Leistungsverzeichnis vor dem Versand von Ihrem Anwalt prüfen. Durch diese vorbeugende Maßnahme haben Sie bei späteren rechtlichen Auseinandersetzungen eine günstigere Position.

Bestandteile vollständiger Ausschreibungsunterlagen

- Anschreiben
- Deckblatt
- Bewerbungsbedingungen
- Bietererklärung
- Zusätzliche Vertragsbedingungen
- Besondere Vertragsbedingungen
- Zusätzliche technische Vertragsbedingungen
- Leistungsverzeichnis
- Anlagen

sind grundsätzlich gewerkeweise gegliedert. Alle zu erbringenden Bauleistungen werden in Leistungsverzeichnissen positionsweise aufgelistet. Diese Leistungsverzeichnisse gehen dann an Unternehmer mit der Bitte um Abgabe eines Angebots zur Erbringung der beschriebenen handwerklichen Leistung.

Häufig verwenden Architekten in Ausschreibungsunterlagen Vertragsbedingungen, ohne dass diese regelmäßig von einem auf diesem Gebiet erfahrenen Anwalt geprüft wurden. In der Folge kommt es vor, dass diese als zusätzliche oder besondere Vertragsbedingungen bezeichneten Vorbemerkungen in sich widersprüchlich sind, im Widerspruch zur aktuellen Gesetzgebung oder auch Rechtsprechung stehen oder dass wichtige Punkte fehlen. Nachfolgend finden Sie, was bei einer Ausschreibung berücksichtigt werden muss.

Anschreiben

In einem kurzen Anschreiben werden Baumaßnahme und Bauherr, ein Ansprechpartner bei weiteren Fragen sowie die Frist zur Angebotsabgabe benannt und die dem Anschreiben beigefügten Anlagen erwähnt.

Deckblatt

Das Deckblatt enthält folgende Informationen:

- Lage des Bauvorhabens
- Bauherr
- Architekt bzw. ausschreibende Stelle
- Gewerk
- Abgabefrist
- Angebotsgrundlagen
- Ausführungstermine

Außerdem gibt es Felder, in die der Unternehmer seinen Angebotspreis eintragen kann (Netto-, MwSt., Bruttopreis). Weiter kann dem Unternehmer die Möglichkeit gegeben werden, einen Nachlass oder ein Skonto mit Skontofrist zu benennen.

Dieses Deckblatt muss vom Unternehmer mit Ort, Datum, Firmenstempel und Unterschrift versehen werden.

Bewerbungsbedingungen

Legen Sie wichtige Rahmenbedingungen für die Angebotsabgabe fest. Hierzu einige Beispiele:

- Häufig verwenden Unternehmen eigene Ausschreibungstexte mit eigenen Geschäftsbedingungen, anstatt das zugesandte Leistungsverzeichnis auszufüllen. Sie können das ganz ausschließen oder die Verfahrensweise regeln.
- Manchmal werden Leistungen plötzlich von Arbeitsgemeinschaften oder Subunternehmern ausgeführt. Legen Sie die Zulässigkeit oder Ankündigungspflicht im Angebot fest.
- Legen Sie eine Vergütung bzw. die Kostenfreiheit für das Erarbeiten und Einreichen des Angebots fest.
- Geben Sie vor, welche Unterlagen bei Abgabe des Angebots vorzulegen sind (zum Beispiel Referenzliste mit Ansprechpartnern).
- Beschreiben Sie, welche Unterlagen vor Auftragserteilung vorzulegen sind (zum Beispiel Anmeldung Gewerbeaufsichtsamt, Berufsgenossenschaft, Haftpflichtversicherung, Freistellungserklärung).

Rahmenbedingungen für das Angebot festlegen

Bietererklärung

Mit der Bietererklärung bestätigt der Unternehmer, dass von seiner Seite bestimmte Voraussetzungen gegeben sind. Der Unternehmer sollte folgende Angaben machen:

- Bestätigung, dass bei Angebotsabgabe keine Pfändungen wegen rückständiger Steuern oder sonstiger Zahlungsverpflichtungen bestehen
- Bestätigung, dass keine Preisabsprachen getroffen wurden
- Dauer der Mitgliedschaft in der Berufsgenossenschaft, Mitgliedsnummer und Name der Berufsgenossenschaft
- Bestätigung und Vorlage einer Freistellungserklärung zur Bauabzugsteuer durch das zuständige Finanzamt
- Bestätigung, dass eine Versicherung für Personen- und Sachschäden vorhanden ist
- Name der Handwerkskammer, in der die Mitgliedschaft besteht, Dauer der Mitgliedschaft und Bezeichnung des Handwerks, das eingetragen ist
- Bestätigung, dass der Betrieb in der Lage ist, die Leistungen auszuführen
- Bestätigung, dass keine Arbeitnehmer eingesetzt werden, die nicht zu den üblichen Tarifen entlohnt werden

Angaben, die der Unternehmer machen sollte

- Bestätigung, dass keine Subunternehmer beschäftigt werden, die nicht zu den üblichen Tarifen entlohnen
- Bestätigung, dass wissentlich falsche Angaben zur Kündigung des Vertrags berechtigen
- Die Bietererklärung muss vom Handwerker unterzeichnet und gestempelt werden

Zusätzliche Vertragsbedingungen

Genauere Fassung der Rahmenbedingungen

In den zusätzlichen Vertragsbedingungen werden die Rahmenbedingungen genauer gefasst. Soll beispielsweise die VOB vereinbart werden, kann zu einzelnen Bestimmungen der VOB Bezug genommen werden bzw. können diese spezifiziert werden:

- Vertragsart (zum Beispiel Einheitspreisvertrag nach VOB, ⋯⟩ Seite 64)
- Vorbehalt einer losweisen Vergabe (⋯⟩ Seite 72)
- Vertragsbestandteile
- Gerichtsstand
- Ausführungsfristen, alle Termine (auch Zwischen- und Einzeltermine) sind Vertragstermine
- Einsatz von Subunternehmern
- Vertragsstrafen
- Art der Abnahme (zum Beispiel förmliche Abnahme, ⋯⟩ Seite 238)
- Gewährleistungszeit (⋯⟩ Seite 244)
- Abrechnung und Zahlungsmodalitäten mit Skontovereinbarungen (⋯⟩ Seite 116)
- Hinterlegung der Urkalkulation (⋯⟩ Seite 125)
- Verpflichtung zur Ortsbesichtigung vor Angebotsabgabe
- Nur schriftliche Auftragserteilungen
- Regelungen über Bürgschaften und Gewährleistungen (⋯⟩ Seite 246)
- Haftung

Besondere Vertragsbedingungen

Die besonderen Vertragsbedingungen beschreiben Regelungen für Ihre spezielle Baustelle. Einige empfehlenswerte Vereinbarungen sind:

- die Verpflichtung des Auftragnehmers, ein Bautagebuch zu führen (⋯⟩ Seite 106)
- die Verpflichtung zur Teilnahme am Jour fixe (⋯⟩ Seite 106)

- die Verpflichtung des Auftragnehmers, eine bestehende Baustellenordnung einzuhalten (⋯▸ Seite 82)
- Regelungen zum Nachweis der Eignung eingebauten Materials
- das Verbot zum Parken privater Pkw auf dem Baustellengelände
- die Verpflichtung des Auftragnehmers, einen Bauleiter für seine Arbeiten zu benennen (⋯▸ Seite 100)

Zusätzliche technische Vertragsbedingungen

Hierbei handelt es sich um gewerkespezifische Vertragsbedingungen für das Bauvorhaben. Vielleicht gibt es Besonderheiten oder Erschwernisse, die für die Kalkulation des Unternehmers von Bedeutung sind. Werden diese nicht benannt, kann es Nachforderungen des Unternehmers geben, mit denen Sie sich auseinandersetzen müssen.

Diese zusätzlichen technischen Vertragsbedingungen beinhalten beispielsweise:
- Beschreibung des Objekts und der Lage
- Zufahrtsmöglichkeiten auf die Baustelle
- Schutzmaßnahmen/Sauberkeit der Baustelle
- Inhalte des zu führenden Bautagebuchs
- Arbeitsschutzhinweise für das jeweilige Gewerk
- Regelungen zur Bauwassernutzung und Abwassereinleitung
- Abfallentsorgung des jeweiligen Gewerks
- Ablauf technischer Abnahmen
- Zulässige GISCODES (⋯▸ Seite 87) der zu verarbeitenden Produkte
- Ankündigung eines Blower-Door-Tests (⋯▸ Seite 232)/Kostenumlage für eventuell erforderliche Nachmessungen
- Maschinenbetriebszeiten
- Bestandsschutzmaßnahmen

Wichtig für die Vertragsgestaltung

Bei Mehrfachverwendung eines Vertragstextes durch einen Handwerker oder ein Bauunternehmen kann man nicht mehr von einem individuellen Vertrag sprechen, man hat dann vielmehr „Allgemeine Geschäftsbedingungen". Diese dürfen nicht im Widerspruch zu den Bestimmungen des Gesetzes zur Regelung des Rechts der Allgemeinen Geschäftsbedingungen (AGB-Gesetz) stehen, die zwischenzeitlich ins BGB integriert wurden. Es kann sonst sein, dass der Ihnen vom Handwerker oder Unternehmer vorgelegte Vertrag in diesen Punkten unwirksam ist.

Auch die VOB/B ist eine solche Allgemeine Geschäftsbedingung. Wird sie Ihnen von Handwerkern oder Bauunternehmern als Vertragsgrundlage vorgeschlagen, kann sie in Teilen unwirksam sein. Die VOB/B muss ferner wirksam vereinbart werden, das heißt: Ist Ihnen die VOB/B nicht spätestens zum Zeitpunkt des Vertragsabschlusses schriftlich ausgehändigt worden, gilt sie als nicht vereinbart. Dann richtet sich der Vertrag nach den Regelungen des Werkvertragsrechts des BGB (§ 631 bis § 651). Solche Details zeigen Ihnen, wie wichtig im Zweifel eine individuelle Beratung durch einen Fachanwalt für Bau- und Architektenrecht sein kann, bevor Sie Verträge abschließen.

Leistungsverzeichnis

Das Leistungsverzeichnis beinhaltet die detaillierten Leistungsbeschreibungen aller vom Unternehmer auszuführenden Arbeiten und bildet das Kernstück der Angebotsunterlagen.

Wenn ein Unternehmer verschiedene Arbeiten ausführen soll, die unabhängig voneinander erbracht werden können, ist es sinnvoll, diese Arbeiten in **Teillose** zu gliedern. Sollen beispielsweise die Innenputz- und die Außenputzarbeiten gemeinsam ausgeschrieben werden, wird das Leistungsverzeichnis in das Teillos „Innenputz" und das Teillos „Außenputz" unterteilt. Der Vorteil liegt darin, dass Sie in den Vorbemerkungen festlegen können, Teillose auch einzeln zu vergeben. Das heißt: Wenn eine Firma ein günstiges Angebot für die Innenputzarbeiten abgegeben hat und eine andere Firma ein günstiges Angebot für die Außenputzarbeiten, können Sie beide Firmen mit den jeweiligen Teillosen beauftragen.

Arbeitsabläufe strukturieren die Teillose

Die Struktur der Teillose entspricht der Reihenfolge der einzelnen Arbeitsgänge. Es beginnt mit den vorbereitenden Arbeiten, dann werden die auszuführenden Arbeiten beschrieben und schließlich zusätzliche Arbeiten wie beispielsweise Stundenlohnarbeiten.

Der Text wird analog zu den einzelnen Arbeitsgängen in einzelne Positionen unterteilt. Neben den normalen Positionen gibt es auch Eventualpositionen und Alternativpositionen. **Eventualpositionen** werden für Leistungen verwendet, bei denen noch nicht klar ist, ob diese ausgeführt werden sollen. **Alternativpositionen** werden für Leistungen verwendet, die anstelle anderer, vorher beschriebener Leistungen ausgeführt werden können. Es ist wichtig, diese Unterschiede genau zu beachten.

Jede Position wird mit einem **Mengenansatz** versehen und mit zwei Feldern, in die der Unternehmer seinen Einheits- und seinen Gesamtpreis eintragen kann. Der **Gesamtpreis** der jeweiligen Position ergibt sich aus der Multiplikation des Mengenansatzes mit

---

Beispiel einer Position aus einem Leistungsverzeichnis

Lfd. Nr.	Anzahl	Beschreibung	EP	GP
9.01	2,0 STK	Klosettanlage weiß, bestehend aus: Wand-Tiefspülklosett aus Porzellan für Wandeinbau-Spülkasten Fabrikat: Keramag, Serie: Renova Nr. 1, Farbe: weiß		
		Schallschutzset DAL für Wand-WC-Anlagen, Abdeckplatte Geberit, Highline weiß, für UP-Spülkasten		
		WC-Sitz mit Deckel und Kunststoffscharnieren Fabrikat: Keramag, Modell: Renova Nr. 1, Farbe: weiß		
		Einschließl. Kleinmaterial liefern und komplett fertig montieren	__,__ EUR	__,__ EUR

EP: Einheitspreis für ein Stück, GP: Gesamtpreis dieser Position

dem Preis pro Einheit **(Einheitspreis).** Bei Eventualpositionen kann
es sinnvoll sein, neben dem Einheits- auch den Gesamtpreis der
jeweiligen Position abzufragen, damit dieser Betrag in der Gesamtsumme berücksichtigt wird. Bei Alternativpositionen wird nur der
Einheitspreis abgefragt. Der Mengenansatz wird je nach auszufüh-
render Tätigkeit in Stück, in Flächen- oder Raummaßen oder Gewich-
ten angegeben. Ist dies im Einzelfall nicht möglich, kann stattdessen auch der Begriff „Pauschal" eingesetzt werden. Achten Sie darauf, dass die Mengen möglichst genau angegeben werden, denn bei
Mengenunter- bzw. -überschreitungen von mehr als zehn Prozent
kann der Unternehmer ggf. seine Einheitspreise nachträglich ändern
(⸱⸱⸱ᐳ Seite 64). Wenn also Preise für Arbeiten abgefragt werden sollen, aber noch nicht klar ist, ob die Leistung überhaupt ausgeführt
wird, sollten Sie die Position als Eventualposition ausschreiben.

**Möglichst genaue
Mengenangaben**

Die Leistungsbeschreibung jeder einzelnen Position sollte so eindeutig wie möglich erfolgen, damit der Unternehmer genau weiß,
was von ihm erwartet wird, und er dies auch kalkulieren kann.

Das Leistungsverzeichnis wird vom Unternehmer nach dem Ausfüllen
unterzeichnet und gestempelt.

Anlagen
Bei den Anlagen zum Angebot handelt es sich um alle Unterlagen,
die notwendig sind, damit sich der Unternehmer ein Bild von den zu
erbringenden Leistungen machen kann. Neben einem **Lageplan des
Grundstücks,** auf dem er die Zufahrt und die Lage des Gebäudes erkennen kann, sollten ein **Bauzeitenplan,** die **Ausführungspläne** und
die **Baustellenordnung** beigefügt werden. Dies ist deshalb wichtig,
weil diese Anlagen damit Vertragsbestandteil und Kalkulationsgrundlage werden.

**Anlagen sind
Vertragsbestandteil und
Kalkulationsgrundlage**

Manchmal lassen Architekten und Bauleiter von verschiedenen Firmen
ein Angebot erstellen, ohne dass zuvor eine Leistungsbeschreibung
ausgearbeitet wurde. Da in einem solchen Fall die einzelnen Angebote in Aufbau und Inhalt stark voneinander abweichen werden,
sollten Sie das ablehnen. Für Sie als Auftraggeber hat diese Vorgehensweise erhebliche Nachteile: Es ist oft schwierig, den günstigsten
Anbieter herauszufiltern, denn es gibt eine Reihe von Möglichkeiten,

Möglichkeiten, den Angebotspreis bei fehlenden Vorgaben niedrig zu halten

- Die angebotenen Mengen sind zu gering (angebotene Menge 45 m² – benötigte Menge 50 m²).
- Es fehlen Positionen im Angebot, die dann im teuren Stundenlohn ausgeführt werden.
- Teure Positionen werden im Stundenlohn angeboten, aber zu wenige Stunden veranschlagt.
- Positionen, die auf jeden Fall nötig sind, werden nur als Eventualposition angeboten und in der Gesamtsumme des Angebots nicht berücksichtigt.

ein Angebot auf den ersten Blick preisgünstig aussehen zu lassen. Die nebenstehenden Beispiele sollen das verdeutlichen.

Der Zeitaufwand, der notwendig ist, um Angebote ohne Leistungsbeschreibung miteinander vergleichbar zu machen, ist in der Regel nicht geringer als der Zeitaufwand, einheitliche Unterlagen zu erstellen und an Unternehmer zu versenden. Es werden meist keine einheitlichen Baustoffe oder Arbeitsweisen angeboten und die Preise sind dadurch gar nicht vollständig vergleichbar. Außerdem finden sich bei Handwerkerangeboten häufig allgemeine Geschäftsbedingungen oder zusätzliche Bestimmungen, die selten zum Vorteil des Auftraggebers sind.

Auswahl von Handwerksunternehmen

Die Auswahl von Handwerksunternehmen kann sowohl durch einen von Ihnen beauftragten Baubetreuer, Architekten oder auch durch Sie selbst erfolgen. Diese Aufgabe entfällt für Sie nur dann, wenn Sie mit einem Bauträger oder Generalübernehmer bauen, aber auch diesen müssen Sie ja auswählen. Daher ist das folgende Kapitel wichtig für Sie, unabhängig davon, mit welchem Baupartner Sie Ihr Bauvorhaben umsetzen, es sei denn, es ist ein Bauträger, der auf seinem eigenen Grundstück baut und Ihnen das Objekt dann verkauft.

Ein qualifiziertes Handwerksunternehmen zu finden, das zu einem angemessenen Preis zuverlässig, pünktlich und mangelfrei seine Leistungen erbringt, ist nicht immer ganz einfach. Im Branchenbuch finden Sie eine Übersicht aller regionalen Unternehmen (Internet: www.gelbeseiten.de). Wenn Sie unbekannte Unternehmen anspre-

Auswahl von Handwerksunternehmen 75

chen, bitten Sie um eine Referenzliste von Bauherren aus den letzten sechs Monaten mit Telefonnummern. Eine weitere Möglichkeit ist, im Bekanntenkreis nach Empfehlungen zu fragen.

Bei Empfehlungen sollte unbedingt auch geklärt werden, welcher Mitarbeiter beim Empfehlungsgeber gearbeitet hat. Stellen Sie sicher, dass dieser auch bei Ihnen tätig sein kann. Letztlich ist der Mitarbeiter vor Ort für die Qualität der Leistung ausschlaggebend. Daher kann es sein, dass selbst ein Unternehmen, das Ihnen empfohlen wurde, bei Ihnen keine gute Arbeit erbringt, weil ein anderer Mitarbeiter auf Ihrer Baustelle tätig ist.

Bei Firmen, die neu auf dem Markt sind, haben Sie durchaus die Chance auf einen günstigen Preis. Liegen noch keine Referenzen vor, weil die Firma neu auf dem Markt ist, sollten Sie auch bei einem verlockenden Angebot achtsam sein. Hinweise zur Qualifikation des Unternehmens sollten auf jeden Fall vorliegen. Der Unternehmer war in der Regel vor seiner Selbstständigkeit bei einem Betrieb angestellt und hat dort Arbeiten ausgeführt, die besichtigt werden können.

Ein gutes Unternehmen hat in der Regel auch gefüllte Auftragsbücher. Daher sollten Sie rechtzeitig anfragen, ob Kapazitäten für den fraglichen Zeitraum frei sind. Lassen Sie sich vor Baubeginn von Ihrem Bauleiter oder Architekten Listen mit Unternehmen für jedes Gewerk vorlegen. Sie können dann die Auftragslage etwa drei Monate vor dem geplanten Baubeginn abfragen lassen. Damit vermeiden Sie, dass das Unternehmen Ihrer Wahl plötzlich keine Zeit mehr hat und deshalb kein Angebot abgibt.

Vor Versendung der Angebotsunterlagen sollte mit diesen Firmen Kontakt aufgenommen und geprüft werden, ob das Unternehmen für die Arbeiten infrage kommt. Soweit Sie die Auswahl selbst durchführen möchten, kann diese Kontaktaufnahme anhand einer Telefonliste geschehen.

> **Tipp**
>
> Wenn Sie unbekannte Unternehmer ansprechen, bitten Sie um eine Referenzliste von Bauherren, bei denen in den letzten sechs Monaten vergleichbare Arbeiten ausgeführt wurden, und lassen Sie sich die Telefonnummer der Bauherren geben.

Telefonliste

Telefonanfrage für das Gewerk:

Firma:	Straße / Ort:	Tel. / Ansprechpartner:

Fragen zur telefonischen Handwerkerauswahl:	Ja	Nein
Größe des Auftrages ist interessant für das Unternehmen	☐	☐
Firma ist bei der Handwerkskammer eingetragen	☐	☐
Firma hat freie Kapazitäten im fraglichen Zeitraum	☐	☐
Referenzobjekte liegen vor	☐	☐
Tätigkeitszeitraum der Firma seit:		
Anzahl der Mitarbeiter:		

Referenz 1:

Bauherr / Telefon:	
Straße:	
Ort:	

Referenz 2:

Bauherr / Telefon:	
Straße:	
Ort:	

Referenz 3:

Bauherr / Telefon:	
Straße:	
Ort:	

Einholen von Angeboten

Das Einholen von Angeboten kommt nur dann auf Sie zu, wenn Sie zum Beispiel mit einem Architekten oder Bauleiter individuell oder in Eigenregie bauen. Bauträger und Generalübernehmer unterbreiten Ihnen in aller Regel ein Pauschalangebot und kümmern sich selbst um das Einholen von Angeboten bei Handwerkern.

Große Preisunterschiede bei identischen Leistungen

Die Erfahrung zeigt, dass bei Angeboten für identische Leistungen Preisunterschiede von bis zu 50 Prozent und mehr möglich sind. Manchmal liegt es daran, dass ein Unternehmer beim Ausfüllen des Angebots einen Rechenfehler gemacht hat. Firmen, die dringend einen Auftrag brauchen, werden niedrigere Preise einsetzen. Eine Firma, die wenig Interesse am Auftrag hat, wird sehr hohe Preise einsetzen oder gar kein Angebot abgeben. Um die Preise vergleichen zu können, sollten mindestens drei, besser fünf Angebote vorliegen. Geht es um höhere Auftragssummen wie bei der Vergabe der Maurer- und Betonarbeiten, sollten Ihnen fünf bis acht Angebote vorliegen.

Lassen Sie sich von Ihrem Bauleiter eine Kopie des Anschreibens und ein Blanko-Leistungsverzeichnis geben, außerdem eine Liste der Firmen, an die er Ausschreibungsunterlagen verschickt hat. Vereinbaren Sie, dass die Angebote bei Ihnen eingehen, damit sichergestellt ist, dass alle Angebote berücksichtigt werden, und vermerken Sie das Eingangsdatum jedes Angebots auf dem Deckblatt.

Fristen für die Angebotsabgabe

Auf dem Deckblatt sollte eine Frist für die Angebotsabgabe stehen. Die Firmen sollten allerdings je nach Gewerk mindestens zwei bis vier Wochen Zeit haben, ein Angebot auszuarbeiten. Eine Firma, die sich vorab zur Angebotsabgabe bereit erklärt hat und innerhalb der Frist kein Angebot einreicht, hat schon den ersten Beweis von Unzuverlässigkeit erbracht. Angebote, die nach Ablauf der Frist eingehen, sollten deshalb nur noch in Ausnahmefällen berücksichtigt werden. Das ist ein Gebot der Fairness gegenüber den anderen Anbietern.

Auswertung der Angebote

Die Auswertung der Angebote kommt auf Sie nur zu, wenn Sie individuell mit einem Architekten oder Bauleiter oder in Eigenregie bauen. Außerdem dann, wenn Sie bei Generalunternehmern Angebote für die komplette Bauleistung ausgeschrieben haben. Wenn Sie einen Baubetreuer, Bauleiter oder Architekten mit diesen Aufgaben beauftragt haben, leiten Sie nach Ablauf der Frist zur Angebotsabgabe die eingegangenen Leistungsverzeichnisse zur Prüfung und Auswertung an ihn weiter.

Übernehmen Sie diese Arbeiten selbst, werden die Angebote zunächst daraufhin geprüft, ob sie ordnungsgemäß ausgefüllt und unterschrieben sind. Manchmal fehlen Angaben oder Nachweise, die in den Vorbemerkungen gefordert wurden. Vor einer weiteren Prüfung muss dann eine Rücksprache mit dem Unternehmer erfolgen, um die Gründe zu erfahren. Ist es kein Versehen, sondern verweigert der Unternehmer beispielsweise ohne hinreichende Gründe die Anerkenntnis der Vorbemerkungen mit seiner Unterschrift, sollte das Angebot nicht weiter berücksichtigt werden.

Dann folgt die rechnerische Prüfung der Angebote. Das heißt, die ausgefüllten Angebote werden nachgerechnet. Schließlich wird ein **Preisspiegel** erstellt, um die einzelnen Positionen der verschiedenen Angebote zu vergleichen. Durch den Preisspiegel werden die Unterschiede der einzelnen Positionen deutlich und Rechenfehler erkennbar. Bei erheblichen Abweichungen einzelner Positionen sollte Rücksprache mit dem Anbieter genommen werden, um die Gründe zu erfragen. Am Ende der Auswertung liegen mehrere vergleichbare Angebote vor.

Preisspiegel	Leistungsverzeichnis über Dachdecker- und Klempnerarbeiten					
Bauherr:	Bernd Mustermann					
Bauvorhaben:	Einfamilienhaus Torfstr. 7, Musterhausen					

Dachdeckungsarbeiten			Fa. Mayer		Fa. Müller		Fa. Schmidt	
Pos.	Menge	Leistung	EP:	GP:	EP:	GP:	EP:	GP:
1	250,00 m²	diffusionsoffene Unterspannbahn	4,99 €	1.247,50 €	4,50 €	1.125,00 €	2,33 €	582,50 €
2	250,00 m²	Konterlattung	3,14 €	785,00 €	2,25 €	562,50 €	1,18 €	295,00 €
3	250,00 m²	Tragelattung	5,22 €	1.305,00 €	3,66 €	915,00 €	3,21 €	802,50 €
4	250,00 m²	Dachfl. eindecken"Laumanns, Tifa 2000",	22,60 €	5.650,00 €	29,76 €	7.440,00 €	14,95 €	3.737,50 €
5	1,00 m²	Alternativ: "Nelskamp Flachdachziegel"	19,30 €	nur EP.	29,19 €	nur EP.	18,46 €	nur EP.
6	20,00 m	Deckung der Firste	38,50 €	770,00 €	24,62 €	492,40 €	18,59 €	371,80 €
7	4,00 Stk	Firstanfänger, Firstendstein als Zulage	24,36 €	97,44 €	20,37 €	81,48 €	24,39 €	97,56 €
8	52,00 m	Ortgang mit Giebelsteinen	39,93 €	2.076,36 €	23,01 €	1.196,52 €	33,81 €	1.758,12 €
9	34,00 m	seitl. Bekl. Ortgangsparren m. Schiefer	25,51 €	867,34 €	17,74 €	603,16 €	12,83 €	436,22 €
10	32,00 m	Anarbeiten der Dachsteine	14,14 €	452,48 €	7,36 €	235,52 €	17,18 €	549,76 €
11	4,00 Stk	Einzelformteile als Dunstrohraufsatz	43,72 €	174,88 €	33,18 €	132,72 €	39,64 €	158,56 €
12	4,00 m	Flexibler Schlauchanschluß	24,70 €	98,80 €	13,45 €	53,80 €	13,70 €	54,80 €
13	1,00 Stk	Dachaustieg, VELUX GVT 103,	279,68 €	279,68 €	253,09 €	253,09 €	210,32 €	210,32 €
14	1,00 Stk	Wohnraumfenster WC, VELUX GPU 206	943,33 €	943,33 €	736,26 €	736,26 €	624,80 €	624,80 €
15	3,00 Stk	Wohnraumfenster, VELUX GPU 406	1.082,40 €	3.247,20 €	874,31 €	2.622,93 €	731,15 €	2.193,45 €
16	5,00 m²	Verschalung von zwei Schornsteinköpfen	29,81 €	149,05 €	30,93 €	154,65 €	18,36 €	91,80 €
17	5,00 m²	Verkleidung des Schornsteinkopfes	75,62 €	378,10 €	68,87 €	344,35 €	64,96 €	324,80 €
17a	8,00 m²	Verkleidung der seitlichen Gaubenwände	75,62 €	604,96 €	68,87 €	550,96 €	64,96 €	519,68 €
		Summe Dachdeckungsarbeiten		19.127,12 €		17.500,34 €		12.809,17 €
		MwSt 16%		3.060,34 €		2.800,05 €		2.049,47 €
		Gesamt		22.187,46 €		20.300,39 €		14.858,64 €

Beispiel eines Preisspiegels

Bietergespräche

Nach der Auswertung der Leistungsverzeichnisse werden mit den Bietern, die in der engeren Wahl sind, Bietergespräche geführt. Neben einer möglichen Preisverhandlung geht es hier auch darum, sich Klarheit über ein vorliegendes Angebot zu verschaffen. Außerdem können Sie sich ein persönliches Bild vom Unternehmer machen. Preisverhandlungen während Bietergesprächen sind bei privaten Bauherren im Unterschied zu Bietergesprächen bei öffentlichen Auftraggebern erlaubt.

Bietergespräche auf dem Grundstück oder der Baustelle führen

Am besten werden solche Gespräche direkt vor Ort auf dem Grundstück oder der Baustelle geführt, egal, ob es sich um einen Umbau oder einen Neubau handelt. Hierbei sollten alle kritischen Punkte angesprochen werden, die die jeweiligen Leistungen und deren Grundlagen und Voraussetzungen betreffen. Ihr Architekt oder Bauleiter sollte hierzu ein Protokollformular vorbereiten, in dem alle problematischen Positionen oder unklaren Leistungswünsche aus dem Leistungsverzeichnis vor Ort durchgegangen werden. Fragen Sie den Handwerker, welche Unklarheiten er im Leistungsverzeichnis bemerkt hat, welche Lösung er vorschlägt und ob daraus Mehrkosten entstehen.

Das Protokoll dieses Gesprächs über die zu erbringenden Leistungen sollte unmittelbar danach vom Handwerker gegengelesen, unterschrieben und im Auftragsfall Vertragsbestandteil werden.

Auftragserteilung

Mit der Auftragserteilung an den Handwerker, Bau- oder Generalunternehmer kommt ein rechtsverbindlicher Werkvertrag zwischen Ihnen als Bauherr und dem beauftragten Unternehmer zustande.

Der Unternehmer verpflichtet sich zur mangelfreien Erbringung seiner Leistung und Sie sich zur Zahlung des vereinbarten Werklohns nach Fertigstellung und Abnahme dieser Leistung. Die Auftragserteilung kann mündlich oder schriftlich erfolgen. Aus Gründen der Beweissicherung sollte jede Auftragserteilung grundsätzlich schriftlich erfolgen. Kein Unternehmer sollte mit seinen Arbeiten beginnen oder Material an die Baustelle liefern, bevor der Bauvertrag unterzeichnet wurde.

Aufträge nur schriftlich erteilen

Beinhaltet das Leistungsverzeichnis in seinen Vorbemerkungen bereits alle für das Bauvorhaben relevanten Punkte (···▸ Seite 67) und wurde ein Bietergespräch geführt und protokolliert, so genügt es, mit einem Schreiben einen Zuschlag auf das vorliegende Angebot innerhalb der Bindefrist zu erteilen. Auch hierdurch kommt ein rechtsverbindlicher Bauvertrag zustande. Dieses Vorgehen hat den Vorteil, dass nicht noch einmal ein Bauvertrag ausgehandelt werden muss, sondern ein exaktes Leistungsverzeichnis automatisch zur Vertragsgrundlage wird. Der Unternehmer kann dann später nicht behaupten, irgendwelche Regelungen nicht vor Vertragsschluss gekannt zu haben. In diesem Schreiben müssen nochmals alle Bestandteile bzw. Grundlagen inklusive des Bietergesprächs benannt werden. Außerdem muss hier die exakte Vertragssumme in netto, brutto und mit Währungsangabe genannt sein. Des Weiteren – soweit nicht bereits über das Leistungsverzeichnis geregelt – eine Skontovereinbarung.

> **Tipp**
>
> Im Einzelfall kann es vor allem bei größeren Auftragssummen sinnvoll sein, vor Auftragserteilung bei Wirtschaftsauskunfteien Informationen über die wirtschaftliche Situation und ggf. Auffälligkeiten eines Unternehmens einzuholen.
>
> Wirtschaftsauskunfteien finden Sie unter diesem Stichwort im Telefon-Branchenverzeichnis „Gelbe Seiten" Ihrer Region. Bürgel und Creditreform sind zum Beispiel zwei große Auskunfteien, die unabhängig die wirtschaftliche Situation und ggf. Auffälligkeiten von Unternehmen recherchieren. Beachten Sie aber, dass für diese Wirtschaftsauskünfte Gebühren erhoben werden, in der Regel zwischen 150 und 250 Euro. Lassen Sie sich daher zunächst ein schriftliches Angebot vorlegen.

Bevor dem Unternehmer das Zuschlagsschreiben geschickt wird, sollte es präventiv von Ihrem Anwalt geprüft werden. Das Zuschlagsschreiben sollte der Unternehmer in doppelter Ausfertigung erhalten, damit er ein Exemplar gegenzeichnen und Ihnen zurückschicken kann.

Wenn bei einem Neubau eines Hauses zu Beginn schon die Angebote für Aushub, Rohbau, Zimmermann, Dachdecker, Klempner und Fenster vorliegen, sind damit etwa 50 Prozent der zu erwartenden

Baukosten bekannt. Dadurch können Sie vergleichen, ob die in der Kostenberechnung veranschlagten Kosten für diese Gewerke mit der aktuellen Marktlage, also den Ihnen vorliegenden Angeboten, übereinstimmen. Ergeben sich bis dahin keine Kostenüberschreitungen gegenüber der ursprünglichen Kalkulation, ist die Wahrscheinlichkeit hoch, dass das Bauwerk mit den veranschlagten Kosten erstellt werden kann.

Übersicht aller am Bau Beteiligten

Lassen Sie eine Adressliste anlegen, die regelmäßig aktualisiert wird, wenn neue Gewerke beauftragt wurden. Es empfiehlt sich, diese Liste auch an alle Handwerksunternehmen auszugeben, damit die am Bau Beteiligten gegenseitig Kontakt aufnehmen können. Eine Gliederung kann folgendermaßen aussehen:

- Bauherr
- Architekt
- Nachbarn
- Behörden
- Versorgungsunternehmen
- Fachingenieure
- Beteiligte Firmen

Insgesamt werden bei einem Neubau leicht bis zu 40 Beteiligte zusammenkommen. Von jedem Partner sollten stets folgende Informationen zur Verfügung stehen:

- Funktion bzw. Gewerkbezeichnung
- Firmenname bzw. Behördenstelle
- Name des Ansprechpartners
- Anschrift
- Telefonnummer
- Faxnummer
- Mobiltelefonnummer
- E-Mail-Adresse

Diese Liste sollten Sie auch stets dabeihaben, wenn Sie auf der Baustelle sind.

Sicherheits-, Gesundheits- und Versicherungsschutz auf Baustellen

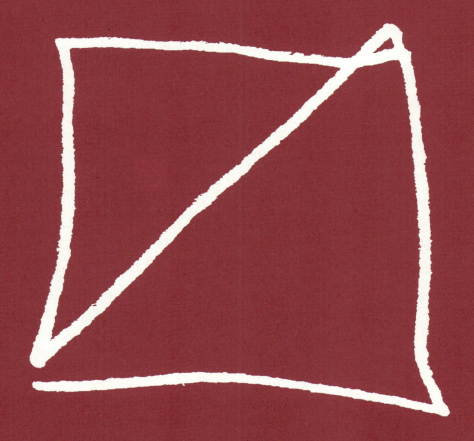

Eine Baustelle, die sich auf Ihrem Grundstück befindet, sollte so sicher wie irgend möglich geführt werden. Wenn Sie mit einem Bauträger auf dessen Grundstück bauen, muss Sie dieses Kapitel nur bedingt beschäftigen. Alle anderen Formen von Bauvorhaben aber bergen für den Bauherrn erhebliche Sicherungspflichten und Haftungsrisiken, die er gut kennen sollte.

Die Baustellenordnung

Immer wieder kommt es auf Baustellen zu schweren Unfällen. Anschließend wird in der Regel genau untersucht, ob alle Unfallschutzrichtlinien eingehalten wurden. Wenn dann der Bauleitung und dem Auftraggeber Versäumnisse bei der Baustellensicherung und Unfallverhütung nachzuweisen sind, hat das ernste rechtliche Konsequenzen.

Am 1. Juli 1998 trat die Verordnung über Sicherheit und Gesundheitsschutz auf Baustellen (BaustellV) in Kraft.

Sie schreibt vor, dass auf allen Baustellen, auf denen Beschäftigte mehrerer Arbeitgeber tätig werden, ein sogenannter Sicherheits- und Gesundheitsschutzkoordinator (SIGEKO) bestellt werden muss.

Auf fast allen Baustellen ist die Einschaltung eines SIGEKO damit Pflicht. Bereits beim Bau eines Einfamilienhauses sind diese Voraussetzungen meist erfüllt. Ist kein SIGEKO erforderlich, liegt die Verantwortung für Sicherheit und Unfallschutz allein beim Bauleiter und Bauherrn. Seine Aufgabe ist es, alle relevanten Sicherheits- und Gesundheitsrisiken für auf der Baustelle Tätige sowie Passierende zu minimieren bzw. auszuschließen und die Baustelle in dieser Hinsicht zu überwachen. Die SIGEKO-Qualifikation beruht auf einer Zusatzausbildung, die mittlerweile viele Architekten und Bauleiter besitzen.

Tipp

Machen Sie eine Baustellenordnung zum Bestandteil des Bauvertrags. Sie kann problemlos bereits Bestandteil der Ausschreibung sein. So kommen Sie, Ihr Architekt oder auch Bauleiter frühzeitig und schriftlich Ihren Verpflichtungen zur Baustellen- und Unfallverhütungseinweisung nach. Grundlage hierfür ist die Baustellen-Verordnung, die Sie beispielsweise im Internet unter **www.gesetze-im-internet.de** und dort unter BaustellV finden.

Mögliche Gliederung einer Baustellenordnung

Allgemeine Informationen zur Baustelle

Hierzu gehören die Anschrift der Baustelle sowie die Anschriften und Telefonnummern von Auftraggeber, Bauleiter, Rettungsdiensten sowie des nächsten Krankenhauses mit Notaufnahme.

Vereinbaren Sie einen Termin vor Beginn der Arbeiten, um vorgesehene Sicherheitsmaßnahmen zu besprechen und regelmäßige Baustellenbegehungen zu deren Überprüfung.

Unfälle oder Schadensereignisse müssen Ihnen bzw. der Bauleitung sofort mitgeteilt werden.

Behalten Sie sich vor, Personal von der Baustelle zu verweisen, wenn es gegen Arbeitsschutzbestimmungen verstößt oder Unfallverhütungsvorschriften missachtet.

Verpflichten Sie den Auftragnehmer, vor einer Weitergabe von Leistungen an andere Unternehmer Ihre schriftliche Zustimmung einzuholen.

Baustelleneinrichtung

Legen Sie Bereiche fest, durch die die Baustelle betreten und verlassen werden darf. Weisen Sie darauf hin, dass Zufahrtswege für Rettungsfahrzeuge von Fahrzeugen und Material frei zu halten sind und dass nur mit Einweiser rückwärts gefahren werden darf.

Zufahrten für Rettungsfahrzeuge frei halten

Auf der Baustelle sollte grundsätzlich Alkoholverbot bestehen. Behalten Sie sich das Recht vor, Alkohol konsumierende Personen unverzüglich von der Baustelle zu verweisen.

Sicherheit auf der Baustelle

Bei **Erdarbeiten** sind die Grubenwände und Verbaumaßnahmen regelmäßig zu überwachen. Alle Öffnungen müssen stets abgedeckt sein. Arbeitsgeräte und Maschinen müssen dem Stand der Technik entsprechen.

Gerüste und hochgelagerte Arbeitsplätze dürfen erst benutzt werden, wenn alle Sicherheitseinrichtungen gegen Absturz montiert sind. Gerüste müssen mit einer Prüfplakette gekennzeichnet sein. Jeder Benutzer hat die Pflicht, Gerüste vor Betreten auf einen ordnungsgemäßen Zustand zu überprüfen. Änderungen dürfen nur durch den Ersteller des Gerüsts vorgenommen werden.

Anlagen, die überwacht werden müssen, sollten nur in Abstimmung mit der Bauleitung aufgestellt und betrieben werden.

Die Lagerung und Verwendung wassergefährdender, brennbarer oder anderer gefährlicher Stoffe muss vorher mit der Bauleitung abgestimmt werden.

Zusätzliche Sicherheitsausrüstung

Personen ohne Sicherheitsschuhe sollten Sie nicht auf der Baustelle arbeiten lassen. Erfordern die Arbeiten zusätzliche Sicherheitsausrüstungen wie Kopfschutz, Hörschutz, Atemschutz oder Warnkleidung, so sind diese unaufgefordert zu tragen. Handwerker, die ohne notwendige Schutzausrüstungen arbeiten, sollten von der Baustelle verwiesen werden.

Schutz vor Bränden, Explosionen und Blitzeinschlag
Leicht entzündliche Stoffe dürfen nur in den benötigten Mengen vorgehalten werden. Bei Arbeiten mit Brandgefahr sind vor Beginn Maßnahmen zur Brandbekämpfung zu treffen. An Kränen oder Masten sind erforderlichenfalls Blitzschutzmaßnahmen zu treffen.

Maßnahmen für den Umweltschutz

Abfallbeseitigung durch die Unternehmer festlegen

Verbieten Sie das Verbrennen von Abfällen, verpflichten Sie die Unternehmer zur Abfallbeseitigung. Behalten Sie sich vor, die Abfallbeseitigung auf Kosten des Unternehmers durchführen zu lassen, wenn dieser seinen Pflichten nicht nachkommt. Arbeiten mit erheblicher Lärmerzeugung sollten vorher mit der Bauleitung abgesprochen werden.

Besucher
Besucher sollten die Baustelle nur mit Zustimmung der Bauleitung betreten. Dabei gilt auch für Besucher die Pflicht, Schutzkleidung und Sicherheitsschuhe zu tragen.

Absicherung der Baustelle nach außen

Die Absicherung der Baustelle nach außen hat zwei Gründe: Einerseits sollen Passanten vor unbeabsichtigtem Betreten der Baustelle geschützt werden, andererseits sollen mutwilliges Betreten der Baustelle, Einbrüche und Diebstähle möglichst verhindert werden.

Baustellen sind daher grundsätzlich mit einem **Bauzaun** zu sichern. Bauzäune bestehen aus einzelnen Elementen, die auf die Baustelle gebracht und dort zusammengefügt werden; in der Regel mit einem Steck- oder Schraubsystem. In jedem Fall müssen sie untereinander fest verbunden sein und dürfen nicht losgelöst von Nachbarelementen stehen. Aufrecht gehalten werden die Elemente durch Beton- oder Metallfüße, die frei auf dem Gelände aufgestellt werden.

Bauzäune, die im öffentlichen Verkehrsraum stehen, müssen gut ausgeschildert und mit Warnlampen beleuchtet sein. Klar definierte Zu- und Ausgänge für Personal, die ein gefahrloses Betreten und Verlassen der Baustelle ermöglichen, und Lkw-Zufahrten bestehen aus Torelementen, die mit Kette und Vorhängeschloss gesichert werden.

Zufahrtstore zur Baustelle dürfen nicht im Straßenraum stehen und Passanten behindern, sie müssen ins Baufeld öffnen oder als Schiebeelemente angebracht werden.

Am Zaun selbst müssen in regelmäßigen Abständen Schilder montiert werden, die auf das Verbot des Betretens der Baustelle ebenso aufmerksam machen wie auf die Haftungsfolgen. Sind solche Schilder nicht montiert, können sich Eindringlinge sonst herausreden, dass ja nirgendwo stand, dass das Betreten verboten sei. Daher müssen diese Schilder unbedingt angebracht werden.

Ein Bauzaun sollte an Übergängen zu Hauswänden so dicht an diese angeschlossen werden, dass niemand eindringen kann. Hier kann

beispielsweise ein Holzpfahl kurz vor der Hauswand in die Erde ge-
rammt werden, an dem das letzte Bauzaunelement fixiert wird.

Die Zugänge zur Baustelle müssen abends nach Beendigung der Arbeiten grundsätzlich abgeschlossen werden. Dies sollte durch einen
Verantwortlichen kontrolliert und im Baustellentagebuch protokolliert
werden.

Schutz für Passanten

Bei Gefahr für Passanten durch herabfallende Gegenstände sollte
ein **Schutzdach** erstellt werden. Dieses sollte in der Breite auch das
Passieren zweier sich entgegenkommender Passanten, Kinderwagen
oder Rollstuhlfahrer ermöglichen.

Müssen Passanten den Gehweg vor und nach der Baustelle wechseln, weil es keine Möglichkeit gibt, sie auf der Gehwegseite der
Baustelle passieren zu lassen, müssen rechtzeitig vor und hinter
der Baustelle übersichtliche, kindersichere und gut ausgeschilderte
Übergänge geschaffen werden. Das muss im Einzelnen mit den zuständigen Behörden vor Ort abgesprochen und protokolliert werden.

Soweit **öffentlicher Verkehrsraum** für die Baustelleneinrichtung benötigt wird, sind die Richtlinien für die Sicherung von Arbeitsstel-
len an Straßen (RSA) und kommunale bzw. ordnungspolizeiliche
Vorschriften einzuhalten. Es empfiehlt sich, mit den zuständigen
Genehmigungsbehörden einen Vor-Ort-Termin zu vereinbaren und
über die besprochenen Absicherungsmaßnahmen ein gemeinsames
Protokoll anzufertigen.

Bei längeren Abwesenheitszeiten von Handwerkern (zum Beispiel
Handwerkerferien) oder dem Bauherrn sollte darüber nachgedacht
werden, einen Wachdienst zur Kontrolle der Baustelle einzusetzen.

Gefahrstoffe auf der Baustelle

Wird auf Ihrem eigenen Grundstück gebaut, sind Sie als Bauherr dafür verantwortlich, dass Zwischenfälle mit Gefahrstoffen vermieden werden. Sie und Ihr Bauleiter und Architekt sollten wissen, ob für den Umgang mit den zu verarbeitenden Materialien und Stoffen gesetzliche Schutzvorschriften für Mensch und Umwelt bestehen. Aber auch wenn Sie mit einem Bauträger oder Generalübernehmer bauen, sollten Sie sich darüber informieren, mit welchen chemischen Stoffen die Kelleraußenwände behandelt werden, ein Parkettboden versiegelt oder eine Wand gestrichen wird.

**Wichtig:
Mit welchen chemischen
Stoffen wird gearbeitet?**

Gefahrstoffverordnung (GefStoffV)

Die GefStoffV regelt die Kennzeichnungspflichten und den Umgang mit Gefahrstoffen. Der Text ist über jede Buchhandlung zu beziehen.

**Die wichtigsten Regelungen
zu Gefahrstoffen**

Technische Regeln für Gefahrstoffe (TRGS)

Die TRGS untergliedern sich in mehrere Zahlengruppen, wobei die Zahlengruppe 400 bis 699 den Umgang mit Gefahrstoffen beschreibt (Beispiel: TRGS 519 den Umgang mit Asbest) und die Zahlengruppe 900 bis 999 unter anderem Grenzwerte und Einstufungen von Gefahrstoffen regelt. Alle TRGS finden Sie auf der Webseite der Bundesanstalt für Arbeitsschutz und Arbeitsmedizin unter **www.baua.de**.

Gefahrstoff-Informationssystem CODE (GISCODE)

Die Bauberufsgenossenschaften haben ein Informationssystem entwickelt, das die zu verarbeitenden Produkte mit dem GISCODE, einem Produktcode, kennzeichnet. In den Produktgruppen sind jeweils alle Produkte mit verwandter Gesundheitsgefährdung zusammengefasst, bei denen die gleichen Schutzmaßnahmen bzw. Verhaltensregeln erforderlich sind. Dadurch verringert sich die große Zahl chemischer Produkte auf wenige Produktgruppen. Der GISCODE befindet sich (leider noch viel zu selten) auf den Herstellerinformationen (Sicherheitsdatenblätter, Technische Merkblätter) und auf den Gebindeetiketten.

> **Tipp**
>
> Um zu prüfen, ob die auf der Baustelle zum Einsatz kommenden Materialien und Stoffe den Vorgaben aus dem Leistungsverzeichnis entsprechen und ob bei der Verarbeitung die nötigen Schutzmaßnahmen getroffen werden, können Sie oder Ihr Bauleiter den GISCODE des verarbeiteten Produkts notieren und im Internet unter **www.gisbau.de** die notwendigen Informationen abrufen.

Arbeitsschutz auf der Baustelle

Wie alle gewerblichen Produktionsstätten unterliegen auch Baustellen gesetzlichen Arbeitsschutzvorschriften. Das betrifft die Einhaltung von Arbeits- und Ruhezeiten ebenso wie Schutzausrüstung und sanitäre Vorschriften. Bauen Sie auf fremdem Grund, zum Beispiel mit einem Bauträger auf dessen Grundstück, muss er sich im Wesentlichen um die Einhaltung dieser Bestimmungen kümmern. Bauen Sie auf Ihrem eigenen Grund, zum Beispiel mit einem Architekten, muss sich dieser zwar um die Einhaltung der Bestimmungen kümmern, aber auch Sie als Bauherr können für Unfälle auf der Baustelle gegebenenfalls in Anspruch genommen werden.

Verantwortung von Bauherr und Architekt

Wesentliche Grundlagen des Arbeitsschutzes sind:
- das Arbeitsschutzgesetz (ArbSchG)
- die Arbeitsstättenverordnung (ArbStättV)
- die Arbeitsstättenrichtlinien (ASR), hier insbesondere die Regeln für Arbeitsschutz auf Baustellen (RAB)
- das Arbeitssicherheitsgesetz (ASiG)
- das Arbeitszeitgesetz (ArbZG)
- die allgemeinen Unfallverhütungsvorschriften (UVV)
- das Gerätesicherheitsgesetz (GSG)
- die Technischen Regeln für Gefahrstoffe (TRGS) (⋯ Seite 87)
- die Gefahrstoffverordnung (GefStoffV) (⋯ Seite 87)
- das BGV-Regelwerk für Unfallverhütungsvorschriften

Aus ihnen ergibt sich eine Vielzahl von Vorschriften, die auf Baustellen zwingend einzuhalten sind. Es ist an dieser Stelle nicht möglich, alle Gesetzes-, Verordnungs- und Richtlinientexte aufzulisten (⋯ Tipp).

Im Baustellenalltag müssen aber vor allem folgende Dinge beachtet werden:

Tipp

Wenn Sie sich einen Überblick über alle Baustellenvorschriften verschaffen oder eine bestimmte Frage nachschlagen wollen, empfehlen wir Ihnen die Internetseiten des Bayerischen Landesamts für Arbeitsschutz, Arbeitsmedizin und Sicherheitstechnik unter **www.lfas.bayern.de**.

Arbeitsschutz auf der Baustelle

Arbeits- und Ruhezeiten

Auf Baustellen sind bestimmte Arbeits- und Ruhezeiten einzuhalten, nicht nur für die Beschäftigten selbst, sondern auch aus Rücksicht auf Anwohner. Wenn zum Beispiel die Arbeit auf Ihrer Baustelle morgens um sieben Uhr beginnt, können Sie – vor allem samstags – Ärger mit den Nachbarn bekommen. Wenn die Arbeiten im Winter sehr früh aufgenommen werden und erst spät enden, muss eine gute Baufeldbeleuchtung eingerichtet werden, was mit zusätzlichen Kosten verbunden ist.

Wichtig: Nehmen Sie Regelungen über den frühesten Arbeitsbeginn und spätesten Arbeitsschluss sowie zur Samstagsarbeit bereits in den Ausschreibungstext mit auf, denn diese Informationen muss das Handwerksunternehmen in seiner Angebotskalkulation berücksichtigen.

Mittags sollte für die am Bau Beschäftigten zur Erholung eine angemessene Ruhezeit eingehalten werden, auch aus Rücksicht auf Nachbarn. Für die Mittagspause müssen den Handwerkern angemessene Tagesunterkünfte mit Bestuhlung und nach Bedarf mit einer Beheizungsmöglichkeit zur Verfügung gestellt werden. Auch das sollten Sie in die Ausschreibung mit aufnehmen, sodass beispielsweise der Rohbauer die Unterkunft bis zum Ende der Baustelle vorhält. Die Reinigung der Tagesunterkunft sollte wöchentlich wechselnd von den beteiligten Unternehmen durchgeführt werden, damit Diskussionen vermieden werden, wer Abfall in der Unterkunft hinterlassen und zu entsorgen hat.

Ruhezeiten und Tagesunterkünfte für die Handwerker

Schutzausrüstung

Zur üblichen Schutzausrüstung auf Baustellen gehören Stahlkappenschuhe mit Stahlsohlen, Bauhelm und eine Signaljacke oder ärmellose Signalweste. Helmfarben haben auf Baustellen eine alte Ordnungsfunktion: Gelbe Helme werden von Werktätigen getragen, weiße von Führungspersonal.

Je nach Tätigkeit können gemäß den Vorschriften aus dem Arbeitsschutzgesetz, der Gefahrstoffverordnung und den Vorschriften der Gewerbeaufsicht sowie der Bauberufsgenossenschaften zusätzlich Schutzbrille, Gehörschutz, Atemmaske und Schutzhandschuhe oder

Sicherheits-, Gesundheits- und Versicherungsschutz auf Baustellen

Tipp

Machen Sie alle Bestimmungen zum Arbeitsschutz bereits im Ausschreibungstext zur Grundlage für den Auftrag, den Sie später vergeben.

auch ein Vollkörperschutz vorgeschrieben sein. Für die Einhaltung dieser Vorschriften sind die am Bau arbeitenden Unternehmen verantwortlich. Wenn Ihnen grobe Verstöße gegen die Arbeitsschutzvorschriften auffallen, sollten Sie den Bauleiter informieren.

Sicherheitseinrichtungen

Alle Arbeitsplätze und Verkehrswege auf Baustellen müssen abgesichert, ausgeschildert, beleuchtet und überlegt eingerichtet sein. Die Sicherheitseinrichtungen sollten vom Bauleiter verantwortlich und fortlaufend überprüft werden. Das sind zum Beispiel Erste-Hilfe-Punkte, Absturzsicherungen oder die unfallvermeidende Einrichtung von Maschinenstandpunkten. Einige dieser Sicherheitseinrichtungen sind zwingend vorgeschrieben.

Grundsätzlich müssen auf Baustellen alle zur **Ersten Hilfe** notwendigen Mittel an einem entsprechend gekennzeichneten und leicht zugänglichen Ort bereitgehalten werden. Wenn mehr als 50 Arbeitnehmer eines Arbeitgebers auf einer Baustelle arbeiten, muss zum Beispiel zwingend ein Sanitätsraum eingerichtet werden. Bei mehr als 20 Arbeitnehmern müssen Krankentragen vorhanden sein.

Feuerlöscher und Erste-Hilfe-Kasten

Auch ein **Feuerlöscher** sollte an einem gekennzeichneten Ort auf der Baustelle vorhanden sein. Alle auf der Baustelle Beschäftigten sollten mit seiner Funktionsweise und Handhabung vertraut sein. Am besten verpflichten Sie bereits in der Ausschreibung für den Rohbau den Unternehmer dazu, bis zum Ende der Bauzeit einen funktionsfähigen Feuerlöscher zur Verfügung zu stellen. Gleiches kann für den Erste-Hilfe-Kasten vereinbart werden. Die Erfahrung zeigt, dass die Handwerker mit eigenem Gerät sorgfältiger umgehen als mit Material und Geräten, die vom Bauherrn gestellt werden.

Maschinenstandpunkte sind unter Beachtung der möglichen Gefährdungen festzulegen. So sollte eine Kreissäge nicht aus Bequemlichkeit vor einem Gerüstzugang oder mitten auf einer Baustraße stehen, sondern an einem gut zugänglichen, aber sicheren Ort aufgestellt werden. Die Kabelzuleitungen müssen geschützt gelegt werden, zum Beispiel auf Verkehrswegen unter einem – meist hölzernen – Kabeltunnel.

Sanitäreinrichtungen

Für Sanitäreinrichtungen auf Baustellen gibt es zwingende Vorschriften. So müssen bei einer mindestens 14-tägigen Beschäftigung von zehn und mehr Arbeitnehmern eines Arbeitgebers auf einer Baustelle **Waschräume** zur Verfügung gestellt werden, wenn die Arbeitnehmer nicht jeden Abend Waschräume des Betriebsgebäudes des Arbeitgebers nutzen können. Werden 15 Arbeitnehmer unter den gleichen Bedingungen auf der Baustelle beschäftigt, müssen auch **Toiletten** in ausreichender Anzahl zur Verfügung gestellt werden. Bei einem kleinen Einfamilienhausbau werden selten so viele Arbeitnehmer eines Unternehmens arbeiten. Aber auch für kleine Baustellen gilt, dass grundsätzlich mindestens eine abschließbare Toilette vorhanden sein muss. Berücksichtigen Sie das bei der Ausschreibung zur Baustelleneinrichtung und vergessen Sie nicht, auch gleich die Entsorgung, Pflege und Wartung der Toilette für die Dauer der Baustelle festzuschreiben.

Waschräume und Toiletten

Im Fall von gesundheitsbelastenden Arbeiten auf Baustellen (zum Beispiel Schadstoffsanierungen) kommen weitere spezifische Anforderungen der Gewerbeaufsicht und der Berufsgenossenschaften hinzu, die dann einzuhalten sind.

Maschinensicherheit

Maschinen sollten auf ebenen, rutschfesten, nach Möglichkeit auch wettergeschützten Flächen aufgestellt werden. Prüfen Sie bei Bedarf nach, ob die Standsicherheit gewährleistet ist. Wenn auch bei Dunkelheit an den Maschinen gearbeitet wird, muss der Arbeitsraum hell und schattenfrei ausgeleuchtet sein.

Alle Maschinen müssen die vorgeschriebenen technischen Wartungen und Überprüfungen erfolgreich absolviert haben. Achten Sie darauf, dass die Maschinen grundsätzlich mit den notwendigen Schutzeinrichtungen betrieben werden, dass zum Beispiel der Sägeblattschutz bei Kreissägen nicht abmontiert ist.

Auf Schutzeinrichtungen für Maschinen achten

Auch die Personen, die an den Maschinen arbeiten, sind Sicherheitsbestimmungen unterworfen. Oberbekleidung mit weiten Ärmeln, die leicht in das Sägeblatt einer Kreissäge oder andere bewegliche Maschinenteile geraten können, sollte generell untersagt werden.

Lange Haare sollten während der Tätigkeit auf Baustellen aus dem gleichen Grund zusammengebunden werden. Gegen die Lärmbelastungen bei laufenden Maschinen ist ein Gehörschutz zu tragen. Bei Arbeiten, die die Augen gefährden können, zum Beispiel Schweiß- oder auch Meißelarbeiten, sind Schutzbrillen zu tragen, bei staubintensiven Arbeiten entsprechende Staubfiltermasken (···▸ „Schutzausrüstung", Seite 89).

Stromsicherheit

Der **Baustromverteiler** sollte in gutem Zustand sein, eine Metallummantelung und abschließbare Fronttür haben und standsicher aufgestellt werden. Er muss wasserdicht sein, alle Stromleitungen müssen Gummischlauchleitungen sein. Die Steckdosen an den Enden müssen mit Kappen versehen und spritzwassergeschützt sein.

Der Baustromkasten muss durch einen Verantwortlichen jeden Abend verschlossen werden. Er sollte während der Bauphase regelmäßig durch einen Elektriker überprüft werden. Arbeiten am Baustromverteiler sowie Wieder- oder Neueinstellungen dürfen nur durch den verantwortlichen Elektriker ausgeführt werden. Am Baustromverteiler sollten die Telefonnummern (auch Mobiltelefonnummern) des Verantwortlichen und des zuständigen Elektrikers angegeben sein, damit diese bei einem Stromausfall schnell erreicht werden können.

Verlängerungskabel und Kabeltrommeln müssen einen Überhitzungsschutz haben und für den Einsatz in Feucht- und Nassbereichen geeignet sein.

Auf Baustellen verwendete **Leuchten** müssen mindestens wassergeschützt sein, mobil eingesetzte Leuchten oder Bodenleuchten müssen auch schutzisoliert und strahlwassergeschützt sein.

Hilfsmittelsicherheit

Hilfsmittel auf Baustellen sind zum Beispiel Leitern, Stege, Geländer und Gerüste. Die Einhaltung der Sicherheitsvorschriften muss während der gesamten Bauzeit immer wieder überprüft werden.

Kennzeichnung auf Stromgeräten

 schutzisoliert

 regengeschützt (Sprühwasser)

 spritzwassergeschützt

 strahlwassergeschützt

 für raue Beanspruchung geeignet

Arbeitsschutz auf der Baustelle

Nach Möglichkeit sollten nur stabile **Metallleitern** eingesetzt werden, die in gutem Zustand sind. Schadhafte Leitern mit brüchigen oder fehlenden Sprossen sind sofort von der Baustelle zu entfernen. Leitern müssen auf glattem Boden gegen Abrutschen oder auf weichem, morastigem Untergrund gegen Einsinken gesichert werden. Sie sollten nur an stabile Punkte gelehnt werden und mindestens einen Meter über den oberen Auftrittspunkt hinausragen.

Ein **Baugerüst** erhält nach jedem Aufbau grundsätzlich eine Freigabe durch den Gerüstbauer; erst danach darf es betreten werden. Auf dem Gerüstfreigabeschein, der für die gesamte Standzeit des Gerüsts wetterfest anzubringen ist, ist die maximal zulässige Belastung für jeden sichtbar einzutragen.

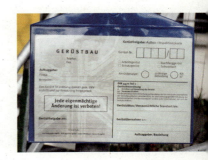

Gerüste müssen auf sicherem Untergrund aufgebaut werden, am besten auf einer Bohlenunterlage zur Höhennivellierung und gleichmäßigen Druckverteilung auf den Untergrund. Sie müssen gut verankert und verstrebt sein und dürfen maximal 30 Zentimeter von der Hauswand entfernt aufgebaut werden. Die **Laufstege** müssen über stabile Leitern sicher erreichbar sein, sollten eine rutschfeste, tragfähige Holz- oder Metallbohlenplattform haben und seitlich durch Geländer gesichert sein. Die Mindesthöhe für Geländer beträgt einen Meter; mindestens drei waagerecht laufende Bretter dienen als Fangvorrichtung, wobei das unterste zur Absicherung gegen Fehltritte direkt auf der Bodenbohle sitzen muss. Wo es zu steil ist, sollten keine Laufstege mehr eingesetzt werden, sondern Gerüstleitern oder -treppen.

Bodenöffnungen sollten mit Bohlen abgedeckt und zusätzlich durch ein Geländer (Mindesthöhe ein Meter mit mindestens drei waagerecht durchlaufenden Streben) gesichert werden. Das einfache Abdecken solcher Öffnungen durch lose Bohlen ist riskant, weil diese schnell verrutschen oder weggenommen werden können.

Während des Baufortschritts müssen Gerüste manchmal umgestellt werden. Gerüstumstellungen sollten nur durch den verantwortlichen Gerüstbauer erfolgen und niemals eigenmächtig vorgenommen werden. Auch nach Umstellungen darf das Gerüst nicht benutzt werden, bevor der Gerüstfreigabeschein angebracht ist.

Gerüstumstellungen nur durch den Gerüstbauer

Tipp

Nehmen Sie von Anfang an alle rechtlichen und behördlichen Bestimmungen zum Arbeitsschutz mit in den Ausschreibungstext auf und machen Sie die uneingeschränkte Einhaltung derselben durch die Handwerksbetriebe zum festen vertraglichen Bestandteil im Auftragsfall.

Wenn Baugerüste bei Dunkelheit genutzt werden, müssen alle Steig- und Laufwege ausreichend beleuchtet sein. Die Einstiegsleiter in ein Gerüst sollte so montiert sein, dass sie nach Beendigung der Arbeiten nach oben geklappt und gesichert werden kann, sodass ein unbefugtes Betreten des Gerüsts nicht ohne Weiteres möglich ist.

Die Einhaltung der Arbeitsschutzbestimmungen wird durch die regional zuständigen Gewerbeaufsichtsämter kontrolliert, deren Vertreter Baustellen auch unangekündigt aufsuchen. Leicht zu kontrollieren ist zum Beispiel, ob bei der Entfernung von Stoffen, deren Inhalation zu gesundheitlichen Beeinträchtigungen führen kann, geeignete Atemschutzmasken getragen werden. Tragen die Handwerker solche Masken mit den jeweils vorgeschriebenen Filterklassen nicht oder wurden sie ihnen durch das Handwerksunternehmen gar nicht zur Verfügung gestellt, ist das ein klarer Verstoß gegen Arbeitsschutzvorschriften. Gleiches gilt zum Beispiel für Sicherheitsausrüstung wie Schutzhelm, Sicherheitsschuhe oder auch für Gehörschutz und Schutzbrillen.

Notrufinformationen bei Feuer oder Unfällen

Bei Feuer oder Unfällen ist schnelle Hilfe nötig. Viele Menschen stehen jedoch bei einem solchen Ereignis unter Schock und wissen nicht, was sie unternehmen sollen. Fertigen Sie daher einen Notrufplan an. Dieser wird dann beispielsweise mehrfach kopiert, in Folie eingeschweißt und an verschiedenen Stellen aufgehängt.

Notrufplan

Versicherungsschutz auf der Baustelle

Alle Personen, die auf einer Baustelle arbeiten, sich dort vorübergehend aufhalten oder diese passieren, benötigen einen Versicherungsschutz, der nicht nur den gesetzlichen Anforderungen nachkommt, sondern noch darüber hinausgeht. Neben Personenschäden können Schäden durch Diebstahl oder Unwetter auf der Baustelle entstehen. Auch vor diesem finanziellen Risiko kann sich der Bauherr durch verschiedene Versicherungen schützen.

Soweit auf dem Grund und Boden des Bauherrn gebaut wird, egal, mit welchem Baupartner, kommen auf den Bauherrn grundsätzlich Haftungsrisiken zu, die unbedingt abgesichert werden sollten.

Wichtige Versicherungen für Bauherren, Handwerker und Helfer

Versicherung des Bauherrn und seiner Familie

Der Bauherr und seine Familie sollten in zweierlei Hinsicht versichert sein. Gegen eigene Unfälle kann sich ein Bauherr durch eine **Unfallversicherung** absichern, gegen fremdverschuldete Unfälle Dritter, die Schadenersatzansprüche anderer Personen oder Unternehmen begründen, durch die **Bauherren-Haftpflichtversicherung.** Beide Versicherungen sollten Sie unbedingt abschließen. Bei kleineren Baustellen kann unter Umständen eine vorhandene Privathaftpflicht das Risiko für den Bauherrn abdecken. Hier lohnt sich die Nachfrage beim Versicherungsunternehmen.

Versicherung von Helfern bei Selbstbaumaßnahmen

Planen Sie die Beschäftigung von Helfern aus Ihrem Bekannten- oder Freundeskreis ein, müssen Sie die Baustelle vor Beginn der Arbeiten bei der örtlichen Bauberufsgenossenschaft anmelden (Internet: www.bau-bg.de). Ihre Helfer sind dann bei Unfällen versichert. Die Höhe des Versicherungsbeitrags ermittelt sich aus der Anzahl der Helfer und deren Arbeitsleistung auf der Baustelle.

Die Berufsgenossenschaften sind gesetzlich vorgeschriebene Versicherungsanstalten für verschiedene Gewerbebereiche. Für den Baubereich gibt es die Berufsgenossenschaften für die Bauwirtschaft, kurz Bau-BG. Wollen Sie also Eigenleistungen am Bau erbringen, sind Sie dazu verpflichtet, die Baustelle bei der Bau-BG zu melden und einen Versicherungspflichtbeitrag an die Bau-BG zu entrichten. Die Beiträge hierfür sind regional unterschiedlich, sie orientieren sich in der Regel an der Anzahl der auf der Baustelle geleisteten Stunden. Es empfiehlt sich daher, für diese Arbeiten ein Bautagebuch zu führen, das Sie später der Bau-BG vorlegen können, damit der exakte Versicherungsbeitrag für die geleisteten Arbeitsstunden auf Ihrer Baustelle errechnet werden kann. Die Bei-

Beim Einsatz von Bauhelfern: Baustelle der Bau-BG melden

tragspflicht entfällt, wenn alle Helfer zusammen insgesamt nicht mehr als 39 Stunden auf der Baustelle geholfen haben.

Darüber hinaus sollten Helfer unbedingt eine Haftpflichtversicherung haben, die Sach- und Personenschäden durch ihre Tätigkeit auf der Baustelle trägt.

Versicherung der Handwerker

Wenn Sie für Ihr Bauvorhaben gewerbliche Unternehmer zur Ausführung der Bauleistungen beauftragen, müssen diese ihre Beschäftigten bei der Bau-BG melden und dort gegen Unfallgefahren absichern, indem die Unternehmer für jeden Werktätigen Pflichtbeiträge an die Berufsgenossenschaften entrichten.

Nachweis für Versicherungsschutz verlangen

Wichtig ist darüber hinaus, dass Ihnen die Handwerker mit Abgabe des Angebots einen Nachweis über einen Versicherungsschutz für Sach- und Personenschäden abgeben. Dieser hat in der Regel einen Haftungsschutz von zwei bis drei Millionen Euro pauschal für Personen- und Sachschäden.

Bauleistungsversicherung

Gut für unvorhersehbare Schäden

Nicht zwingend vorgeschrieben, aber sehr empfehlenswert ist der Abschluss einer Bauleistungsversicherung. Diese Versicherung tritt für jeden Schaden ein, der durch ein unvorhergesehenes Ereignis eintritt, unabhängig davon, von wem der Schaden verursacht wurde. Hierzu gehören zum Beispiel Schäden durch Vandalismus oder unvorhersehbare Witterungseinflüsse. Da die Handwerksunternehmen auch davon profitieren, wird der Beitrag zu diesem Versicherungsschutz meist bereits über die Ausschreibung auf alle Beteiligten umgelegt, ähnlich wie der Baustrom oder das Bauwasser.

Feuerrohbauversicherung

Eine Feuerrohbauversicherung schützt von Baubeginn an gegen Brandschäden. Sie kann sogar beitragsfrei abgeschlossen werden, wenn von Baubeginn an eine Wohngebäude- oder Brandschutzversicherung abgeschlossen wird. Haben Sie, zum Beispiel im Fall eines Umbaus, für Ihr Bestandsgebäude bereits eine Wohngebäude- oder Brandschutzversicherung abgeschlossen, können Sie diese für die Bauphase eines Umbaus erweitern.

So viel Schutz muss sein

Versicherung	Schutz	Bedeutung
Bauherrenhaftpflicht	Für Bauherren. Versicherung zahlt, wenn Fremde auf der Baustelle zu Schaden kommen.	•••
Haus- und Grundbesitzer-haftpflicht	Für Besitzer unbebauter Grundstücke und von Mehrfamilienhäusern. Versicherung zahlt, wenn Dritte auf dem Grundstück zu Schaden kommen.	•••
Bauleistungs-versicherung	Für Bauherren. Versicherung zahlt für unvorhersehbare Bauschäden.	•
Gewässerschaden-haftpflicht	Für Öltankbesitzer. Versicherung zahlt, wenn Grundwasser oder Erdreich durch Heizöl verschmutzt wird.	•••
Wohngebäude-versicherung	Für Hauseigentümer. Möglich ist die Absicherung gegen Feuer-, Sturm- und Leitungswasserschäden in beliebiger Kombination.	••
Elementarschaden-versicherung	Für Hauseigentümer. Sinnvoll in durch Hochwasser, Lawinen, Erdrutsche oder Erdbeben gefährdeten Gebieten.	••

••• = unverzichtbar •• = sehr sinnvoll • = sinnvoll

Verbundene Wohngebäudeversicherung

Eine verbundene Wohngebäudeversicherung schützt *nach* der Fertigstellung vor Folgeschäden durch Brand, Blitzschlag, Explosion, Leitungswasser, Sturm, Hagel usw. Weitere Elementarschäden – zum Beispiel durch Überschwemmung, Lawinen oder Erdbeben – können gegen Zuschlag eingeschlossen werden **(Elementarschadenversicherung).** Es ist sinnvoll, die Höhe der Versicherungssumme vom Unternehmen bestimmen zu lassen, damit im Schadenfall der Ersatz nicht mit der Begründung einer Über- oder Unterdeckung gemindert werden kann.

Eine **Gebäudefeuerversicherung** schützt speziell vor Folgeschäden durch einen Hausbrand nach Fertigstellung eines Gebäudes. Die meisten Kreditgeber verlangen die Vorlage einer Versicherungspolice zumindest gegen Feuer.

Gewässerschaden-Haftpflichtversicherung

Wichtig für Öltankbesitzer

Beim Heizen mit Öl kann durch Tanklecks Öl austreten und das Erdreich verseuchen. Da der Besitzer des Tanks unabhängig von der Schadenursache dafür haftet und die Beseitigung eines solchen Umweltschadens extrem teuer sein kann, empfiehlt sich beim Einsatz von Ölheizungen der Abschluss einer Gewässerschaden-Haftpflichtversicherung.

Die Beiträge der genannten Versicherungen können sich – je nach Gesellschaft – für identische Leistungen um bis zu 300 Prozent unterscheiden! Finanztest veröffentlicht regelmäßig Preisvergleiche zur Wohngebäudeversicherung inklusive Gewässerschaden-Haftpflichtversicherung. Bei den übrigen Policen ist es sinnvoll, Preisvergleiche anzustellen; am schnellsten und einfachsten geht das im Internet.

Rechtsschutz für Streitigkeiten mit Unternehmen am Bau gibt es bislang nicht. Dieses Risiko können Sie nicht versichern, aber durch rechtssichere Verträge erheblich verringern.

Die Baustellensteuerung

Dreh- und Angelpunkt in der Bauphase: der Bauleiter

Mit einer guten Bauvorbereitung haben Sie die Basis für einen reibungslosen Bauablauf geschaffen. Je nachdem, auf welche Weise Sie bauen, ist es wichtig, dass Sie einen erfahrenen Bauleiter an der Seite haben, der für eine mangelfreie Ausführung der Arbeiten sorgt. Beim Bauen mit einem Architekten, Baubetreuer oder Generalunternehmer haben Sie Einfluss darauf, wer die Bauleitung übernimmt. Es spricht übrigens nichts dagegen, mit dem Entwurf der Werkplanung für das Gebäude einen darauf spezialisierten Architekten zu beauftragen und mit der Ausschreibung und Bauleitung einen Architekten oder Bauleiter mit Bauleitungserfahrung. Größere Architekturbüros beschäftigen häufig Entwurfs- und Bauleitungsarchitekten und teilen so die Arbeitsgebiete auf.

Bei einem Bauträgerobjekt, einem Fertighaus oder dem Bauen mit dem Generalübernehmer wird der Bauleiter von Ihrem Vertragspartner gestellt, Sie haben darauf keinen Einfluss. Trotzdem können Sie überlegen, vor der Bezahlung von Teilrechnungen gemeinsam mit einem von Ihnen beauftragten Fachmann eine Begehung vor Ort durchzuführen, um die Qualität der Leistung zu prüfen. Eine solche Beauftragung erfolgt dann in der Regel auf Stundenbasis. Das gilt auch, wenn Sie in Eigenregie bauen und gelegentlich fachlichen Rat benötigen.

Achten Sie in jedem Fall darauf, dass Sie stets über den Stand der Arbeiten im Bilde sind und dass alle wichtigen Vorgänge über Ihren Tisch laufen.

Aufgaben des Bauleiters während der Bauphase

Der Bauleiter muss das geplante Bauvorhaben so umsetzen, dass ein mangelfreies Bauwerk entsteht. Den Bauleiter kann eine Mitschuld am Entstehen von Mängeln treffen, wenn er wesentliche Bereiche seiner Arbeit nicht sorgfältig genug erbracht hat.

Die Aufgaben des Bauleiters sind in der Leistungsphase 8 der HOAI aufgeführt. Wenn Sie also mit einem Architekten diese Leistungsphase vereinbart haben, muss er in seiner Funktion als Bauleiter die entsprechenden Leistungen erbringen:

- **Planprüfung:** Wenn die Erstellung der Werkpläne und die Bauleitung nicht von derselben Person erbracht werden, muss der Bauleiter die ihm zur Verfügung gestellte Planung von sich aus überprüfen. Er ist für Mängel auf der Baustelle selbst verantwortlich und kann sich nicht auf eine fehlerhafte Planung berufen.

- **Prüfung der Baugrundverhältnisse:** Der Bauleiter muss Kenntnis über die Baugrundverhältnisse haben und gegebenenfalls eine Untersuchung in die Wege leiten.

- **Koordination:** Sein Aufgabengebiet umfasst auch die Koordination sämtlicher Beteiligten und die fortwährende Überwachung der Unternehmer.

- **Terminplanung und -überwachung:** Als weitere Grundleistung muss er einen Zeitplan erstellen und überwachen. Dabei handelt es sich in der Regel um ein Balkendiagramm, in dem die Ausführungsfristen der Unternehmer und Planer eingetragen werden. Der Terminplan muss ständig kontrolliert und dem aktuellen Iststand angepasst werden.

- **Bautagebuch:** Der Bauleiter muss ein Bautagebuch führen, in dem unter anderem der Baufortschritt, die Witterungsverhältnisse und die Anwesenheit der beauftragten Firmen festgehalten werden (⋯▸ Seite 106).

- **Sicherheit auf der Baustelle:** Bei Verstößen gegen Arbeitsschutzbestimmungen muss er dafür sorgen, dass diese abgestellt werden. Er muss außerdem dafür sorgen, dass vom Bauvorhaben keine Gefahren ausgehen, durch die Dritte zu Schaden kommen können, und dass die Baustelle gegen unbefugten Zutritt abgesichert ist.

- **Sicherungsmaßnahmen:** Besteht die Gefahr, dass zum Beispiel Aushubarbeiten die Standsicherheit eines Nachbargebäudes beeinträchtigen, muss er für entsprechende Sicherungsmaßnahmen sorgen.

- **Überwachung der Ausführung:** Der Bauleiter muss sicherstellen, dass alle Arbeiten in Übereinstimmung mit der Ausführungsplanung erbracht werden, dass Auflagen aus der Baugenehmigung berücksichtigt werden und das Bauvorhaben nach den allgemein anerkannten Regeln der Technik (DIN-Normen, Richtlinien für die Verarbeitung von Werkstoffen usw.) erstellt wird.

- **Beauftragung von Eignungsprüfungen:** Bei komplizierten Ausführungsarbeiten muss der Bauleiter die Einschaltung eines Fachingenieurs empfehlen, wenn seine eigenen Kenntnisse nicht ausreichen. Wenn er zum Beispiel nicht selbst prüfen kann, ob die erbrachten Leistungen mit den statischen Berechnungen übereinstimmen, muss er dafür sorgen, dass ein Fachingenieur mit diesen Leistungen betraut wird.
- **Eignungsprüfung von Baustoffen:** Die Überwachungspflicht beinhaltet auch zumindest in Stichproben eine Qualitätsprüfung der Baustoffe, soweit das ohne Spezialkenntnisse möglich ist. Der Bauleiter ist verpflichtet, Baustoffe und Bauteile auf ihre Eignung für die geplante Baumaßnahme zu überprüfen. Das gilt vor allem bei der Verwendung neuartiger Baustoffe. Hier muss er gegebenenfalls den Bauherrn darauf hinweisen, dass noch keine langjährigen Erfahrungswerte vorliegen.
- **Anwesenheit bei kritischen Bauphasen:** Bei kritischen Bauphasen muss der Bauleiter anwesend sein und die mangelfreie Erstellung der Leistung kontrollieren. Das gilt beispielsweise dann, wenn die erbrachten Leistungen später nicht mehr kontrolliert werden können, weil sie von Erdreich oder anderen Bauteilen verdeckt sind. Besondere Aufmerksamkeit ist erforderlich bei Abdichtungsarbeiten gegen Feuchtigkeit und im Hinblick auf Wärmeschutz, Schallschutz und Luftdichtigkeit der Gebäudehülle (⸱⸱⸱⸱ Seite 232).
- **Behördliche Abnahmen:** Alle notwendigen Anträge auf behördliche Abnahmen müssen vom Bauleiter gestellt werden. Damit sind alle durch die Landesbauordnung vorgeschriebenen Teil- und Schlussabnahmen gemeint.
- **Technische Abnahmen:** Weitere wichtige Grundleistungen sind die technische Abnahme von Bauleistungen, die Feststellung von Mängeln und die Überwachung der Beseitigung dieser Mängel durch den Unternehmer.
- **Mängelrügen:** Der Bauleiter muss festgestellte Mängel rügen und den Unternehmer zur Mängelbeseitigung auffordern. Weigert sich der Unternehmer, einen Mangel zu beseitigen, muss der Bauleiter den Bauherrn umfassend über weitere Vorgehensmöglichkeiten beraten.

- **Rechnungsprüfung:** Der Bauleiter muss eingehende Rechnungen daraufhin kontrollieren, ob der Unternehmer seine Leistungen vertragsgemäß erbracht hat.
- **Aufmaß:** Werden Leistungen nach Einheitspreisverträgen (⋯▸ Seite 64) abgerechnet, muss der Bauleiter den Umfang der erbrachten Leistungen feststellen. Ideal ist die gemeinsame Festlegung des Aufmaßes mit dem Unternehmer.
- **Kostenfeststellung:** Der Bauleiter hat die Pflicht, dem Bauherrn einen aktuellen Überblick über die tatsächlich entstandenen Kosten zu verschaffen.
- **Kostenkontrolle:** Der Bauleiter muss die Rechnungen der Unternehmer mit den Vertragspreisen und den veranschlagten Kosten vergleichen und den Bauherrn rechtzeitig informieren, wenn sich Kostensteigerungen ergeben.
- **Übergabe des Bauwerks:** Nach Beendigung der Bauarbeiten und Fertigstellung des Bauwerks erfolgt die Übergabe an den Bauherrn. Dazu gehört die Übergabe aller geprüften und freigegebenen Rechnungen, der Abnahmeprotokolle, Bedienungsanleitungen und eine Auflistung der Gewährleistungsfristen der einzelnen Gewerke.

Wie findet man einen guten Bauleiter?

Da die Tätigkeit eines Bauleiters einen hohen Grad an Erfahrung erfordert, sollten Sie bei der Auswahl besonders aufmerksam sein. Lassen Sie sich Referenzen von fertiggestellten Häusern der letzten drei Jahre vorlegen und sprechen Sie mit den Bauherren. Besichtigen Sie diese Häuser und achten Sie auf sichtbare Mängel.

Erfahrungen anderer Bauherren mit dem Bauleiter

✓ Wichtige Auswahlkriterien für Bauleiter		
geprüft am		
		Empfehlungen anderer Bauherren liegen vor
		Gute Büroausstattung
		Berufliche Qualifikation vorhanden
		Mehrjährige Berufserfahrung
		Berufshaftpflichtversicherung liegt vor und ist gültig
		Ausreichend Zeit vorhanden
		Nicht zu viele Baustellen parallel
		Rücksprache mit anderen Bauherren Ihrerseits ist erfolgt

104 Die Baustellensteuerung

Architekten, Bauingenieure und Baubetriebsingenieure sind die klassischen Berufe für professionelle Bauüberwachung. Bevor Sie einen Architekten oder Bauleiter beauftragen, sollten Sie sich das Büro ansehen. Zu einer guten Büroausstattung gehören nicht nur Fax, Computer und Telefon, sondern auch Fachliteratur. Ein Bauleiter benötigt Kenntnisse in Bauphysik, Bauausführung und rechtssicherem Schriftverkehr. Er sollte eine gute Dokumentation und Ordnungsstruktur in seinen Projekten haben.

Gute Bauüberwachung erfordert ausreichend Zeit und gute Qualifikation

Ihr Bauleiter sollte nicht zu viele Projekte parallel bearbeiten. Ausreichend Zeit ist neben der Qualifikation die wichtigste Voraussetzung für eine gute Bauüberwachung. Ein Bauleiter, der nur einmal in der Woche kurz auf der Baustelle vorbeischaut, kann im Vorfeld keine Probleme vermeiden. Baustellen sollte er so betreuen, als wären es seine eigenen Gebäude. Er sollte sich mit der Baustelle persönlich identifizieren.

Lassen Sie sich vom Bauleiter auf jeden Fall den Nachweis vorlegen, dass er eine Berufshaftpflichtversicherung abgeschlossen hat. Lassen Sie sich sicherheitshalber auch von der Versicherungsgesellschaft schriftlich bestätigen, dass dies der Fall ist, und prüfen Sie, ob Laufzeit und Höhe der Deckungssummen stimmen.

Vereinbaren Sie mit Ihrem Bauleiter ein angemessenes Honorar, das die vorgeschriebenen Sätze der Honorarordnung für Architekten und Ingenieure (HOAI) nicht unterschreitet (···> Seite 10). Zum einen ist dies nicht zulässig, zum anderen sparen Sie wahrscheinlich am falschen Ende. Ein guter Bauleiter kann Ihnen durch aufmerksames Arbeiten und geschicktes Verhandeln mit den Firmen durchaus mehr Geld einsparen, als Sie ihm bezahlen.

Ordnerstruktur, Jour fixe, Bautagebuch, Aktennotiz

Abhängig vom Baupartner, mit dem Sie bauen, werden Sie mehr oder weniger intensiv im Rahmen der Baustellenabwicklung mitwirken. Eine gute Baustellenbeobachtung und Dokumentation ist aber auch dann sinnvoll, wenn Sie selbst eher wenig in die Baustellenabwicklung eingebunden sind. Daher ist das folgende Kapitel generell für jeden Bauherrn von Interesse, unabhängig von seinem Baupartner.

> **Tipp**
>
> Bautagebuchblätter und die übrigen Formulare können Sie sich aus dem Internet herunterladen.
>
> Sie finden diese unter **vz-nrw.de/baucheck**

Ordnerstruktur für alle Bauunterlagen

Während der Bauzeit werden Sie viele Unterlagen, Verträge, Informationen, Abnahmeprotokolle usw. erhalten. Damit sich diese Unterlagen nicht in einer Ecke stapeln und Sie dadurch die Übersicht verlieren, empfiehlt es sich, im Vorfeld einige Ordner zu kaufen und diese nach einer sinnvollen Struktur anzulegen. So können Sie alle Unterlagen sofort abheften und haben alles stets griffbereit.

Mögliche Ordnerstruktur für Bauvorhaben		
Ordner 1	■ Adressen	alle beteiligten Firmen, Ämter, Versorgungsträger, Nachbarn
	■ Bauleitung	Schriftverkehr
	■ Bauamt	Baugenehmigung, Schriftverkehr
	■ Versorgungsträger	Anträge, Schriftverkehr
Ordner 2	■ Verträge	alle Werkverträge, Leistungsverzeichnisse
	■ Abnahmen	alle Abnahmen
	■ Gewährleistungspflichten	Übersicht
Ordner 3	■ Gewerke	Schriftverkehr, Mängelrügen, sortiert nach Gewerken
Ordner 4	■ Fachingenieure (Statik, Haustechnik, Elektro, Lüftung, Bodengutachten usw.)	Schriftverkehr, Berechnungen
Ordner 5	■ Planunterlagen	Ausführungspläne, statische Pläne, Haustechnik-Pläne
Ordner 6	■ Bautagebuch	Bautagebuch der Bauleitung, eigenes Bautagebuch
	■ Fotodokumentation	
Ordner 7	■ Rechnungen	nach Eingang sortiert, Übersichtsblatt, Kostenkontrolle

Jour fixe Nr: (laufende Nummerierung)		Datum:	
Bauvorhaben:			
Besprechungspunkte:		zu erledigen von	bis
1. 2. 3. usw. fortlaufende Nummerierung für neue Punkte auch an den Folgetagen.		(Name / Firma)	(Datum)
Unterschriften / Datum (alle Beteiligten)			
Beteiligte: (Namentliche Nennung aller Beteiligten)			

Beispiel für ein Jour-fixe-Protokollblatt

Beispiel für ein Bautagebuchblatt

Bautagebuch			Lfd. Nr.	Datum		Uhrzeit		von - bis	
Sonne	Wolkig	Regen	Schnee	Frost	Mo Di Mi Do Fr Sa So	Temp. ca.			°C

Bauvorhaben: _____

Anwesende

Firma: _____ Firma: _____

Firma: _____ Firma: _____

Firma: _____ Firma: _____

Feststellungen, Stand der Arbeiten

_____

_____

_____

_____

_____

Anordnungen, Besprechungen, Abnahmen

_____

_____

_____

_____

Dokumentation, Fotos von

_____

_____

Jour fixe

Vereinbaren Sie einen festen Termin pro Woche für eine Baustellenbesprechung, an dem Sie mit Ihrem Bauleiter und den Verantwortlichen aller zu diesem Zeitpunkt auf Ihrer Baustelle tätigen Unternehmen anwesend sind. Die Anwesenheitspflicht des Unternehmers oder eines Vertreters sollte bereits im Werkvertrag bzw. in der Leistungsbeschreibung geregelt sein.

Bei diesen Treffen können Fragen der Unternehmer geklärt, Probleme im Bauablauf angesprochen und die Tätigkeiten und Vorgehensweisen der nächsten Tage geplant werden. Dadurch haben Sie einen optimalen Überblick über die Situation auf Ihrer Baustelle und die Möglichkeit, selbst Dinge anzusprechen, die Ihnen am Herzen liegen. Wenn beispielsweise der Abfall nicht regelmäßig entsorgt wird und ein Handwerker dem anderen die Schuld dafür in die Schuhe schiebt, ist ein solches Treffen eine gute Gelegenheit, die Firmenchefs selbst Stellung beziehen zu lassen.

Dazu sollte ein Ergebnisprotokoll geführt werden, das alle Beschlüsse enthält. Sind Dinge zu erledigen, sollten der Zuständige und die vorgesehene Frist benannt sein. Wichtig ist auch hier, dass alle Beteiligten unterschreiben und eine Kopie erhalten. Ein Formblatt könnte beispielsweise wie links abgebildet aussehen.

Bautagebuch

Das Führen eines Bautagebuchs gehört zu den HOAI-Grundleistungen eines Bauleiters in der Leistungsphase 8 und ist ein wichtiges Hilfsmittel zur

Ablaufdokumentation. Da mithilfe eines Bautagebuchs der gesamte Bauablauf dokumentiert wird, können Sie jederzeit nachvollziehen, was wann passiert ist. Dadurch kann diese Dokumentation ein wichtiges Beweismittel sein. Lassen Sie sich das Bautagebuch des Bauleiters regelmäßig vorlegen bzw. faxen und heften Sie es zu Ihren Unterlagen.

Wenn Sie selbst auf die Baustelle gehen, sollten Sie Ihr eigenes Bautagebuch führen. Fotografieren Sie neben dem allgemeinen Bauablauf besonders alles, was Ihnen nicht ordnungsgemäß erscheint. Es lohnt sich auch, Leistungen zu dokumentieren, die zu einem späteren Zeitpunkt nicht mehr sichtbar sind, zum Beispiel die Leitungsführung der Elektroleitungen oder die Verlegeanordnung der Schleifen für die Fußbodenheizung. Diese Aufnahmen können später einmal wertvoll werden, wenn zum Beispiel an der Fußbodenheizung Reparaturen auszuführen sind.

Aktennotiz

Während der Bauzeit besteht ein ständiger Abstimmungsbedarf. Es passiert häufig, dass vieles im Laufe der Zeit aus Bequemlichkeit nur noch mündlich besprochen wird. Bedenken Sie, dass mündliche Absprachen später unterschiedlich ausgelegt werden können. Den dann entstehenden Ärger und Zeitaufwand können Sie sich durch das nur wenige Minuten dauernde schriftliche Festhalten von Besprechungen, Telefonaten und Verhandlungen ersparen. Halten Sie neben dem eigentlichen Besprechungsinhalt auch Eckdaten fest, die später wichtig werden können, zum Beispiel: Wer erarbeitet was bis wann, wann und wo findet der nächste Termin statt.

Beispiel für ein Aktennotizblatt

Ganz wichtig: Lassen Sie alle Teilnehmer unterschreiben. Sie werden feststellen, dass dieses kleine Detail erheblich zur termingerechten Erledigung vereinbarter Aufgaben beiträgt.

Mängel während der Bauphase

Rechtliche Grundlagen

Welche Beschaffenheit muss das Werk haben?

Während der Bauphase können verschiedene Arten von Mängeln auftreten. Im Vordergrund stehen Sachmängel, also Leistungen, die eine vereinbarte Beschaffenheit nicht haben (§ 633 BGB). Soweit keine Beschaffenheiten vereinbart waren, muss das Werk eine Beschaffenheit aufweisen, die bei Werken der gleichen Art üblich ist und die der Besteller nach der Art des Werks erwarten kann. Die VOB/B regelt sozusagen automatisch bestimmte Beschaffenheiten für die Gewerke, die in den allgemeinen technischen Vertragsbedingungen (ATV) der VOB/C beschrieben sind.

Eine bestimmte Beschaffenheit liegt zum Beispiel dann nicht vor, wenn Fliesen mit großer Unebenheit oder zu unregelmäßigen Fugenbreiten und -tiefen verlegt wurden, aber auch, wenn die falschen Fliesen verlegt wurden. Selbst wenn die falschen Fliesen einwandfrei verlegt wurden, liegt eine nicht vereinbarte Beschaffenheit vor, also ein Sachmangel. Unabhängig von der Vereinbarung der VOB/B macht auch der Verstoß gegen geltende DIN-Normen und andere allgemein anerkannte Regeln der Technik eine erbrachte Leistung mangelhaft (⋯⟩ Seite 111).

Stellen Sie oder Ihr Bauleiter einen Mangel fest, hängen die weiteren Schritte davon ab, ob Sie mit dem betreffenden Unternehmer einen Bauvertrag nach BGB abgeschlossen haben, oder ob, ungeachtet der Rechtslage, die VOB vereinbart wurde.

Bauvertrag nach BGB

§ 633 BGB verpflichtet den Unternehmer, sein Werk so herzustellen, dass es frei von Sachmängeln ist, also die vereinbarte Beschaffenheit hat.

Mängel während der Bauphase 109

Kommt der Unternehmer dieser Verpflichtung zur mangelfreien Leistung nicht nach, hat der Bauherr ähnliche Gewährleistungsansprüche wie auch sonst im Kaufrecht (§ 634 BGB): Er kann zunächst **Nachbesserung** verlangen, auch wenn das unter Umständen die Neuherstellung der Werkleistung bedeutet (Nacherfüllung). Dafür sollte er dem Unternehmer eine angemessene Frist setzen. Was angemessen ist, bestimmt sich nach dem jeweiligen Einzelfall. Hier kann Ihnen der Bauleiter konkreten Rat geben.

Gewährleistungsansprüche des Bauherrn

Die Pflicht zur Nachbesserung umfasst auch Transport-, Arbeits- und Materialkosten (§ 635 Abs. 2 BGB), ebenso die Kosten für Vor- und Nacharbeiten. Dies ist beim Bau wichtig, weil ein Gewerk oft auf einem anderen aufbaut: Wenn zum Beispiel die Wasserleitung im Bad undicht ist, muss der Installateur auch die Kacheln auf eigene Kosten erneuern lassen. Einer Fristsetzung bedarf es nicht, wenn der Unternehmer die Nachbesserung von vornherein unmissverständlich verweigert, weil sie wirtschaftlich unsinnig ist (§ 275 Abs. 2 und 3 BGB) oder wenn unverhältnismäßig hohe Kosten entstehen würden (§ 635 Abs. 3 BGB).

Bessert der Unternehmer in der gesetzten Frist nicht in der Qualität nach, wie es vertraglich vereinbart war, kann der Bauherr die Sache selbst in die Hand nehmen **(Selbstvornahme):** Er kann den Mangel durch eine andere Firma beseitigen lassen und sich die Kosten vom ursprünglichen Auftragnehmer ersetzen lassen (§ 637 BGB).

Alternativ zur Mangelbeseitigung durch ein anderes Unternehmen kann der Bauherr **Preisminderung** verlangen. Eine Wandelung, die grundsätzlich auch möglich wäre, wird beim Bau kaum in Betracht kommen.

Entsteht aus dem Mangel ein weiterer Schaden, kann der Bauherr auch **Schadenersatz** verlangen und hat darüber hinaus weitere Ansprüche wegen eines **Mangelfolgeschadens,** wenn sich zum Beispiel der Bauablauf deshalb verzögert.

Schadenersatz bei Folgeschäden

Die Fälligkeit der kompletten Abschlagszahlung an ein Handwerksunternehmen tritt nach BGB nur dann ein, wenn eine Leistung *vollständig* und *mangelfrei* erbracht wurde. Wenn der Unternehmer

Betreten der Baustelle

Viele Bauträgerverträge verbieten dem Hauskäufer das Betreten der Baustelle während der Bauzeit. Das heißt, dass Sie die Bauqualität des Bauträgers nicht unabhängig überprüfen können. Solche Regelungen sollten Sie keinesfalls akzeptieren. Vor jeder Abschlagszahlung müssen Sie die Möglichkeit haben, das Gebäude zu begehen, auch mit einem unabhängigen Sachverständigen, um Einsicht in die Bauqualität zu erhalten.

Abschlagszahlungen für in sich abgeschlossene Teile der Leistung gemäß § 632a BGB fordert, muss er vorhandene Mängel zuvor beseitigen, um einen Anspruch auf die Abschlagszahlung zu erhalten. Hier sollten Sie bei Differenzen mit dem Unternehmer vor Bezahlung einer Rechnung Ihren Anwalt hinzuziehen.

Bauvertrag nach VOB

Die VOB ermöglicht weitreichendere Schritte und Maßnahmen. Gemäß § 4 Nr. 6 VOB/B kann man vertragswidrige Baustoffe oder Bauteile von der Baustelle entfernen lassen und damit verhindern, dass vertragswidrige Leistungen überhaupt erst entstehen.

Nach § 4 Nr. 7 VOB/B kann man schon während der Bauzeit vertragswidrige bzw. mangelhafte Leistungen durch vertragsgemäße bzw. mangelfreie Leistungen ersetzen lassen. Außerdem steht einem ein Schadenersatzanspruch zum Ausgleich für Schäden zu, die nicht mit der Nachbesserung behoben werden können. Beseitigt der Unternehmer den Mangel innerhalb einer gesetzten angemessenen Frist und Nachfrist nicht, kann ihm der Auftrag entzogen werden.

Die VOB bietet damit sehr spezifische Handlungsmöglichkeiten für den Auftraggeber.

Mängelrüge

Stellen Sie oder Ihr Bauleiter in der Bauphase fest, dass eine Leistung mangelhaft oder ein Schaden entstanden ist, ist es zunächst wichtig, den Sachverhalt zu fotografieren. Danach ist es Aufgabe des Bauleiters, den Unternehmer unverzüglich schriftlich zu informieren und aufzufordern, die mangelhafte Leistung zu ersetzen bzw. den Schaden zu beheben. Das erfolgt mit einer Mängelrüge (⋯ Checkliste, Seite 111).

Um einem solchen Schreiben die Schärfe zu nehmen, kann der Bauleiter die Zusendung in einem Telefonat ankündigen. Die Schriftform, am besten per Einschreiben/Rückschein, ist jedoch aus Gründen der Nachweisbarkeit die Voraussetzung, um die Arbeiten notfalls auf

Tipp

Lassen Sie sich grundsätzlich alle Mängelrügen, die Ihr Bauleiter ausspricht, in Kopie schicken oder faxen. Legen Sie diese gewerke- und datumsweise geordnet ab. So haben Sie eine unabhängige Kontrolle, dass Ihren Beanstandungen auch nachgegangen wird, und einen unabhängigen Überblick über Nachbesserungen.

Mängel während der Bauphase   111

✓	**Mängelrüge**

enthalten

☐   Datum, Gewerk, Auftrag des Unternehmers vom …

☐   Genaue Beschreibung des Mangels

☐   Eine angemessene Frist zur Behebung des Mangels

☐   Bei zusätzlichen Schäden eine genaue Beschreibung des Schadens

☐   Schadenersatzansprüche vorbehalten

☐   Bei **VOB-Vertrag:** Ankündigung des Auftragsentzugs bei Nichteinhaltung der Frist

☐   Bei **BGB-Vertrag:** Fristsetzung zur Mängelbeseitigung. Nach Fristablauf wählen zwischen Selbstvornahme mit Aufwendungsersatz, Ankündigung des Rücktritts vom Vertrag oder Ankündigung der Minderung der Vergütung

Kosten des Unternehmers durch eine andere Firma ausführen zu lassen, wenn die Leistung nicht vom Unternehmer nachgebessert wird. Bei BGB und VOB/B-Verträgen ist für Mängelrügen die gesetzliche Schriftform, nicht E-Mail oder Fax, dringend zu empfehlen.

Zur Durchsetzung Ihrer Ansprüche aus Mängeln ist eine sorgfältige und rechtlich einwandfreie Vorgehensweise unbedingt erforderlich. So kann beispielsweise die Frage, was eine angemessene Frist zur Beseitigung des Mangels ist, nur im Einzelfall entschieden werden. Wir empfehlen Ihnen daher, bei der Mängelrüge einen Anwalt einzuschalten, wenn es sich um größere Mängel handelt oder wenn sich Schwierigkeiten mit dem Unternehmer abzeichnen.

Bei größeren Mängeln Anwalt einschalten

DIN-Normen als Ausführungsgrundlage

Da ein Haus bis heute individuell gebaut wird, ist es kein Wunder, dass es bei der Herstellung zu Abweichungen von der optimalen Art der Ausführung kommt. Oftmals besteht zwischen Auftraggeber und Auftragnehmer Uneinigkeit darüber, ob es sich nun um einen Mangel handelt oder nicht.

Beispiel: Nachdem der Fliesenleger die Wandfliesen aus trockengepressten, keramischen Fliesen der Größe 30 cm × 20 cm verfugt hat, fällt Ihnen auf, dass die Fugen unregelmäßig breit sind. Teilweise beträgt die Fugenbreite 1 mm, teilweise 9 mm. Da die Fliesenkanten geradlinig sind, bemängeln Sie diese Ausführung. Der Fliesenleger steht auf dem Standpunkt, dass er die Leistung innerhalb des zulässigen Toleranzrahmens erbracht hat und somit kein Mangel vorliegt.

**DIN-Normen
für jedes Gewerk**

Vor der Abnahme liegt die Beweispflicht beim Unternehmer. Er muss beweisen, dass er die Arbeiten mangelfrei ausgeführt hat. Hierzu kann er auf Normen zurückgreifen, die das Deutsche Institut für Normung (DIN) für jedes Gewerk herausgegeben hat. Diese DIN-Normen beschreiben genau, wie der Unternehmer seine Leistung auszuführen hat. Gibt es also Uneinigkeit über die Ausführung von Arbeiten, ist ein erster Schritt zur Klärung der Blick in die entsprechende DIN-Norm bzw. in eine aktuelle Kommentierung. Die meisten gängigen DIN-Normen finden Sie im Teil C der VOB unter den Allgemeinen Technischen Vertragsbedingungen (ATV).

Nicht immer werden Sie die Qualität der Ausführung persönlich überwachen und einschätzen müssen. Soweit er hiermit beauftragt ist, wird das Ihr Architekt oder Bauleiter für Sie übernehmen. Spätestens im Zuge einer (Teil-)Abnahme oder werden Sie aber mit der Ausführungsqualität von Baugewerken konfrontiert, selbst wenn Sie mit dem Bauträger oder Generalübernehmer bauen. Um dann sachlich argumentieren zu können, sollten Sie den strukturellen Hintergrund von DIN-Normen kennen und wissen, wo Sie die wichtigsten DIN-Normen finden.

Bei oben genanntem Beispiel gilt die DIN 18352 für Fliesen- und Plattenarbeiten. Unter Punkt 3.5 ist dort die Ausführung der Fugen beschrieben. Nach Punkt 3.5.1 müssen diese gleichmäßig breit angelegt werden, was in dem Beispiel nicht der Fall ist. Außerdem sind bei trocken gepressten, keramischen Fliesen mit einer Seitenlänge über zehn Zentimetern als Fugenbreiten zwei bis acht Millimeter festgelegt. Die Arbeiten sind daher nicht nach DIN ausgeführt worden und damit mangelhaft.

Da Abweichungen von vorgegebenen Maßen in einer gewissen Größenordnung bei der Ausführung der Leistungen vor Ort jedoch unvermeidbar sind, wurden zur Festlegung zulässiger Maßabweichungen folgende DIN-Normen eingeführt:

- **DIN 18201:** „Toleranzen im Bauwesen; Begriffe, Grundsätze, Anwendung, Prüfung"
- **DIN 18202:** „Toleranzen im Hochbau; Bauwerke"
- **DIN 18203:** „Toleranzen im Hochbau; vorgefertigte Teile aus Beton, Stahlbeton und Spannbeton; vorgefertigte Teile aus Stahl; Bauteile aus Holz und Holzwerkstoffen"

Die in der DIN 18202 und der DIN 18203 angegebenen Toleranzmaße gelten nur für herstellungsbedingte Maßabweichungen. Zeit- und lastabhängige Verformungen wie zum Beispiel belastungsbedingte Durchbiegungen von Stahlbetondecken sind in diesen Toleranzen nicht enthalten und müssen bei der Ausführung mit berücksichtigt werden.

In dem überwiegenden Teil der Allgemeinen Technischen Vertragsbedingungen von Teil C der VOB wird für die Ausführung auf die DIN 18202 verwiesen. Es empfiehlt sich also, zur Beurteilung der ausgeführten Arbeiten auch diese DIN-Normen bei sich zu haben, um bei Bedarf klären zu können, ob die erbrachten Leistungen innerhalb der festgelegten Grenzabmaße, Winkeltoleranzen und Ebenheitstoleranzen liegen.

Beispiel: Vor dem Verlegen des Parketts bemängelt der Parkettleger, dass im Estrich unterschiedliche Wölbungen und Vertiefungen vorhanden sind, die angeblich außerhalb des Toleranzrahmens liegen. Er kündigt Mehrkosten für die Ausgleichsspachtelung des Estrichs an.

Anhand der DIN 18202, Tabelle 3 lässt sich prüfen, ob die Abweichungen im Toleranzrahmen liegen oder nicht. In Zeile drei werden Maßtoleranzen „flächenfertiger Böden, zum Beispiel Estriche als Nutzestriche, Estriche zur Aufnahme von Bodenbelägen, Bodenbeläge, Fliesenbeläge sowie gespachtelte und geklebte Beläge" festgelegt. Nach dieser Tabelle darf bei Messpunktabständen von bis zu 4 m die Ebenheitsabweichung maximal 10 mm betragen. Das lässt sich vor Ort überprüfen, indem eine Richtlatte von 4 m Länge mit ihrem jeweiligen Ende auf zwei Hochpunkte des Estrichs gelegt wird. Mit einem Messkeil oder auch einem Zollstock misst man dann an

---

Tipp

DIN-Normen können Sie zum Beispiel in größeren Stadtbibliotheken einsehen oder direkt beim Beuth-Verlag bestellen, der sämtliche DIN-Normen vertreibt (Bestellung: Beuth Verlag GmbH, Burggrafenstraße 6, 10787 Berlin; www.beuth.de). Im Buchhandel finden Sie Titel, in denen mehrere Normen zusammengefasst sind.

der Stelle des größten Abstands zwischen Unterkante Richtlatte und Oberkante Estrich, ob dieser Abstand größer ist als 10mm. Ist dies der Fall, ist die DIN-Norm nicht erfüllt und die Ebenheit des Estrichs genügt nicht den Anforderungen der DIN.

Höhere Anforderungen im Bauvertrag festlegen

Es kann jedoch auch durchaus sein, dass höhere Genauigkeiten erforderlich sind als in der DIN 18202 bzw. der DIN 18203 vorgesehen, zum Beispiel bei der Herstellung eines Aufzugsschachts oder bei der Herstellung eines besonders glatten Wandputzes im Innenbereich. In einem solchen Fall ist es unbedingt notwendig, auf die höheren Anforderungen genau einzugehen und diese bereits im Bauvertrag schriftlich zu vereinbaren.

Behinderungsanzeigen der Unternehmer

Meist werden für die Ausführung von Arbeiten feste Anfangs- und Fertigstellungstermine vertraglich vereinbart, teilweise unter Androhung einer Vertragsstrafe bei Fristüberschreitung. Kann der Unternehmer aus Gründen, die er nicht zu vertreten hat, vereinbarte Fristen nicht einhalten, wird er das Ihnen oder dem von Ihnen beauftragten Unternehmen in Form einer Behinderungsanzeige unverzüglich schriftlich mitteilen – zum Beispiel, wenn ein Baum auf Ihrem Grundstück umgestürzt ist und am nächsten Morgen ein Betontransport dadurch behindert wird. Wenn Sie auf einem fremden Grundstück mit dem Bauträger bauen, werden Behinderungsanzeigen von Unternehmern für Sie eher keine Rolle spielen.

Behinderungsanzeigen der Unternehmer

Die VOB setzt enge Grenzen für eine rechtmäßige Behinderungsanzeige. Nach § 6 Abs. 2 VOB werden Ausführungsfristen unter folgenden Umständen verlängert:

- durch einen Umstand, den der Auftraggeber zu vertreten hat
- durch Streik oder eine von der Berufsvertretung der Arbeitgeber angeordnete Aussperrung im Betrieb des Auftragnehmers oder eines seiner Subunternehmer
- durch höhere Gewalt oder andere für den Unternehmer unabwendbare Umstände

Wenn Sie eine schriftliche Behinderungsanzeige des Unternehmers erhalten, muss geprüft werden, ob der genannte Grund als Behinderung gilt oder nicht. Häufig ist das nämlich nicht der Fall. Witterungseinflüsse, mit denen normalerweise während der Ausführungszeit gerechnet werden muss, gelten beispielsweise nicht als Behinderung. Ist die Behinderungsanzeige unbegründet, sollten Sie von Ihrem Bauleiter ein entsprechendes Antwortschreiben verfassen lassen und Ihrem Anwalt zur Prüfung vorlegen. Dieser Schriftverkehr kann sehr bedeutsam sein, wenn es später zu einem Rechtsstreit kommt.

Ist die Behinderungsanzeige berechtigt, empfiehlt es sich, dem Unternehmer die genaue Fristverlängerung schriftlich mitzuteilen. Nur um diese Frist dürfen dann die vereinbarten Vertragstermine überschritten werden.

Fristverlängerung bei berechtigter Anzeige

Der Unternehmer ist verpflichtet, alles Zumutbare zu tun, um die Weiterführung der Arbeiten zu ermöglichen, und er muss die Arbeiten nach Wegfall der Behinderung unverzüglich wieder aufnehmen. Die Fristverlängerung berechnet sich nach der Dauer der Unterbrechung mit einem Zuschlag für die Wiederaufnahme der Arbeiten. Bei manchen Gewerken (zum Beispiel Maurerarbeiten) kann es passieren, dass nach einer durch den Auftraggeber verschuldeten Verzögerung zusätzliche Verzögerungen entstehen, die dem Unternehmer zugestanden werden müssen, zum Beispiel durch eine plötzliche, ungewöhnliche Schlechtwetterperiode, in der nicht gearbeitet werden kann.

Rechnungsprüfung von Abschlagszahlungen

Je nachdem, mit welchem Baupartner Sie bauen, werden unterschiedliche Zahlungsmodalitäten auf Sie zukommen: entweder Zahlungen nach BGB, nach VOB oder nach der Makler- und Bauträgerverordnung (MaBV).

Zahlung nach Baufortschritt

Solche Abschläge sind grundsätzlich zulässig; sie sollten aber nicht gegen den Grundsatz „Erst die Leistung, dann das Geld." verstoßen. Der Unternehmer hat in Vorleistung zu treten. Die Höhe der einzelnen Abschlagszahlungen muss daher mit dem jeweils geschafften Baufortschritt in Einklang stehen. Sonst würde der Auftraggeber das Risiko tragen, dass der Unternehmer zwischenzeitlich insolvent wird und das vorgestreckte Geld unwiederbringlich verloren ist.

Vorsicht: Viele Firmen verlangen zu hohe Abschlagszahlungen! Manche möchten sogar schon vor Baubeginn Geld sehen. Werden zu hohe Abschläge gefordert, zum Beispiel in einem Generalübernehmervertrag, sind diese Regelungen unwirksam und der Auftraggeber braucht überhaupt keine Abschläge zu zahlen. Eine gute Messlatte stellen die Abschlagszahlungen dar, die in der MaBV vorgesehen sind. Wer individuell baut, sollte in seinen Verträgen keine deutlich höheren Abschlagszahlungen akzeptieren und sich auch nicht auf frühere Fälligkeitstermine einlassen.

BGB

Das Recht der Abschlagszahlungen regelt § 632a BGB. Hier ist durch die Novellierung im Jahr 2009 klar geregelt worden, dass der Auftragnehmer grundsätzlich einen Anspruch auf Auszahlung einer Teilleistung hat, in der Höhe, in der dem Auftraggeber ein Wertzuwachs entstanden ist. Dabei hat der Gesetzgeber allerdings übersehen, dass bei Rückbauarbeiten (zum Beispiel Abriss) nicht zwangsläufig ein Wertzuwachs entsteht, sondern häufig sogar das Gegenteil der Fall ist. Der Gesetzgeber meint hier aber auch den Leistungszuwachs, also die Arbeitsleistung, die Sie erhalten haben.

Geregelt wurde nunmehr auch, dass Verbrauchern schon bei Stellung der ersten Abschlagsrechnung fünf Prozent der Auftragssumme als Sicherheit für rechtzeitige und weitgehend mangelfreie Herstellung des Werks zu stellen sind. Das heißt, der Unternehmer muss Ihnen schon mit der ersten Abschlagsrechnung fünf Prozent der Auftragssumme in irgendeiner Form als Sicherheit übergeben oder hinterlegen. Wählt er eine Bankbürgschaft, sollte diese durch Sie unbedingt auf erstes Anfordern auszulösen sein, außerdem sollte sie insolvenzfest sein, sodass sie im Insolvenzfall des Unternehmers nicht mit in die Insolvenzmasse einfließt. Kommen Zusatzkosten hinzu, sind auch von diesen durch den Unternehmer nochmals fünf Prozent als Sicherheit zu stellen.

Wenn Firmen über einen längeren Zeitraum auf der Baustelle tätig sind, wie zum Beispiel der Rohbauunternehmer, ist es im Interesse einer guten Zusammenarbeit sinnvoll, bei Vertragsabschluss einen Zahlungsplan zu vereinbaren, der genaue Regelungen über den Zeitpunkt und die Höhe etwaiger Abschlagszahlungen sowie die maximale Gesamtsumme der Abschlagszahlungen vor Fertigstellung regelt.

VOB

In der VOB/B regelt § 16 die Zahlungsmodalitäten. Er besagt, dass Abschlagszahlungen auf Antrag in Höhe des Werts der jeweils nachgewiesenen Leistungen in möglichst kurzen Zeitabständen gewährt werden sollten. Ein solcher Zahlungsplan und die Fälligkeitsvoraussetzungen für Zahlungen, zum Beispiel die *mangelfreie* Erstellung einer *exakt definierten* Teilleistung, können bereits Bestandteile der Ausschreibung sein.

MaBV

Ratenzahlungen gemäß der MaBV werden Sie vor allem dann entrichten, wenn Sie mit einem Bauträger bauen. Auch hier sollten diese Zahlungen an Fälligkeitsvoraussetzungen geknüpft sein, die zwei ganz wesentliche Kernpunkte beinhalten müssen: erstens eine sehr *exakte Definition* der Teilleistung: „nach Beginn der Erdarbeiten" reicht als Definition bei Weitem nicht aus – dann schon eher „nach vollständiger Fertigstellung aller Erdarbeiten inklusive Abtransport allen überschüssigen Erdreichs auf die Deponie und

Ratenzahlung nach Makler- und Bauträgerverordnung

seitlicher Lagerung des Mutterbodens". Zweitens muss die Fälligkeit einer Abschlagzahlung an eine *mangelfrei* erbrachte Leistung
geknüpft werden. Vor Bezahlung einer Abschlagsrechnung, egal, ob
nach BGB oder VOB, sind die in der Checkliste genannten Punkte zu
beachten.

✓ Rechtmäßigkeit einer Abschlagsrechnung

Ja	Nein	
☐	☐	Besteht ein Anspruch auf Abschlagszahlungen per Gesetz oder Vertrag (§ 632a BGB bzw. § 16 VOB/B)?
☐	☐	Wenn ja, sind die entsprechenden Voraussetzungen erfüllt?
☐	☐	Wenn ja, bleibt der maximal vereinbarte Gesamtbetrag für Abschlagszahlungen unterschritten?
☐	☐	Wenn ja, ist eine dem Betrag entsprechende Leistung erbracht worden?
☐	☐	Wenn ja, ist die bisherige Leistung mangelfrei erbracht worden?
☐	☐	Wenn nicht, besteht Anspruch auf einen Teilbetrag?

Zahlungsvorgaben nach § 3 Abs. 2 der Makler- und Bauträgerverordnung (MaBV)

Rate	Zahlungszeitpunkt		In % der gesamten Kosten
1	Nach Beginn der Erdarbeiten (zur Abgeltung des Grundstücksanteils)		30,0
	Nach Baufortschritt festgelegte Teilzahlungen in %	**bezogen auf 70 % der gesamten Kosten**	
2	Nach Rohbaufertigstellung einschließlich Zimmerarbeiten	40,0	28,0
3	Nach Herstellung der Dachflächen und Dachrinnen	8,0	5,6
4	Nach Rohinstallation der Heizungsanlagen	3,0	2,1
5	Nach Rohinstallation der Sanitäranlagen	3,0	2,1
6	Nach Rohinstallation der Elektroanlagen	3,0	2,1
7	Nach Einbau der Fenster (einschließlich Verglasung)	10,0	7,0
8	Nach Einbringen des Innenputzes (ausgenommen Beiputzarbeiten)	6,0	4,2
9	Nach Estricharbeiten	3,0	2,1
10	Nach Fliesenarbeiten im Sanitärbereich	4,0	2,8
11	Nach Bezugsfertigkeit und Zug um Zug gegen Besitzübergabe	12,0	8,4
12	Nach Fassadenarbeiten	3,0	2,1
13	Nach vollständiger Fertigstellung	5,0	3,5
		100,0	**100,0**

In der Abschlagsrechnung des Unternehmers sollten immer die Gesamtauftragssumme sowie alle bisher gestellten Abschlagsrechnungen und die erhaltenen Abschlagszahlungen aufgelistet sein, außerdem ein prüfbarer Nachweis über die bisher erbrachten Leistungen.

Gibt es bereits in der Bauphase Streitigkeiten mit dem Unternehmer wegen Mängeln bei dessen Leistung, sollten Sie sich vor Bezahlung einer Abschlagsrechnung von Ihrem Anwalt über die weitere Vorgehensweise beraten lassen. Vielleicht kommt aufgrund der Streitigkeiten eine Ersatzvornahme in Betracht, das heißt, gemäß § 8 VOB/B wird einem Unternehmer der Auftrag entzogen. In einem solchen Fall kann es durchaus sein, dass der Folgehandwerker, der die Arbeiten zulasten des Vorunternehmers ausführt und abschließt, teurer ist als der ursprünglich tätige Unternehmer. Die sofortige Bezahlung der Abschlagszahlung ohne Rücksprache kann Ihnen dann einen finanziellen Nachteil bringen.

Deckblatt für Abschlagsrechnung

Name des Bauvorhabens:	
Datum der Prüfung	
Laufende Nummer der Rechnung	
Gewerk, Name der Firma	
Auftragsdatum	
Eingangsdatum der Rechnung	
Datum der Rechnung	
Rechnungsnummer des Unternehmers	
Evtl. Skontofrist bis	
Gesamte Auftragssumme netto (inkl. evtl. Nachträge)	EUR
Rechnungssumme vorliegende Rechnung	EUR
Rechnungssumme vorliegende Rechnung **nach Prüfung**	EUR
Evtl. vereinbarte Abzüge	EUR
Rechnungssumme geprüft netto	**EUR**
Mehrwertsteuer	**EUR**
Rechnungssumme geprüft brutto	**EUR**
Evtl. vereinbarter Sicherheitseinbehalt	EUR
Sonstige Abzüge	EUR
Gesamtbetrag nach Abzügen (brutto)	EUR
Bisher bezahlte AZ-Summe (brutto)	EUR
Freigegebener Betrag	**EUR**
Datum / Unterschrift des Bauleiters	

Deckblatt zur Prüfung einer Abschlagsrechnung

Soweit Abschlagsrechnungen bezahlt werden, kann bei entsprechender Vereinbarung im Bauvertrag pro Abschlagsrechnung ein **Sicherheitseinbehalt** in Höhe von zehn Prozent der Summe der Abschlagsrechnung einbehalten werden. Dies kann bei jeder Abschlagsrechnung erfolgen, aber insgesamt nur so lange, bis ein Sicherheitseinbehalt von fünf Prozent der Gesamtsumme des Auftrags erreicht ist. Höhere Sicherheitseinbehalte sind nur unter besonderen Bedingungen rechtswirksam. Behalten Sie zum Beispiel zehn Prozent der Gesamtsumme ein, kann dies unter Umständen Ihre gesamte vertragliche Regelung zum Sicherheitseinbehalt unwirksam machen.

Die Prüfung der Rechtmäßigkeit einer Abschlagsrechnung und die Freigabe der Rechnung zur Zahlung liegen im Verantwortungsbereich des Bauleiters. Prüfen Sie vor Bezahlung einer Rechnung, ob sie den Freigabevermerk des Bauleiters trägt. Manche Bauleiter verwenden für die Freigabe von Abschlagszahlungen ein Formblatt, das bei jeder Abschlagszahlung ausgefüllt und dazugeheftet wird. Ein solches Formblatt ist sehr zu empfehlen, denn es schafft vor allem eine gute Übersicht.

Die Beträge der einzelnen Rechnungen tragen Sie dann in die Tabellen ein, die im folgenden Kapitel erläutert werden.

Kostenkontrolle und Kostensteuerung

Kaufen Sie zu einem Festpreis eine Komplettleistung bei einem Generalübernehmer ein, ist es einfacher, den Kostenüberblick zu behalten, als wenn Sie individuell mit dem Architekten bauen und alle Bauleistungen gesondert beauftragen. Sie werden dann beim Bau eines Einfamilienhauses Vertragspartner von etwa 20 Unternehmen plus Fachingenieuren, die je nach Vertragsgestaltung mehrere Abschlagsrechnungen stellen, bis jeweils die Schlusszahlung nach Abnahme erfolgt. Dadurch erhalten Sie während des Bauablaufs beim Bau eines Hauses leicht über 150 Rechnungen. Da dies ein sehr komplexer Fall von Kostenkontrolle und Kostensteuerung ist, geht dieses Kapitel gesondert darauf ein.

Entstandene Kosten regelmäßig kontrollieren

Sie müssen darauf achten, dass die Gesamtkosten nicht Ihr geplantes Budget sprengen. Außerdem sollten Sie zu jedem Zeitpunkt genau wissen, wie hoch die bisherigen Ausgaben sind, ob die einzelnen Gewerke teurer oder billiger sind als in der Kostenberechnung vorgesehen und ob sich bereits Kostenüberschreitungen abzeichnen. Ferner ist ein Überblick über die Teilzahlungen der jeweiligen Gewerke wichtig, damit Sie den einzelnen Firmen nicht versehentlich zu viel bezahlen. Nicht jede Abschlagszahlung oder Schlussrechnung ist in ihrer Höhe berechtigt. Zwar ist die Kostenkontrolle eine der Grundleistungen der Leistungsphase 8 der HOAI, das heißt, Ihr Architekt oder Bauleiter muss sich dezidiert darum kümmern, dass die veranschlagten Kosten auch eingehalten werden, trotzdem ist es wichtig, dass auch Sie selbst informiert sind. Es nutzt Ihnen zunächst nichts, wenn Sie plötzlich mit hohen Mehrkosten konfrontiert sind – auch wenn die Ursache kein Fehler von Ihnen, sondern von Ihrem Architekten ist. Wenn Sie aus Zeitgründen die nachfolgend beschriebenen Kostensteuerungsmaßnahmen und Kontrollen nicht durchführen können, sollten Sie sich diese Informationen regelmäßig, zum Beispiel monatlich von Ihrem Bauleiter, vorlegen lassen.

Der Einsatz von EDV-Tabellenkalkulationsprogrammen macht es leicht, einen guten Überblick zu behalten. Es geht aber auch von Hand, wenngleich etwas mühsamer.

Passende EDV-Programme

Übersicht über die Rechnungen

Vereinbaren Sie, dass Sie Rechnungen immer in doppelter Ausfertigung sowie im Format DIN A4 (Kopiergröße) erhalten. Ein Exemplar legen Sie nach Bezahlung bei den Unterlagen des jeweiligen Unternehmers ab, das andere Exemplar kommt in einen Rechnungsordner und erhält eine laufende Nummerierung. So haben Sie einen Überblick über alle bereits bezahlten Rechnungen.

Tabelle 1 – „Übersicht Rechnungen" – liegt als Deckblatt im Rechnungsordner. Jede Rechnung wird in diese Liste mit folgenden Informationen eingetragen:
- Laufende Nummerierung
- Datum der Rechnung
- Rechnungsbetrag
- Name des Rechnungstellers oder das jeweilige Gewerk
- Art der Rechnung (Abschlagszahlung mit Nummer, Schlussrechnung)
- Zuordnung zur Kostengruppe nach Kostenberechnung
- Datum der Bezahlung
- Höhe des bezahlten Betrags
- Bei Abweichung vom Rechnungsbetrag Grund vermerken

Beispiel: Mit Rechnungsdatum vom 15. Januar 2010 stellt die mit den Baugrunduntersuchungen beauftragte Firma die Schlussrechnung in Höhe von 1 200 Euro für ihre Leistungen. Nach Prüfung und Abzug des vereinbarten Skontos bezahlen Sie am 18. Januar 2010 einen Betrag von 1 164 Euro. All das vermerken Sie in der Tabelle.

Die Baustellensteuerung

Tabelle 1: Übersicht Rechnungen

Bauherr: Franz Meier
Objekt: Musterstr. 5 Musterhausen

Nr.	Datum	Betrag	Firma	Titel	KG	Datum	Bezahlt	Grund der Abweichung
1	(Datum)	3.400,00 €	Architekt	1. AZ	700	(Datum)	3.400,00 €	
2	(Datum)	1.200,00 €	Baugrund	Schlussrechnung	700	(Datum)	1.164,00 €	Skonto 3 %
3	(Datum)	800,00 €	Vermessungsing.	1. AZ	200	(Datum)	800,00 €	
4	(Datum)	750,00 €	Stadtverwaltung	Baugenehmigung	700	(Datum)	750,00 €	
5	(Datum)	2.500,00 €	Fa. Schmitz	1. AZ	200	(Datum)	2.000,00 €	Rechnung höher als bisherige Leistung
6	(Datum)	3.500,00 €	Fa. Müller	1. AZ	300	(Datum)	3.500,00 €	
7								
8								
9								
10								
11								
12								
13								
22								
23								
24								
25								
26								
27								
28								
			Zwischensumme			11.614,00 €		

Übersicht Rechnungen

Kostensteuerung und Kostenkontrolle

Die zweite Tabelle dient der Kostenkontrolle und -steuerung. Ziel ist es, einen ständigen Vergleich zwischen den veranschlagten Summen der einzelnen Positionen aus der Kostenberechnung des Architekten und den vertraglich vereinbarten Preisen mit den Unternehmen zu haben. Außerdem ist für die Auftragsvergabe weiterer Gewerke wichtig, ob die veranschlagten Kosten ausreichend sind oder nicht. Hierzu sollten Sie folgende Informationen ständig im Blick haben:

- Welche Gewerke sind bereits vergeben?
- Welche Summe war in der Kostenberechnung kalkuliert?
- Zu welchem Preis wurden die Leistungen vergeben?
- Gibt es Nachträge wegen zusätzlicher Leistungen?
- Wie groß ist die Abweichung zur Kostenberechnung des jeweiligen Gewerks?
- Wie groß ist die Abweichung zur Kostenberechnung gesamt?
- Sind die Arbeiten abgeschlossen/Schlussrechnung erhalten?

Tabelle 2: Kostensteuerung/Kostenkontrolle

Gewerk	Herrichten	Wasserhaltung	Aushub	Rohbauarb.	Zimmererarb.
Auftragnehmer	Fa. Meier	Fa. Müller	Fa. Schmitz	Fa. Schulze	
Kostenberechnung	1.500,00 €	10.000,00 €	6.000,00 €	120.000,00 €	13.000,00 €
Vertragssumme	2.000,00 €	8.700,00 €	6.000,00 €	118.000,00 €	
Nachtrag 01	900,00 €		2.000,00 €	4.000,00 €	
Nachtrag 02					
Nachtrag 03					
Nachtrag 04					
Nachtrag 05					
Nachtrag 06					
Nachtrag 07					
Nachtrag 08					
Gesamtsumme/Aktuell	2.900,00 €	8.700,00 €	8.000,00 €	122.000,00 €	
Differenzsumme zur Kostenberechnung	1.400,00 €	-1.300,00 €	2.000,00 €	2.000,00 €	
Arbeiten abgeschlossen	ja	nein	nein	nein	

Kostenkontrolle aktuell:		
Kostenüberschreitung / Kostenunterschreitung bezogen auf die Kostenberechnung	4.100,00 €	[x] Kostenüberschreitung [ ] Kostenunterschreitung

Übersicht Kostensteuerung/
Kostenkontrolle

Beispiel: Nach Tabelle 2 sind bereits vier Gewerke beauftragt. Bei der Firma Meier wurde neben der Vertragssumme noch ein Nachtrag vereinbart. Die Gesamtvertragssumme liegt mit 2 900 Euro um 1 400 Euro höher als die entsprechende Position in der Kostenberechnung des Architekten. Die Firma Meier hat ihre Arbeiten bereits abgeschlossen.

In der Gesamtbilanz besteht zurzeit eine Kostenüberschreitung von 1 400 Euro gegenüber der Kostenberechnung des Architekten.

Übersicht über die Abschlagszahlungen

Damit einzelne Gewerke nicht versehentlich überbezahlt werden, informiert Sie die dritte Tabelle „Übersicht Abschlagszahlungen" über die geleisteten Zahlungen bei den einzelnen Gewerken. Dadurch haben Sie stets im Blick, welche Summen Sie bei vereinbarten Abschlagszahlungen noch leisten können. Folgende Informationen sollten eingetragen werden:

- Sind Einbehalte vereinbart worden?
- Welche Summe darf vor der Schlussabnahme maximal bezahlt werden?
- Wie viele Abschlagszahlungen in welcher Höhe sind bereits erfolgt?
- Welcher Betrag kann vor Abnahme höchstens in Rechnung gestellt werden?
- Erfolgen zusätzliche Abzüge wegen Mängeln?
- Erfolgen Skonto-Abzüge?

Tabelle 3: Übersicht Abschlagszahlungen						
Gewerk	Herrichten	Wasserhaltung	Aushub	Rohbauarb.	Zimmererarb.	Dachdeckerarb.
Auftragnehmer	Fa. Meier	Fa. Müller	Fa. Schmitz	Fa. Schulze	Fa. Peters	Fa. Heinz
Vertragsumme	2.000,00 €	8.700,00 €	6.000,00 €	118.000,00 €	12.000,00 €	15.500,00 €
Nachtrag 01	900,00 €		2.000,00 €	4.000,00 €		
Nachtrag 02						
Nachtrag 03						
Nachtrag 04						
Vertragsumme aktuell	2.900,00 €	8.700,00 €	8.000,00 €	122.000,00 €	12.000,00 €	15.500,00 €
Vereinbarte Einbehalte						
Sicherheitseinbehalt	0,00 €	1.000,00 €		6.100,00 €		
Anteil Bauleistungsvers.	0,00 €			50,00 €	50,00 €	50,00 €
Anteil Baustrom	0,00 €			150,00 €		
Anteil Bauwasser	0,00 €			150,00 €		
Summe Einbehalte	0,00 €	1.000,00 €	0,00 €	6.450,00 €	50,00 €	50,00 €
max. Auszahlung vor Abnahme bis 90%	2.610,00 €	6.930,00 €	7.200,00 €	103.995,00 €	10.755,00 €	13.905,00 €
01. AZ	1.000,00 €	5.000,00 €	5.000,00 €	25.000,00 €		
02. AZ	1.000,00 €	1.500,00 €		25.000,00 €		
03. AZ						
04. AZ						
05. AZ						
06. AZ						
07. AZ						
08. AZ						
09. AZ						
10. AZ						
Gesamtsumme AZ	2.000,00 €	6.500,00 €	5.000,00 €	50.000,00 €	0,00 €	0,00 €
Noch maximal mögliche AZ (bis 90%)	610,00 €	430,00 €	2.200,00 €	53.995,00 €	10.755,00 €	13.905,00 €
zusätzliche Abzüge	50,00 €					
Skonto	87,00 €					
Schlussrechnung	763,00 €					
Endbetrag nach Fertigstellung	2.763,00 €					

Übersicht Abschlagszahlungen

Nachtragsforderungen der Unternehmer

Nachtragsforderungen von Unternehmen können dann auf Sie zukommen, wenn Sie ein Haus nicht zum Festpreis von einem Bauträger kaufen. Selbst wenn Sie ein Haus von einem Generalunternehmer zu einem Festpreis erstellen lassen, kann es passieren, dass dieser mit Nachforderungen auf Sie zukommt, weil er zum Beispiel Mehrleistungen von über zehn Prozent erbracht hat. Das ist möglich, wenn vom Unternehmer zusätzliche oder geänderte Leistungen verlangt werden oder auch aufgrund eines unvollständigen Leistungsverzeichnisses.

Bauen Sie individuell mit einem Architekten, kommen Nachforderungen in aller Regel sehr schnell auf Sie zu, zum Beispiel dann, wenn Sie einen Einheitspreisvertrag (⋯→ Seite 64) abgeschlossen haben, einen Vertrag also, der für jede einzelne Bauleistung einen Einheitspreis festlegt, und diese Bauleistung später häufiger anfiel als ursprünglich gedacht. Nachforderungen der Unternehmer über den vereinbarten Werklohn hinaus gehören neben Mängeln und Terminüberschreitungen zu den häufigsten Streitthemen am Bau. Mit überhöhten Preisen bei Nachtragsforderungen versuchen Unter-

Tipp

Lassen Sie sämtliche Nachtragsforderungen vom Bauleiter auf inhaltliche Richtigkeit prüfen. Im Zweifelsfall empfiehlt es sich, zusätzlich Rücksprache mit Ihrem Anwalt zu halten.

nehmer mitunter, Preisnachlässe, die sie bei der Vertragsverhandlung eingeräumt haben, wieder auszugleichen.

Ansprüche nach VOB/B

Nach **§ 2 VOB/B** sind Nachforderungen im Wesentlichen für folgende Anspruchsgrundlagen zulässig:
- Preisänderungen aufgrund von Mengenänderungen von mehr als zehn Prozent
- Vergütungsansprüche durch Wegfall von Positionen im Leistungsverzeichnis
- Vergütungsansprüche wegen Zusatzleistungen
  a) nachträgliche Änderung des Vertrags
  b) nachträgliche Änderung der Arbeitsweise
  c) Zusatzleistung aufgrund technischer Notwendigkeit

Vergütungsansprüche können auch entstehen, wenn in den Vertragsbedingungen entsprechende Regelungen getroffen wurden wie Preisgleitklauseln, Preisbemessungsklauseln, Abrechnungsklauseln oder Sonderregelungen nach VOB/C.

Eine weitere Möglichkeit sind Schadenersatzansprüche des Unternehmers wegen Bauzeitverzögerungen (§ 6 Abs. 6 VOB/B) oder wegen versteckter Ausschreibungsmängel bis hin zur Anfechtung des Bauvertrags wegen unwirksamer Bauvertragsklauseln nach dem AGB-Recht.

Ansprüche nach BGB

Auch nach dem **BGB** können zusätzliche Zahlungsansprüche berechtigt sein, zum Beispiel:
- Preisänderung nach Preisanfechtung wegen Irrtums (§§ 119 ff. BGB)
- Vergütungsanspruch durch Vertragsauslegung (§§ 133, 157 BGB)
- Vergütungsanspruch wegen versteckten Einigungsmangels (§ 155 BGB)

Es gibt jedoch viele Fälle, in denen die Nachtragsforderung des Handwerkers unberechtigt ist. Kein Anspruch auf Vergütung von Nachforderungen besteht bei:
- Nebenleistungen gemäß DIN
- Vom Auftragnehmer gewünschten Abweichungen von den vertraglichen Leistungen

- Bloßen Erschwernissen
- Sammelpositionen
- Offenen vertraglichen Risikoverlagerungen in der Leistungs-
  beschreibung
- Vom Auftragnehmer eigenmächtig erbrachten Leistungen

Falls eine Nachtragsforderung dem Grunde nach berechtigt ist, muss als Nächstes deren Höhe geprüft werden. Oftmals sind die Preise des Nachtragsangebots völlig überzogen. Zur Einschätzung des Preises kann Ihr Bauleiter Vergleichsangebote einholen.

Bei umfangreichen Gewerken wie den Maurer- und Betonarbeiten kann bereits in der Ausschreibung verlangt werden, dass der Unternehmer bei Vertragsabschluss seine **Urkalkulation** für das Angebot in einem geschlossenen Umschlag hinterlegt. Bei der Urkalkulation handelt es sich um die Zeit- und Materialansätze, mit denen der Unternehmer die einzelnen Positionen kalkuliert hat. Erscheint der Preis bei Nachtragsangeboten überhöht, kann dann gemeinsam mit dem Unternehmer der Umschlag geöffnet, ein Preisvergleich vorgenommen und über den Preis verhandelt werden. Danach wird der Umschlag wieder verschlossen. Nach Abschluss der Arbeiten erhält der Unternehmer seine Urkalkulation zurück.

> **Tipp**
>
> Prüfen Sie direkt bei Vertragsabschluss, ob im verschlossenen Umschlag der Urkalkulation auch wirklich eine solche und vor allem die richtige liegt, um sicherzustellen, dass nicht einfach bewusst eine falsche Urkalkulation oder nur leeres Papier eingelegt wurde. Beachten Sie, dass der Umschlag mit der Urkalkulation nur im Beisein des Unternehmers geöffnet werden darf.

Das sollten Sie auf der Baustelle dabeihaben

Regelmäßige Begehungen der Baustelle sind auch dann wichtig, wenn Sie einen Bauleiter mit der Koordinierung und Überwachung der Baumaßnahme beauftragt haben. Wenn Sie auch nicht täglich einen Blick auf den Fortgang der Arbeiten werfen können, sollten Sie doch zumindest ein bis zwei Mal wöchentlich einen Rundgang machen. Diese Möglichkeit sollten Sie sich auch beim Bauen mit dem Bauträger vertraglich zusichern lassen.

Die Baustellensteuerung

Es ist sinnvoll, sich zu Beginn der heißen Bauphase ein kleines Köfferchen mit den wichtigsten Utensilien für diese Baustellenvisiten zusammenzustellen und dieses immer greifbar aufzubewahren oder es von vornherein zum Beispiel im Auto zu deponieren.

✓ Nützliches für die Baustellenbegehung

vorhanden

- [ ] Telefonnummern aller Beteiligten
- [ ] Aktueller Bauzeitenplan
- [ ] Aktueller Planstand
- [ ] Schreibutensilien oder ein Diktiergerät
- [ ] Fotoapparat und Filme
- [ ] Bauhelm
- [ ] Baustellenschuhe mit Stahlkappen und -sohlen
- [ ] Arbeitshandschuhe
- [ ] Zollstock bzw. Rollmaßband
- [ ] Wasserwaage
- [ ] Grundausrüstung an Werkzeug (Schraubenzieher, Schraubenschlüssel, Hammer, Zange)
- [ ] Fenstergriff (für Fenster, bei denen die Griffe noch nicht montiert wurden)
- [ ] Taschenlampe
- [ ] Taschenmesser
- [ ] Wetterfestes Klebeband
- [ ] Absperrband
- [ ] Pflaster, Verbände etc.
- [ ] Feuchte Tücher zur Handreinigung
- [ ] Kleiderbürste

Die Gewerke – Qualitätskontrolle der Bauausführung

Die Gewerke im Überblick

130	1	Herrichten des Grundstücks
132	2	Wasserhaltung während der Bauphase
134	3	Die Baustelleneinrichtung
136	4	Aushubarbeiten
138	5	Rohbauarbeiten: Gründung
142	6	Rohbauarbeiten: Kellergeschoss
146	7	Drainage
147	8	Rohbauarbeiten: Obergeschosse
153	9	Zimmererarbeiten
155	10	Dachdeckerarbeiten: Steildach
159	11	Dachdeckerarbeiten: Flachdach
165	12	Klempner- bzw. Blechnerarbeiten
170	13	Fensterarbeiten
173	14	Rollladenarbeiten
175	15	Fassade mit Wärmedämmverbundsystem
178	16	Putzfassade
181	17	Klinkerfassade
185	18	Fassade mit Holzverschalung
188	19	Heizungsarbeiten
191	20	Sanitärinstallation
196	21	Elektroinstallation
199	22	Lüftungsanlage
203	23	Blitzschutzanlage
205	24	Schlosserarbeiten
207	25	Innenputzarbeiten
209	26	Estricharbeiten
213	27	Trockenbauarbeiten
217	28	Fliesenarbeiten
221	29	Malerarbeiten
223	30	Schreinerarbeiten
228	31	Parkettarbeiten
230	32	Teppich- und Linoleumbelagsarbeiten
232	33	Luftdichtigkeit allgemein

Die Gewerke im Überblick   129

Bauen Sie in Eigenregie, werden Sie sich um die Kontrolle der Ausführungsarbeiten selbst kümmern. Bauen Sie mit einem Architekten oder Bauleiter, wird dieser die Kontrolle zwar für Sie durchführen, aber Sie werden die Bauleistung der einzelnen Gewerke rechtlich abnehmen. Bauen Sie mit einem Generalunternehmer, nehmen Sie meist nur zum Schluss das Gesamtwerk ab, ähnlich wie beim Bauträger oder Generalübernehmer.

Da Sie aber zwischendurch immer wieder Abschlagszahlungen leisten müssen, sollten diese an eine Qualitätskontrolle der Arbeiten vor Ort geknüpft sein. So kann man vor Zahlungen an Bauträger oder Generalübernehmer eine technische Begehung (keine Abnahme!) der Baustelle vereinbaren. Hierbei können Sie allein oder in Begleitung eines Bausachverständigen (zum Beispiel ein erfahrener, unabhängiger Architekt) die Qualität der Ausführungsarbeiten überprüfen.

Unabhängig davon, mit wem Sie bauen, sollten Sie wissen, wie die handwerklichen Arbeiten kontrolliert werden, selbst wenn Ihr Architekt diese Kontrollen für Sie vornimmt. Sie können dadurch auch die Leistung Ihres Architekten beurteilen.

Der nebenstehende Überblick des Bauablaufs folgt der üblichen Gewerkeabfolge während der Bauzeit und weicht damit von der Reihenfolge im Standardleistungsverzeichnis der Baugewerke ab. Da eine Vielzahl der Prüfpunkte nicht nur einmal, sondern mehrfach geprüft werden muss, sind die Checklisten der einzelnen Gewerke so ausgelegt, dass die Punkte erst *nach* Fertigstellung abgehakt werden und das Datum der abschließenden Prüfung eingetragen wird.

Einige Punkte müssen bei nahezu allen Gewerken geprüft werden. Diese finden Sie in der Checkliste auf Seite 130.

Die Checklisten sollen Ihnen helfen, die Arbeiten vor Ort gezielt zu kontrollieren, unabhängig davon, mit welchem Vertragspartner Sie Ihr Bauvorhaben umsetzen. Wenn Sie einen erfahrenen Bauleiter an Ihrer Seite haben, wird es vornehmlich seine Aufgabe sein, diese Punkte zu prüfen. Lassen Sie sich die Prüfung der Punkte durch Ihren Bauleiter schriftlich bestätigen. Aber auch beim Bauen in Eigenregie

Tipp

Wenn Sie die Eintragungen nicht in diesem Buch vornehmen möchten, können Sie die Checklisten auch kopieren. Außerdem stehen sie unter **www.vz-nrw.de** als kostenpflichtiger Download bereit.

Die Gewerke – Qualitätskontrolle der Bauausführung

✓ Allgemeine Prüfpunkte für alle Gewerke

erledigt am

☐	☐	Lassen Sie sich vor Beginn der Arbeiten vom Unternehmer schriftlich bestätigen, dass keine Bedenken gegen die Art der Ausführung bestehen und die Leistungen der Vorunternehmer ordnungsgemäß ausgeführt wurden.
☐	☐	Vor Arbeitsbeginn muss der ausführenden Firma der aktuelle Planstand vorliegen. Kontrollieren Sie regelmäßig, ob die Handwerker vor Ort aktuelle Planunterlagen bei sich haben.
☐	☐	Lassen Sie sich alle Lieferscheine in Kopie vorlegen und prüfen Sie, ob das gelieferte Baumaterial den Vorgaben der Leistungsbeschreibung entspricht.
☐	☐	Achten Sie darauf, dass der Unternehmer seinen Abfall beseitigt.

helfen Ihnen die Checklisten bei der Kontrolle Ihrer Arbeit. Wenn Sie einzelne Prüfpunkte nicht einordnen können, ist das möglicherweise ein Hinweis darauf, dass eine fachliche Unterstützung bei der Kontrolle sinnvoll sein kann.

1 Herrichten des Grundstücks

Als erster Schritt wird das Grundstück für die kommende Baumaßnahme vorbereitet. Zu den vorbereitenden Maßnahmen gehören:

- **Sicherungsmaßnahmen:** Schutz vorhandener Gebäude, gegebenenfalls auch Nachbargebäude, außerdem der Schutz von Versorgungsleitungen und Baumbestand
- **Abbruchmaßnahmen:** Abbruch von Gebäuden, Gebäudeteilen oder Wegen bzw. Bodenschichten
- **Altlastenbeseitigung:** Altlasten sind nicht nur Verunreinigungen in Böden. Gerade in Großstadtnähe müssen ab und an auch Kampfmittel aus dem letzten Krieg geräumt werden
- **Herrichten der Geländeoberfläche:** Rodung und Entsorgung von störendem Bewuchs

Herrichten des Grundstücks 131

Abbruchmaßnahmen oder das Herrichten der Geländeoberfläche können vom Aushubunternehmer mit übernommen werden. Für den Schutz oder das Zurückschneiden von Bäumen sollte jedoch ein Gärtnerbetrieb eingesetzt werden. Dieser kann Ihnen auch sagen, wie die Wurzeln bestehender Bäume am besten geschützt werden.

Der Abbruch von Gebäuden oder Gebäudeteilen muss in der Regel bei den Behörden beantragt werden. Klären Sie spätestens beim Einreichen des Baugesuchs mit dem Umweltamt oder der Abfallrechtsbehörde, wo und auf welche Weise in Ihrer Gemeinde Abbruchmaterial entsorgt werden muss. Das muss Vertragsbestandteil zwischen Ihnen und dem Abbruchunternehmer werden. Der Abbruch selbst kann aufwendig sein, da das Abbruchmaterial möglicherweise getrennt entsorgt werden muss. Ein Fertighaus mit einem hohen Anteil an Dämmstoffen und behandeltem Holz beispielsweise kann nicht einfach mit dem Bagger umgerissen werden, sondern muss Stück für Stück demontiert, sortiert und fachgerecht entsorgt werden.

Entsorgung von Abbruchmaterial klären

Wenn Bäume mit größerem Stammdurchmesser gefällt werden müssen, kann ebenfalls vorab eine Genehmigung der Behörden erforderlich sein. Informieren Sie sich dort und schaffen Sie nicht einfach Tatsachen, indem ohne Genehmigung gefällt wird. Das kann durchaus mit empfindlichen Geldstrafen und weiteren Auflagen geahndet werden.

✓ Herrichten des Grundstücks

erledigt am

		Vor Beginn von Abbrucharbeiten muss die Genehmigung der zuständigen Behörde vorliegen.
		Vor Beginn von Baumfällarbeiten muss die Genehmigung der zuständigen Behörde vorliegen.
		Werden Bäume gefällt, lassen Sie diese mit Wurzel entsorgen.
		Klären Sie beim Bauaufsichtsamt, ob das Grundstück durch Kampfmittel belastet sein könnte.
		Je nach vorheriger Nutzung sollte eine Baugrunduntersuchung auf Altlasten durchgeführt werden.
		Besprechen Sie mit Ihrem Bauleiter, ob Nachbargebäude geschützt werden müssen und ob eine Beweissicherung schon bestehender Schäden sinnvoll ist.

Wasserhaltung während der Bauphase

Ist das Erdreich so beschaffen, dass Regenwasser nicht oder nur schlecht versickert, kann bei Regenfällen die Baugrube mit Wasser volllaufen, sodass weitere Arbeiten nicht mehr möglich sind. Um das zu verhindern, muss eine **offene Wasserhaltung** vorbereitet werden, indem der Unternehmer innerhalb der Baugrube Randkanäle anlegt, die das Wasser in einen Pumpensumpf leiten. Dort wird es mit einer Pumpe aus der Baugrube entfernt.

Problematisch ist auch ein Grundwasserspiegel, der höher liegt als die Baugrubensohle. Dann muss für eine begrenzte Zeit eine **Grundwasserabsenkung** vorgenommen werden. Ob das in einem finanziell tragbaren Rahmen überhaupt möglich ist, hängt von der Höhe des Grundwasserspiegels und der Durchlässigkeit des Bodens ab. Auf jeden Fall muss vorher eine Baugrunduntersuchung durchgeführt werden, um die geeignete Methode der Absenkung wählen zu können.

Grundwasserabsenkung nur mit Genehmigung der Baubehörde

Grundsätzlich ist bei Grundwasserabsenkungen eine Genehmigung durch die Baubehörde erforderlich. Dies beinhaltet eine Untersuchung von Wasserproben auf Schadstoffe. Da eine Absenkung Schäden an umliegenden Gebäuden verursachen kann, empfiehlt sich ein vorheriges Beweissicherungsverfahren, bei dem bereits bestehende Schäden an umliegenden Gebäuden dokumentiert werden.

Kann das abgepumpte Wasser nicht in einen Bach geleitet werden oder anderweitig versickern, muss eine Einleitung in die öffentliche Kanalisation beantragt werden. Das ist dann in der Regel mit erheblichen Kosten verbunden.

Häufig wird eine Grundwasserabsenkung mit Vakuumlanzen durchgeführt. Dabei werden rund um die Baugrube etwa alle zwei Meter Kunststoffrohre mit einem Durchmesser von circa acht Zentimetern in den Boden gebohrt und über eine Ringleitung an eine Pumpe

Wasserhaltung

erledigt am

Bei Arbeiten im Grundwasser muss eine Grundwasserabsenkung bei der Baubehörde beantragt werden. Die Genehmigung muss vor Beginn der Arbeiten vorliegen.

Lassen Sie eine Baugrunduntersuchung durchführen, um die geeignete Absenkungsmaßnahme zu finden.

Lassen Sie Wasserproben auf Schadstoffe untersuchen.

Prüfen Sie, ob Behinderungen im Bauablauf durch die Wasserleitungen für die Wasserabführung entstehen.

Klären Sie, welche kostenfreien Möglichkeiten es gibt, um das abgepumpte Wasser abzuleiten (z. B. in einen nahe gelegenen Bach).

Beim Vergleich von Angeboten ist darauf zu achten, ob die Stromkosten im Angebotspreis enthalten sind oder von Ihnen zusätzlich getragen werden müssen.

Besprechen Sie, welche Sicherheitsmaßnahmen beim Ausfall der Pumpen getroffen werden, um Schäden am Baukörper durch Aufschwimmen zu vermeiden.

Klären Sie, ob ein Beweissicherungsverfahren notwendig ist.

---

angeschlossen, die das Wasser aus dem Boden saugt. Durch die hohe Anzahl der Absaugpunkte ergibt sich eine relativ gleichmäßige Absenkung im gesamten Baugrubenbereich.

Eine weitere Möglichkeit ist, je nach Größe der Baugrube ein oder zwei Bohrlöcher mit einem Durchmesser von circa 60 Zentimetern bis in eine Tiefe von etwa sechs Metern zu bohren und gegen Einsturz zu sichern. In diese Bohrlöcher werden Pumpen gesetzt, die das im Bohrloch aufsteigende Grundwasser absaugen und dadurch den Grundwasserspiegel im Bereich der Grube absenken.

Die Dauer der Grundwasserabsenkung hängt davon ab, wann das Gebäude schwer genug ist, um nach Abschalten der Pumpen und dem damit verbundenen Ansteigen des Grundwassers nicht aufzuschwimmen. Es ist Aufgabe des Statikers, diesen Zeitpunkt zu berechnen. Je länger die Pumpen laufen müssen, desto teurer wird die Grundwasserhaltung. Stromkosten für den Betrieb der Pumpen können durchaus 50 Euro pro Tag erreichen.

Die Baustelleneinrichtung

Während bei größeren Bauvorhaben darauf spezialisierte Firmen mit der Baustelleneinrichtung beauftragt werden, gehören diese Arbeiten bei kleineren Baustellen zum Aufgabengebiet des Rohbauunternehmers, wenn er entsprechend beauftragt wurde.

Die Baustelleneinrichtung ist eine der ersten Maßnahmen des Unternehmers, vor oder begleitend zum Aushub. Gerade bei kleinen Grundstücken ist es sinnvoll, bereits vorher anhand eines Baustellenplans festzulegen, wie die freien Restflächen des Grundstücks vom Unternehmer genutzt werden können. Mehr dazu erfahren Sie im Kapitel „Flächenplanung der freien Grundstücksfläche" (Seite 24).

Zur Baustelleneinrichtung gehören:
- **Schutzeinrichtungen:** Dazu gehören der Bauzaun zum Schutz der Baustelle gegen das Eindringen Unbefugter, der Schutz von Passanten, wie klare Beschilderungen und Beleuchtungen im Sinne der Verkehrssicherungspflicht, sowie der Schutz der Arbeitskräfte, wie Absturzsicherungen, Baustromsicherungen.
Auch der Schutz von altem Baumbestand oder Rasenflächen gegen Beschädigungen fällt in diesen Bereich, soweit dieser nicht bereits durchgeführt wurde. Mehr Informationen im Kapitel „Sicherheits-, Gesundheits- und Versicherungsschutz auf Baustellen" (Seite 81 ff.).
- **Lagereinrichtungen:** Das sind alle Stellen, auf denen Material gelagert wird. Diese sollten nach Möglichkeit befestigt und gut zugänglich sein.
- **Transporteinrichtungen:** Dazu zählen sowohl Maschinen wie Bagger und Kräne als auch Baustraßen, Bautreppen und Gerüste.
- **Fertigungseinrichtungen:** Das sind alle Einrichtungen, die zur Vorfertigung von Materialien auf der Baustelle dienen, zum Beispiel Kreissägen für den Holzverbau oder Stahlbiegebänke für den Bewehrungsverbau (Armierungen im Beton).
- **Versorgungseinrichtungen:** Dazu gehört vor allem die Bereitstellung von Baustrom und Bauwasser. Beides muss rechtzeitig bei den zuständigen Behörden beantragt werden.

Die Baustelleneinrichtung 135

■ **Sanitär- und Unterkunftseinrichtungen:** Das sind zum Beispiel das Chemie-WC und der Bauwagen, in dem sich die Bauarbeiter während ihrer Pausen aufhalten können.

■ **Baufreigabe:** Die Kennzeichnung der Baufreigabe ist ein DIN-A4-Papier mit einem großen roten Punkt. Die Baufreigabe muss gut sichtbar an der Baustelle angebracht sein.

Nicht zu vergessen: Wurden eventuell benötigte Flächen eines Nachbarn oder der Kommune rechtzeitig zur Nutzung beantragt?

✓ Baubeginn

erledigt am

Spätestens eine Woche vor Baubeginn muss die Baubeginnanzeige eingereicht und ein Bauleiter bestimmt werden.

Auflagen der Baugenehmigung müssen berücksichtigt werden und in die weiterführende Planung einfließen.

Ein Bauzaun muss die Baustelle gegen das Eindringen sichern. Verbotsschilder „Unbefugtes Betreten der Baustelle verboten" sollten überall gut sichtbar angebracht sein.

Es muss geklärt werden, ob der Rohbauunternehmer oder Sie selbst für Strom und Wasser auf der Baustelle sorgen. Je weiter die nächstgelegenen Anschlussmöglichkeiten entfernt sind, desto umfangreicher und schwieriger wird es. Es ist einfacher, diese Leistung dem Unternehmer zu überlassen.

Vor Beginn des Aushubs muss sichergestellt sein, dass keine Versorgungsleitungen auf dem Grundstück liegen, die bei den Erdarbeiten beschädigt werden können (Anfrage bei den Versorgungsunternehmen).

Wenn geschützte Bäume gefällt werden sollen, muss das vorher bei der zuständigen Behörde beantragt werden.

Baumbestand, der erhalten werden soll, muss ausreichend geschützt werden.

Müssen während der Bauzeit öffentliche Verkehrsflächen in Anspruch genommen werden, ist eine vorherige Zustimmung der Behörde notwendig.

Klären Sie, ob auf öffentlichen Verkehrsflächen Absperrungen vorgenommen werden müssen.

Gerade bei kleinen Grundstücken ist es wichtig, mit Architekt und Bauunternehmer die Baustelleneinrichtung zu besprechen (Kranstandort, Platz für Lagerflächen, Zwischenlagerung von Mutterboden und Aushub usw.).

Die Bautoilette sollte so stehen, dass die Nachbarn nicht belästigt werden und dass sie für die Reinigungsfirma gut erreichbar ist. Der Service-Lkw hat nur eine begrenzte Schlauchlänge zur Verfügung.

Stellen Sie sich den Nachbarn vor. Benennen Sie Ihren künftigen Nachbarn einen Ansprechpartner, an den sie sich bei Schwierigkeiten wenden können. Ein gutes Verhältnis zu den Nachbarn kann Ihnen viel Geld und Ärger sparen und schafft Vertrauen für die Zukunft.

Und dann die Nachbarn ...

Haben Sie all dies überprüft, denken Sie bitte zum Schluss auch an die Nachbarn. Neben der Tatsache, dass ihnen durch das Bauvorhaben vielleicht ein Stück Natur oder eine schöne Aussicht geraubt wird, beschert man ihnen für eine gewisse Zeit auch noch Dreck und Lärm. Es ist daher sinnvoll, sich vor Baubeginn allen Nachbarn vorzustellen und die eigene Adresse bzw. Telefonnummer oder aber die eines Ansprechpartners zu hinterlassen.

4 Aushubarbeiten

Sind die für den Aushub notwendigen Sicherungsmaßnahmen beendet, kann mit den Aushubarbeiten begonnen werden. Als Vorbereitung wird vom Vermessungsingenieur die Lage der späteren Gebäudeecken auf dem Grundstück mit Pflöcken fixiert. Das bezeichnet man als Grobabsteckung. Daraus kann der mit dem Aushub beauftragte Unternehmer ersehen, wie er die Baugrube anlegen muss.

Vor Beginn der Aushubarbeiten muss unbedingt geklärt sein, ob **Leitungen von Versorgungsunternehmen** im Bereich der Baugrube verlaufen. Auch wenn Ihr Bauleiter längst angefragt hat, kann es sein, dass noch nicht von allen Versorgungsunternehmen eine Rückmeldung erfolgt ist. Diese sollten aus haftungsrechtlichen Gründen auf jeden Fall komplett vorliegen.

Bodenarten

Im Zweifelsfall: Bodengutachten erstellen lassen

Wichtig sind zuverlässige Informationen über die Beschaffenheit des Untergrunds. Um hier vor kostspieligen Überraschungen wie verunreinigtem Boden oder aufwendigen Gründungsmaßnahmen sicher zu sein, empfiehlt sich im Zweifelsfall ein Bodengutachten.

Vor dem Aushub muss klar sein, welche Bodenart vorhanden ist. Nach DIN 1054 unterscheidet man zwischen gewachsenem Boden, Fels und geschüttetem Boden:

- **Gewachsene Böden** unterteilen sich in nicht bindige (Kiesböden, Sandböden etc.), bindige (Lehmböden, Tonböden) und organische Böden (Schlammböden, Torfböden). Letztere sind als Baugrund ungeeignet.
- **Felsböden** bestehen aus festem Gesteinsuntergrund. Hier ist der Aushub zwar aufwendig, aber die Gründungsvoraussetzungen sind sehr gut.
- **Geschütteter Boden** ist künstlich aufgeschütteter Boden (zum Beispiel durch das Aufschütten von Geländevertiefungen oder Gruben). Er ist nur bedingt als Baugrund geeignet.

Aushub

Beim Aushub arbeitet sich der Bagger Schicht um Schicht so weit in den Boden vor, bis die Tiefe der Grube erreicht ist, die für den geplanten Keller notwendig ist.

Wichtig sind ein ausreichender Arbeitsraum um das Fundament herum und ein Böschungswinkel, der an die Bodenverhältnisse angepasst ist. Bei zu steiler Abböschung besteht die Gefahr, dass die Böschung der Baugrube einstürzen kann. Das kann für alle Mitarbeiter, die in der Baugrube zu tun haben, lebensgefährlich sein. Außerdem sollte die Böschung von Anfang an mit einer Folie gegen Regen geschützt werden.

✓ Aushubarbeiten

erledigt am

		Wenn bestehende Gebäude an die Baugrube angrenzen, ist zu kontrollieren, ob diese unterfangen werden müssen. Liegen deren Fundamente höher als die Baugrubensohle, kann es sonst zu Setzungsschäden kommen.
		Das Vermessungsbüro muss beauftragt werden, die Lage des Gebäudes auf dem Grundstück mit Pflöcken abzustecken (Grobabsteckung).
		Klären Sie, wo auf dem Grundstück der Humusboden zur späteren Wiederverwendung gelagert werden kann. Ist auf dem eigenen Grundstück kein Platz, können Sie auch die Nachbarn fragen.
		Wenn der Bodenaushub später für die Verfüllung der Arbeitsräume genutzt werden kann, müssen ausreichende Mengen auf dem Grundstück zwischengelagert werden.
		Der Böschungswinkel der Baugrube darf nicht zu steil sein und muss den vorhandenen Bodenverhältnissen angepasst sein (Abrutschgefahr).
		Die Böschung sollte mit einer Folie vor Aufweichen durch Regenfälle geschützt werden.
		Das Vermessungsbüro muss beauftragt werden, nach der Fertigstellungsanzeige des Aushubunternehmers die Höhe der Baugrubensohle zu kontrollieren.

Rohbauarbeiten: Gründung

Sind die Aushubarbeiten abgeschlossen, sollte möglichst zügig mit den Rohbauarbeiten begonnen werden. Sonst besteht die Gefahr, dass der Baugrund durch Regenfälle aufgeweicht wird und seine Tragfähigkeit verliert. Das führt zu unnötigen Mehrkosten, weil dann die Baugrube tiefer ausgehoben und mit geeignetem Material (zum Beispiel Kies) aufgefüllt werden muss.

Schnurgerüst

Markierung der Gebäudeecken und anschließend Feinjustierung

Der Unternehmer erstellt in der Baugrube nun das Schnurgerüst. Darunter versteht man die Markierung der Gebäudeecken durch drei vertikal in den Boden getriebene Holzpflöcke, die durch zwei horizontal angenagelte Bretter ergänzt werden. Ein solcher Schnurbock kennzeichnet noch recht grob jeweils eine Gebäudeecke. Feinjustiert wird nun vom Vermesser, der in gegenüberliegende Schnurböcke Kerben bzw. Nägel exakt so einschlägt, dass sie sowohl die genauen Wandfluchten als auch das Fußbodenniveau eindeutig markieren. Zwischen den Schnurböcken werden anschließend Schnüre gespannt, die den Verlauf der Außenwand zeigen. Zur Sicherung wichtiger Messpunkte ist es sinnvoll, in der Verlängerung der Hauptfluchten des geplanten Gebäudes weitere Punkte zu markieren, falls durch Baumaßnahmen Messpunkte verloren gehen.

Gründung

Bei Gebäuden ohne Keller: frosttiefe Gründung

Im Einfamilienhausbereich hat man es fast ausschließlich mit Flachgründungen zu tun, die oft aus einer Kombination von umlaufenden Streifenfundamenten und einer aufliegenden Bodenplatte bestehen. Wird das Gebäude ohne Keller ausgeführt, sollten die Streifenfundamente 80 bis 120 Zentimeter tief im Boden gründen. Vor allem in nicht bindigen Böden kann Frost bis zu 120 Zentimeter tief in den Boden eindringen. Das Wasser gefriert im Boden und dehnt sich dabei aus. Wenn diese Ausdehnung im Porenraum des Bodens nicht aufgefangen werden kann, dehnt sich der Boden insgesamt aus, meist hebt er sich nach oben. Ist das Gebäude nicht tief genug gegründet, wird es mit angehoben oder erleidet andere Schäden.

Baustoffkunde Beton

Beton ist ein Gemisch aus Zement, Zuschlägen, Zugabewasser, Zusatzmitteln und Zusatzstoffen. Es gibt verschiedene Zementsorten – Portlandzement (CEM I) und Hochofenzement (CEM III) sind die bekanntesten. Der Zement stellt das Bindemittel im Beton dar, das heißt, er ist für die Festigkeit verantwortlich.

Aus dem Bindemittel Zement kann zwar mithilfe von Wasser ein Zementstein entstehen, der aber nicht die Eigenschaften von Beton hat. Deshalb wird Zement mit Zuschlägen vermischt, meist Sand und Kies in bestimmten Körnungen. Als Sand bezeichnet man Korngrößen von null bis vier Millimetern, wäh-

rend man bei Korngrößen von mehr als vier Millimetern von Kies spricht. Für einen Normalbeton für Bodenplatten wird ein Kies-Sand-Gemisch bis zu einer Nenngröße von 25 Millimetern verwendet.

Der Wasseranteil ist für jede Betonsorte vorgeschrieben: Zu viel Wasser vermindert die Festigkeit, zu wenig kann ebenfalls zu Festigkeitsminderung (Vertrocknung) führen.

Da dieser Frischbeton bei einer Außentemperatur über 5 °C schnell auszuhärten beginnt, könnte er in den meisten Fällen schon nicht mehr aus dem Transportfahrzeug laufen. Deshalb werden Zusatzmittel zugegeben, die den Aushärtungsvorgang verzögern.

Der Fundamenterder

Der Fundamenterder ist ein in den Fundamenten der Außenwände verlegter verzinkter Bandstahl. Im Hausanschlussraum wird vom Fundamenterder eine Anschlussfahne hinauf in die Kellerwand geführt. An die Anschlussfahne werden über eine Metallschiene später sämtliche Neutral- und Schutzleiter und alle metallenen Leitungen des Hauses, ob Heizungs- und Wasserleitungen oder auch Antenne und Blitzschutzerder, angeschlossen.

Die Bodenplatte

Auf der Baugrubensohle wird zunächst der Untergrund für die Bodenplatte vorbereitet: Der Schichtaufbau besteht aus einem Filtervlies, hierauf eine Kiesschicht (kapillarbrechend) und über dieser eine Dichtungsfolie, die den Kies vor Verschmutzung mit frischem Beton schützt. Meist folgt dann erst noch eine Sauberkeitsschicht (zum Beispiel aus Magerbeton), damit die Bewehrung besser verlegt werden kann, und dann die betonierte Bodenplatte.

Bei stark bindigen Böden ist eine weitere Sperrschicht zwischen Betonplatte und Estrich sinnvoll. An diese innere Sperrschicht wird später die Horizontalsperre der Außenwände angeschlossen (···> Seite 144).

Die **Grundleitung** ist die zentrale Abwasserleitung, die in das Kanalsystem führt. Je nach Lage und Höhe des öffentlichen Abwasserkanals kann die Grundleitung unterhalb der Fundamentplatte liegen.

Schichtaufbau des Untergrunds für die Bodenplatte

140 Die Gewerke – Qualitätskontrolle der Bauausführung

Hierbei kommt es besonders auf die Kontrolle des Leitungsgefälles und einen sorgfältig ausgebildeten Durchstoßpunkt durch die Fundamentplatte an.

Steht das Gebäude im Grundwasser, werden Wände und Bodenplatte als „Weiße Wanne" aus Spezialbeton gefertigt, sodass kein Wasser eindringen kann. Die wasserundurchlässige Herstellung von Kellerwänden und Sohle muss besonders sorgfältig geschehen: Größere Nachbesserungen sind später nicht oder nur mit sehr hohem Aufwand möglich. Leitungsdurchführungen durch die Bodenplatte sollten unbedingt vermieden werden. Schmutzwasser von Kellerbädern oder Waschmaschinenplätzen muss dann über eine Hebeanlage nach außen geführt werden.

✓ Rohbauarbeiten: Gründung

erledigt am

Lassen Sie vom Vermessungsbüro das vom Unternehmer erstellte Schnurgerüst einmessen.

Die Tragfähigkeit der Baugrubensohle muss vom Auftragnehmer auf Übereinstimmung mit den angesetzten Werten des Statikers kontrolliert werden.

Wird das Gebäude ohne Keller errichtet, ist auf frosttiefe Gründung der Fundamente zu achten.

Bei hohem Grundwasserstand, geringer Wasserdurchlässigkeit des Bodens oder Hanglage mit dem Architekten oder Bauleiter besprechen, welche zusätzlichen Wasserableitungs- bzw. Dichtungsmaßnahmen notwendig sind.

Ist der Einbau von Fugendichtungsbändern bei einem im Grundwasser stehenden Keller notwendig, muss der Unternehmer das Prüfzeugnis vorlegen. Auf jeden Fall die Ausführung kontrollieren und vom Fachmann abnehmen lassen.

Werden die Grund- und Versorgungsleitungen bereits vor den Fundamenten verlegt, unbedingt vor dem Betonieren vom Architekten/Bauleiter oder Tiefbauamt abnehmen lassen.

Sollen Grund- oder Versorgungsleitungen durch Fundamente oder Bodenplatte geführt werden, ist vor dem Betonieren zu prüfen, ob alle dafür notwendigen Aussparungen in die Schalung eingelegt sind. Auch die Höhenlage der Aussparungen prüfen.

Prüfen Sie den Durchmesser der Grundleitungen und klären Sie, ob alle Leitungen im Gefälle (mindestens 2 %) liegen.

Richtungsänderungen in Grundleitungen dürfen nur durch Bogenstücke erfolgen.

Abzweige in Grundleitungen dürfen maximal im 45°-Winkel erfolgen.

Doppelabzweige in Grundleitungen sind nicht zulässig.

Rohbauarbeiten: Gründung 141

Rohbauarbeiten: Gründung Fortsetzung

erledigt am

Steinzeugrohre unter Kellerfußböden mit mindestens 15 cm Erdüberdeckung verlegen.

Bei möglicher Belastung der Rohre Grauguss oder Stahl verwenden.

Verfüllung von Rohrgräben nur mit Sand oder Kies.

Lassen Sie die Fundamente vor dem Betonieren vom Architekten, Bauleiter oder Statiker abnehmen (Breite, Tiefe, Lage, Bewehrung) und ein Protokoll anfertigen.

Prüfen Sie, ob kapillarbrechende Schicht und PE-Folie ordnungsgemäß eingebracht wurden.

Um die Bewehrung der Bodenplatte besser legen zu können, empfiehlt sich das Einbringen einer Sauberkeitsschicht (ca. 5 cm Magerbeton). Besprechen Sie diesen Punkt mit Ihrem Architekten/Bauleiter oder Statiker. Prüfen Sie, ob die Sohle um dieses Maß tiefergelegt wurde.

Kontrollieren Sie vor dem Betonieren, ob ein Fundamenterder eingelegt wurde. Die Anschlussfahne ist im Hausanschlussraum vorzusehen. Der Fundamenterder wird mit metallenen Brauchwasserleitungen, metallenen Abwasserleitungen, der zentralen Heizungsanlage, Gasinstallation, Antennenanlage, Fernmeldeanlage und, wenn vorhanden, der Blitzschutzanlage verbunden.

Ist eine Plattengründung vorgesehen, sollte die Bewehrung vom Statiker kontrolliert werden. Der Überstand der Platte über Außenkante Mauerwerk beträgt ca. 20 cm.

Die Qualität des gelieferten Betons wird auf dem Lieferschein vermerkt. Lassen Sie sich vom Bauleiter eine Kopie dieser Lieferscheine geben. Besprechen Sie mit Ihrem Bauleiter, ob zur Ermittlung der Betongüte Probewürfel angefertigt werden müssen.

Achten Sie auf ausreichende Verdichtung des Betons. Bei starker Sonneneinstrahlung muss die Oberfläche regelmäßig genässt werden, um Risse zu vermeiden.

Kontrollieren Sie die Höhe der Oberkante Bodenplatte auf Übereinstimmung mit der Werkplanung. Stimmt die Plattendicke?

Nach Fertigstellung der Fundamente prüfen, ob die Oberkante des Fundaments in der richtigen Höhe liegt. An mehreren Stellen prüfen.

Rohbauarbeiten: Kellergeschoss

Aufgrund seines direkten Erdkontakts und den besonderen statischen Anforderungen an das Fundament ist der Keller samt Bodenplatte vollkommen anders aufgebaut als die Obergeschosse. Deshalb werden die Rohbauarbeiten getrennt betrachtet.

Die Kellerwände

Kellerwände werden aus Stein oder Beton gebaut. Gebiete mit einem hohen Grundwasserstand oder mit Setzungsgefahren können beispielsweise einen Keller aus wasserundurchlässigem Beton erforderlich machen.

Bei Kellerwänden aus Stein wird unter und auf die erste Steinlage eine **Horizontalsperre** aufgebracht. Das ist in der Regel eine bituminierte Dachpappenbahn oder Folie, um aufsteigender Feuchtigkeit den Weg zu versperren. Wichtig ist hierbei, dass die Horizontalsperre nicht nur auf der ersten Steinschicht aufliegt: Sie muss auch nach innen um diese Steinschicht herumgezogen und bis auf die Absperrschichten des Kellerbodens eingebracht werden. Nur dann kann sie wirksamen Schutz leisten.

Bei Reihenhäusern: besonders sorgfältige Ausführung der Trennfuge

Bei Reihenhäusern muss die Trennfuge zwischen den Gebäuden besonders sorgfältig ausgeführt werden. Mängel in der Ausführung lassen sich später so gut wie nicht mehr korrigieren! Die Trennfuge muss durchgehend von der Dachdeckung bis zu den Fundamenten ausgeführt werden und mindestens vier Zentimeter breit sein. Durch Mörtelreste in der Trennfuge kann es sonst zum Beispiel zu einer Schallbrücke zwischen den Häusern kommen.

Ringanker, Stürze und Rollladenkästen

Beim Aufmauern der Kellerwände werden gleichzeitig Tür- und Fensteröffnungen angelegt. Über Türöffnungen werden als oberer Abschluss Betonstürze gelegt, über Fensteröffnungen je nach Vorgabe ebenfalls Betonstürze oder Rollladenkästen.

Wenn die Außenkellerwände aufgemauert sind, erhalten sie als oberen Abschluss einen Ringanker. Das ist ein hausumlaufendes Betonband, das auf der oberen Kante der Außenwände aufliegt, in seinem Inneren mit einer Stahlbewehrung versehen ist und so den Wänden zusätzliche statische Stabilität verleiht. Meistens übernimmt die jeweilige Geschossdecke gleichzeitig die Funktion des Ringankers.

Die Kelleraußenwandabdichtung

Die Kelleraußenwände müssen vor Erdfeuchte und ablaufendem Regenwasser gut geschützt sein. Während es sich bei den Abdichtungen der Bodenplatte um horizontale Sperrschichten handelt, werden die Wände von außen mit vertikalen Sperrschichten versehen. Vertikale Sperrschichten haben zwei Bestandteile: die eigentliche Sperrschicht direkt an der Hauswand und eine Sickerschicht vor der Abdichtung.

Für die Sperrschicht wird eine gemauerte Wand in der Regel mit einem Zementmörtel verputzt und anschließend mit einem bitumengebundenen Anstrich oder einer zementgebundenen Dichtungsschlämme versehen. Kelleraußenwände aus Beton werden meist mit bituminösen Anstrichen versehen oder ebenfalls mit Dichtungsschlämmen.

Wichtig ist in jedem Fall, dass die vertikalen Sperrschichten mit den horizontalen Sperrschichten gut und wasserundurchlässig verbunden werden. Auch die Hohlkehle, jener Bereich, in dem die Wände mit einem leichten Versprung nach innen auf der Bodenplatte aufsitzen, muss mit einer Abdichtungsbahn überzogen und möglichst gerundet ausgebildet werden, damit es hier nicht zu Wasserstauungen kommen kann.

Vor die Kelleraußenwände wird häufig dann noch eine Kiesschüttung oder ein Filterkörper gesetzt. Sickerwasser kann so schneller in die tieferen Bodenschichten abfließen, wodurch ein Wasserstau vor den Kelleraußenwänden vermieden wird.

Im Fall von drückendem Wasser müssen jedoch – je nach Situation – sehr viel aufwendigere Abdichtungsmaßnahmen ergriffen werden.

Abdichtung eines Kellers

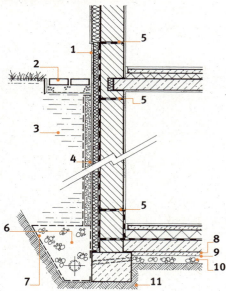

1 Im Sockelbereich Zementputz
2 Spritzschutz aus zwei Reihen Pflastersteinen im Splittbett
3 Sandiger Boden, schichtenweise verdichtet
4 Drain- sowie Dämmplatten (bei beheizten Räumen)
5 Horizontale Sperrschichten
6 Umlaufende Drainage als Kiesschüttung mit Drainrohr
7 Filtervlies
8 Sauberkeitsschicht aus Magerbeton
9 PE-Folie
10 Flächendrainage als Kiesschüttung
11 Erdreich

Die Kellerfensterschächte

Heutzutage sind die meisten Kellerfensterschächte Fertigbauteile aus Kunststoff, die komplett inklusive Abdeckrost auf die Baustelle geliefert werden und direkt an die abgedichteten Kelleraußenwände montiert werden. Wichtig ist hierbei, dass bei der Montage die bereits fertiggestellten Schutzschichten der Kelleraußenwand nicht beschädigt werden.

Die Kellerdecke

Die Kellerdecke unterscheidet sich nicht wesentlich von den anderen Decken des Hauses. Mitunter ist sie einfach stärker gedämmt als die anderen Decken oder hat einen schwächeren oder gar keinen Trittschallschutz.

Häufig werden Decken aus einer Kombination von Betonfertigteilen und Frischbeton hergestellt. Die Fertigteile sind relativ dünne Betonplatten, aus denen nach oben hin Gitterträger aus Metall herausragen. Auf diese Gitterträger wird dann vor Ort noch eine weitere Metallbewehrung aufgelegt, zumeist aus Gittermatten. Diese Bewehrung muss vor der Betonierung vom Statiker abgenommen werden. Schließlich wird der gelieferte Frischbeton (Ortbeton) auf die vorgefertigten Decken gegossen. Betondecken sollten nicht vollflächig auf der Kellerwandoberkante der Außenwände aufliegen, sondern an den Rändern gedämmt werden, um Wärmebrücken und Rissbildungen an den Stirnseiten zu vermeiden. Soweit Betondecken komplett vor Ort gefertigt werden, muss zunächst eine Unterschalung erstellt werden.

Werden die Decken bei heißem Wetter betoniert, sollte der Beton für die gesamte Dauer des Abbindungsprozesses gut feucht gehalten werden, um bleibende Schäden wie Rissbildungen zu vermeiden. Bei Temperaturen unter 5 °C kann es ebenfalls zu Problemen kommen.

Rohbauarbeiten: Kellergeschoss

Beachten Sie zusätzlich die Rohbau-Prüfpunkte für die Obergeschosse (⤳ Seite 151 f.)

erledigt am

Werden die Kelleraußenwände gemauert, muss eine Absperrung gegen aufsteigende Feuchtigkeit vorgesehen werden. (Jeweils ein Sperrpappestreifen im Mauerwerk, ca. 15 cm über der Kellersohle, und eine Steinschicht unter der Kellerdecke sowie 30 cm über Gelände. Bei Betonwänden keine Pappe zwischen Bodenplatte und Kellerwand. Sperrpappestreifen dann im Erdgeschoss verlegen.)

Haustrennwände beispielsweise von Reihenhäusern müssen auch im Kellergeschoss durch eine Fuge getrennt werden (Schallschutz). Das fugenlose Einstellen der Schallschutzmatten muss kontrolliert werden.

Wenn bei beheizten Räumen im Keller die Dämmung direkt unter dem Estrich liegt, sollte die erste Steinreihe der Zwischenwände einen besseren Dämmwert haben als die darüberliegenden Steine.

Vor der Abdichtung der Kelleraußenwand alle Drahtenden, Betonnester und losen Teile entfernen. Die Verarbeitungsrichtlinien des Herstellers sind genau zu beachten.

Vor Ausführung der Abdichtung der Kelleraußenwand muss der Übergang von Bodenplatte und Wand mit einer Hohlkehle versehen werden.

Die Abdichtung der Wandflächen gegen seitliche Feuchtigkeit sollte ca. 30 cm über die Geländeoberfläche hinausführen.

Die Rohrdurchführungen für die Hausanschlüsse und die Abwasserleitung müssen sorgfältig abgedichtet werden. Dafür gibt es spezielle Dichtungssätze.

Kellerlichtschächte sollten generell eine Einbruchsicherung haben.

Die Höhe des Lichtschachts ist so zu wählen, dass zwischen Unterkante Kellerfenster und Lichtschachtboden mindestens 15 cm Abstand bleiben.

Nach Montage der Lichtschächte ist zu kontrollieren, ob die Abdichtung der Kelleraußenwand beschädigt wurde.

Bei Ausführung einer Drainage muss diese vor der Verfüllung des Arbeitsraums vom Bauleiter kontrolliert werden (⤳ Checkliste „Drainage", Seite 146).

Zusätzliche Fundamente am Haus (Eingangstreppe usw.) sollten erst nach der Abdichtung der Kellerwände hergestellt werden und sind mit Fuge zur Abdichtung auszuführen.

Vor dem Verfüllen des Arbeitsraums müssen Schutt und Bauabfälle entfernt werden.

Wird die Heizungsanlage im Keller aufgestellt, müssen die Zu- und Abluftöffnungen ausreichend dimensioniert sein. Eventuelle Heizraumvorschriften beachten.

Überprüfen Sie, ob die Querschnitte von Rauchzügen und Lüftern mit den Vorgaben des Fachingenieurs übereinstimmen.

Im Schornstein dürfen keine Dübel, Mauerhaken, Bandeisen usw. befestigt werden. Der Schornstein darf nicht für Leitungen geschlitzt werden.

Reinigungsöffnung im Schornstein so hoch einbauen, dass ein Eimer darunterpasst.

Rohbauarbeiten: Kellergeschoss Fortsetzung

erledigt am

- Brennbare Bauteile müssen mind. 50 cm entfernt von der Reinigungsöffnung angebracht werden.
- Die Außenflächen von Schornsteinen müssen mind. 5 cm von Konstruktionshölzern, Balken usw. entfernt sein, bei dünnwandigen Abgasschornsteinen 10 cm.
- Einbau und Höhe der Rauchrohranschlüsse beim Aufmauern mit berücksichtigen.
- An der Durchtrittsstelle zwischen Massivdecke und Schornsteinmauerwerk müssen Trennstreifen eingelegt werden.
- Fußbodenbeläge, Sockelleisten etc. müssen mind. 1 cm vom Schornstein entfernt sein.

7 Drainage

Bei vielen Feuchtigkeitsschäden in Kellern wird im Nachhinein eine mangelhaft ausgeführte Drainage festgestellt. Die Sanierung ist meist nur durch Freilegen der Kellerwände bis zur Sohle möglich und dadurch sehr teuer. Kragen im Erdgeschoss Gebäudeteile aus und stehen über der Drainageleitung, zum Beispiel eine betonierte Terrasse, wird die Sanierung noch aufwendiger.

Die Aufgabe der Drainage ist es, Sickerwasser vom Gebäude weg zu einer Sickergrube zu führen, wo es durch Kieslagen in tiefer liegende

Drainage

erledigt am

- Besprechen Sie die Ausführung mit Ihrem Bauleiter und lassen Sie Detailpläne anfertigen, nach denen der Unternehmer arbeiten muss.
- Drainageleitungen müssen ins Gefälle gelegt werden, mindestens 1,5 %.
- Die Leitungen dürfen nicht unter der Unterkante des Fundaments liegen.
- An den Gebäudeecken sind Reinigungsöffnungen vorzusehen.
- Vor der Verfüllung des Arbeitsraums die Ausführung vom Bauleiter abnehmen lassen.
- Zur Verfüllung geeignete, wasserdurchlässige Materialien verwenden. Vom Bauleiter abnehmen lassen.

Bodenschichten versickern kann. In Höhe der Bodenplatte wird daher umlaufend ein gelochtes Kunststoffrohr in einer Kiespackung verlegt. Ein Filtervlies umgibt die Kiespackung vollständig und schützt diese vor Verunreinigungen durch das Erdreich. Die vor der Kellerabdichtung liegende Sickerplatte mündet ebenfalls in das Kiespaket. An jeder Gebäudeecke befinden sich Kontrollschächte zur Überprüfung und ggf. Reinigung der Drainageleitung (⋯▶ Grafik, Seite 144).

Wird das Gebäude nicht auf einer einheitlichen Bodenplatte gegründet, sondern auf Fundamentstreifen unter den Kellerwänden, sollten die unter dem Haus liegenden Bereiche mit Fundamentdurchführungen ebenfalls mit der Drainage verbunden werden. Der restliche Arbeitsraum sollte mit versickerungsfähigem Material verfüllt werden, damit sich möglichst wenig Nässe vor der Kelleraußenwand stauen kann.

Bevor der Arbeitsraum verfüllt wird, sollten Sie sich unbedingt vom Bauleiter die ordnungsgemäße Ausführung der Drainage schriftlich bestätigen lassen. Zusätzlich sollten die Arbeiten durch Fotos dokumentiert werden.

Rohbauarbeiten: Obergeschosse

Bei den Außenwänden des Erdgeschosses und der Obergeschosse wird im Einfamilienhausbau kaum Beton verwendet. Feuchteschutzmaßnahmen der Außenwände sind hier nicht in der Weise wie im Kellergeschoss erforderlich. Dafür hat man es hier in der Regel mit innen oder außen liegenden Wand-Wärmedämmsystemen zu tun.

Wände
Man unterscheidet zwischen einschaligen und mehrschaligen Wandaufbauten.

Einschaliges Mauerwerk an Außenwänden ist mindestens 30 Zentimeter stark, meist aber 36,5 Zentimeter, weil erst bei dieser Dicke ein guter Wärmeschutz erreicht werden kann. Sehr häufig werden hierbei großporige Hohlblocksteine verwendet, da sie die besten Wärmedämmeigenschaften mitbringen. Mittlerweile werden auch Steine mit bereits eingebrachter Kerndämmung verbaut. Einige Steinsysteme werden auch nicht mehr vermörtelt, sondern nur noch ineinandergesteckt, mindestens im Bereich der Stoßfugen. Bei einschaligen Wänden kommt zur besseren Wärmedämmung oft noch ein außen liegender Vollwärmeschutz zum Einsatz (⋯⟩ Seite 175).

Kerndämmung oder hinterlüftetes Mauerwerk

Beim **mehrschaligen Aufbau** kann zwischen den Schalen entweder eine Kerndämmung oder ein Luftpolster angeordnet sein. In letzterem Fall handelt es sich um ein hinterlüftetes Mauerwerk. Dabei müssen unten und oben in der vorgemauerten Außenwand offene Stoßfugen als Lüftungsschlitze angelegt werden. Die innere der beiden Wände übernimmt die statisch tragende Wirkung, während die äußere Wand durch Drahtanker mit der Innenwand verbunden wird. Wenn die Außenschale in Sichtmauerwerk ausgeführt wird, müssen die verwendeten Steine frostbeständig sein (Verblendmauerwerk).

Die Wände werden zunächst gemäß den Grundrissplänen mit einer Steinreihe angelegt. So kann festgestellt werden, ob alles stimmt, und bei Bedarf korrigiert werden, bevor nach oben aufgemauert wird.

Ringanker, Stürze und Rollladenkästen

Die Geschossdecken übernehmen in den Obergeschossen in der Regel die Funktion des Ringankers. Die Fenster- und Türstürze werden häufig direkt als Betonfertigteile in die entsprechenden Auflager der Wandaufmauerungen eingefügt. Beim Einsatz von Rollladenkästen werden diese oft statt der Stürze direkt unter die Geschossdecke gesetzt. Über dem Fenster sitzende Rollladenkästen sind trotz Dämmung Wärmebrücken. Eine Alternative sind Rollladenkästen, die außen vor der Fassade montiert werden.

Decken

Die Betondecken der Obergeschosse werden entweder aus einer Kombination von Betonfertigteilen und Ortbeton hergestellt oder komplett vor Ort gefertigt.

Herrschen beim Betonieren hohe Außentemperaturen, sollte der Beton für die gesamte Dauer des Abbindungsprozesses gut feucht gehalten werden, um bleibende Schäden wie Rissbildungen zu vermeiden. Bei Temperaturen unter 5 °C sollte nicht betoniert werden.

Treppen

Der Schalungsaufwand für Treppen, vor allem für gewendelte Treppen, ist sehr hoch. Mit vorgefertigten Elementen lässt sich in der Regel Geld sparen.

Vorgefertigte Elemente sparen Geld

Wenn Treppen im Zuge des Rohbaus massiv gebaut werden, sollten Sie auf folgende Dinge unbedingt achten:

- **Steigungsverhältnis:** Ein typisches Steigungsverhältnis ist zum Beispiel 17/29. Das bedeutet, dass der Höhenunterschied von einer Stufe zur nächsten 17 Zentimeter beträgt und die Auftrittstiefe auf einer Stufe 29 Zentimeter. Das Steigungsverhältnis muss in fertigem Zustand bei allen Stufen eines Geschosses gleich sein. Allerdings unterscheiden sich im Rohbauzustand die erste und die letzte Stufe voneinander. Die Antrittsstufe ist höher als alle anderen, die Austrittsstufe niedriger, weil der Bodenaufbau des jeweiligen Geschosses berücksichtigt werden muss.
- **Lauflinie:** Die Lauflinie einer Treppe definiert die Linie, die ein Nutzer nimmt, wenn er die Treppe begeht. Bei Treppen mit Kurven ist aus Sicherheitsgründen streng darauf zu achten, dass diese Lauflinie keine unterschiedlichen Auftrittstiefen hat. Auch am inneren Wendelpunkt einer Treppe muss jede Stufe eine Auftrittstiefe von mindestens zehn Zentimetern haben.
- **Treppenauflager:** Treppen erhalten an den Auflagerpunkten eine Trittschalldämmung, damit sie von den Geschossdecken oder begleitenden Wänden entkoppelt sind. Hierbei handelt es sich zum Beispiel um Neoprenlager. Viele Treppen im Wohnungsbau sind heute freitragend und müssen nicht mehr in parallel verlaufenden Wänden verankert werden.

> ### Tipp
> Lassen Sie sich die Konstruktionspläne einer gewendelten Treppe unbedingt im Detail vorlegen. Legen Sie diese Pläne ruhig auch einmal einem Treppenbaubetrieb mit der Bitte um Gegenprüfung vor.

Schornsteine und Schächte

Im Wohnhausbau werden Schornsteine nicht immer zwingend benötigt. Oft können stattdessen moderne Gasheizzentralen mit Brennwerttechnik platzsparend unter dem Dach eingebaut werden. Dann genügt ein direkt installiertes, kleines Abzugsrohr. Befindet

Gasheizzentrale unter dem Dach braucht keinen Schornstein

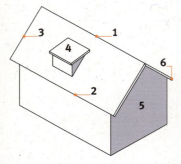

1 First, Firstlinie
2 Traufe
3 Ortgang
4 Gaube
5 Giebelwand
6 Dachüberstand

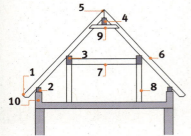

1 Dachüberstand
2 Fußpfette
3 Mittelpfette
4 Firstpfette
5 First
6 Sparren
7 Kehlbalkenlage
8 Pfosten
9 Firstlaschen
10 Kniestock

sich die Heizungsanlage aber im Keller, ist aus Brandschutzgründen ein normaler Kaminzug notwendig.

Im modernen Wohnhausbau hat man es in der Regel mit einfach belegten einzügigen Schornsteinen zu tun: An den Schornstein mit einem Rohr ist eine Heizungsanlage angeschlossen. Die Schornsteine müssen eine gewisse Höhe und einen bestimmten Durchmesser bzw. Querschnitt haben, um Rauchgase wirksam abführen zu können. Runde Abluftschächte ermöglichen es den Abgasen, wirbelfrei aufzusteigen. Quadratische Abluftschächte können in den Ecken Verwirbelungen erzeugen, die zu Ablagerungen führen. Bei den Abmessungen der lichten Schachtöffnungen hat man sich streng nach den zum Einsatz kommenden Brennstoffen (Holz, Gas, Kohle oder Öl etc.) sowie nach den einschlägigen Vorschriften zu richten. Schalten Sie in jedem Fall rechtzeitig Ihren zuständigen Bezirksschornsteinfegermeister ein.

Schornsteine sind am Fuß mit einer Reinigungsöffnung zu versehen und müssen gemäß DIN 18160 einen Mindestabstand von fünf Zentimetern zu umliegenden brennbaren oder entflammbaren Stoffen haben. Schornsteine aus Formstücken müssen von angrenzenden Bauteilen getrennt sein.

Die Durchstoßpunkte durch Decken müssen äußerst sorgfältig ausgeführt werden. Bei Massivdecken sind hier zum Beispiel Verwahrungen (Abgrenzungen aus nicht brennbaren Materialien) aus Mineralfaserplatten herzustellen.

Giebelwand und Kniestock

Nach oben hin wird der Hausrohbau bei geneigten Dächern stirnseitig mit der Giebelwand und längsseitig mit der Kniestockwand abgeschlossen. Beide Wände tragen später das Holztragwerk des Dachstuhls. Da diese Wände nicht durch eine aufliegende Decke ausgesteift sind, ist hier ein betonierter oberer Wandabschluss besonders wichtig – vor allem bei den Kniestockwänden, denn diese tragen die erheblichen Lasten der vom Dachfirst zur Dachtraufe laufenden Sparren. Aus welchem Material der Kniestock ausgeführt werden muss, bestimmt der Statiker.

Die Giebelwände werden häufig stufig aufgemauert, um den Dach-
pfetten optimale Auflagerpunkte zu bieten. Erst später werden ent-
stehende Zwischenräume mit Beton ausgegossen oder zugeschnit-
tene Steine eingefügt. Wichtig ist, dass die Oberkante der Mauer
circa zehn bis zwölf Zentimeter tiefer als die Oberkante der Sparren
angelegt ist, damit dieser Bereich gedämmt werden kann. Die Dach-
pfetten müssen am Einbindepunkt in das Mauerwerk mit Bitumen-
pappe oder Folie gegen Feuchtigkeit geschützt werden.

✓ Rohbauarbeiten: Obergeschosse

erledigt am

Wenn nicht alle Wände mit den gleichen Steinen gemauert werden, ist zu prüfen, ob das vorgesehene Material geliefert wurde. Entsprechende Angaben müssen die Werkpläne enthalten.

Bei Temperaturen unter –3 °C darf nicht gemauert werden. Frisches Mauerwerk muss abgedeckt werden. Durch Frost beschädigtes Mauerwerk abreißen lassen.

Bei starker Sonneneinstrahlung müssen die Steine vorgenässt werden. Frisch gemauerte Wände müssen feucht gehalten werden, damit der Mörtel abbinden kann.

Wände und Decken zwischen beheizten und unbeheizten Räumen müssen gedämmt werden (auch zwischen beheizten und unbeheizten Kellerräumen). Anhand der Lieferscheine prüfen, ob die Dämmung den Vorgaben entspricht (Dicke, Material, Wärmeleitfähigkeitsgruppe).

Kontrollieren Sie regelmäßig mit einer großen Wasserwaage, ob Ecken, Türlaibungen, Wände, Pfeilervorlagen sowie der Schornstein senkrecht gemauert sind. Durch Messen der Raumdiagonalen können Sie feststellen, ob die Wände rechtwinklig zueinander stehen.

Prüfen Sie durch Vergleich mit den Werkplänen, ob alle Wandschlitze und Wanddurchbrüche vorhanden sind sowie deren Lage und Größe.

Prüfen Sie durch Vergleich mit den Werkplänen, ob die Wände in den vorgeschriebenen Dicken gemauert wurden.

Vergleichen Sie regelmäßig alle Maße wie Wandlängen, Öffnungsmaße, Anschläge, Raumhöhen, Brüstungshöhen, Sturzhöhen, Lage von Fenstern und Türen, Deckendurchbrüche auf Übereinstimmung mit der Werkplanung.

Alle tragenden Wände werden raumhoch gemauert. Alle nicht tragenden Wände werden bis auf die letzte Steinschicht gemauert, damit sie beim Betonieren der Decke nicht belastet werden.

Stoßen Wände aneinander, müssen sie miteinander verzahnt oder Maueranker müssen eingebaut werden. Schlechte Wandverbindungen führen zu Rissbildung und Putzschäden.

Giebel- und Zwischenwände im Dachgeschoss müssen auf der Oberseite (beim Anschluss an das Dach) gedämmt werden.

Rohbauarbeiten: Obergeschosse Fortsetzung

erledigt am

Oberste Geschossdecken unter nicht begehbaren Dachräumen müssen wärmegedämmt werden.

Haustrennwände bei Doppel- und Reihenhäusern müssen besonders sorgfältig hergestellt werden (Vermeidung von Schallbrücken). Die Fugen zwischen den Haustrennwänden müssen vollflächig mit Dämmung gefüllt werden.

Brandwände und Haustrennwände müssen bis unmittelbar unter die Dachhaut geführt werden. Lassen Sie sich ein Ausführungsdetail zeigen, an dem Sie die Ausführung der Wärmedämmmaßnahmen in diesem Bereich sehen können.

Schlitze und Durchbrüche erst schließen lassen, wenn die Installation der Haustechnik abgeschlossen und freigegeben wurde.

Fensterbrüstungen müssen in einem Arbeitsgang mit dem Außenmauerwerk erstellt und dürfen nicht nachträglich aufgemauert werden (Gefahr der Rissbildung).

Unter Fensterbänken muss eine Folie als Feuchtigkeitssperre eingebaut werden.

Rollladenkästen müssen in wärmegedämmter Ausführung eingebaut werden. Vergleichen Sie mit den Werkplänen, ob die Gurtwicklerkästen auf der richtigen Seite eingebaut wurden.

Lassen Sie nach dem Einschalen der Decke die Raumhöhe prüfen.

Lassen Sie vor dem Betonieren vom Statiker oder Bauleiter prüfen, ob die Bewehrung ordnungsgemäß verlegt wurde und ob alle Durchbrüche angelegt wurden.

Zwischen der Oberseite des Mauerwerks und der Betondecke muss vor dem Betonieren eine Folie als Gleitlager ausgelegt werden.

Werden im darüberliegenden Geschoss Stahlbetonstützen betoniert, müssen an diesen Stellen Anschlusseisen aus der Decke ragen.

Bei der Ausführung von Sicht- oder Verblendmauerwerk müssen die Fugen vorn beim Aufmauern ca. 1,5 cm ausgekratzt werden, damit ausreichend Platz für das spätere Verfugen mit Fugenmörtel bleibt. Vor dem Verfugen vornässen. Auf steinbündiges Mauern achten.

Bei Verblendmauerwerk kontrollieren, ob Dehnungsfugen vorgesehen wurden, und deren Lage mit dem Bauleiter besprechen.

Bei Verblendmauerwerk müssen unten in der ersten Steinreihe offene Stoßfugen als Entwässerungsöffnung angelegt werden. Bei Wandaufbau mit Luftschicht untere und obere Lüftungsöffnungen anlegen, auch unter Brüstungen und über Stürzen.

Ab 7 cm Schalenabstand ist das Verblendmauerwerk mit nicht rostenden Drahtankern zu verbinden.

Vor dem Einsetzen der Innenfensterbänke unter den Fenstern ca. 2 cm dämmen, um Wärmebrücken zwischen Außen- und Innenfensterbank zu vermeiden.

Werden Pfeiler nur in der zulässigen Mindestbreite ausgeführt, sind keine Aussparungen oder Schlitze zulässig (Steckdosen, Gurtroller). Sind solche Aussparungen notwendig, dann Ausführung des Pfeilers in Stahlbeton. Besprechen Sie diesen Punkt mit Ihrem Bauleiter.

✓ Rohbauarbeiten: Obergeschosse Fortsetzung

erledigt am

	Besprechen Sie mit dem Bezirksschornsteinfegermeister, wie der Schornsteinkopf ausgebildet werden muss und wie der Zugang zum Reinigen des Kamins ermöglicht werden soll.
	Sparrenköpfe in Brandwänden sind, soweit überhaupt zulässig, mit Metall zu schützen.
	Binden Holzstützen des Dachtragwerks in das Mauerwerk ein, sind sie vorher mit Bitumenpappe zu umwickeln. Vor dem Verputzen mit Ölpapier überdecken und mit Streckmetall überspannen.

Zimmererarbeiten

9

Zum Rohbau gehört auch das Dachtragwerk, gemeinhin als Dachstuhl bekannt. Bei geneigten Dächern handelt es sich fast immer um ein Holztragwerk, das später die Dachhaut inklusive der Dachdeckung trägt.

Nachdem der Rohbauunternehmer sämtliche notwendigen Auflager für den Dachstuhl hergestellt hat, macht der Zimmermann vor Ort ein Aufmaß und bestellt die notwendigen Holzmengen. Die genauen Sparrenlängen und Dachüberstände an Traufe und Ortgang sollten spätestens jetzt mit dem Dachdecker abgestimmt werden.

Tipp

Klären Sie vorab, ob die teilweise erheblichen Holzlängen problemlos bis an die Baustelle transportiert werden können.

Der gesamte Dachstuhl wird vom Zimmermann im Betrieb vorbereitet, alle Holzteile sind vor der Anlieferung auf die Baustelle zugeschnitten, bei Bedarf gehobelt und mit Holzschutz versehen. Je sorgfältiger der Zimmermann gearbeitet hat, desto weniger muss vor Ort angepasst und nachgeschnitten werden. Kontrollieren Sie, ob alle nachträglich hergestellten Schnitte mit Holzschutzmittel behandelt wurden. Da die Mittelpfetten durchaus 30 Zentimeter hoch und 20 Zentimeter breit sein können, werden sie vom Zimmermann an den Enden profiliert und verjüngt, denn es sieht schöner aus, wenn Fuß-, Mittel- und Firstpfette unter dem Dachüberstand einen ähnlichen Querschnitt haben (⋯▸ Dachgrafiken, Seite 150).

154   Die Gewerke – Qualitätskontrolle der Bauausführung

✓ Zimmererarbeiten

erledigt am

Prüfen Sie bei der Anlieferung, ob Holzart, Oberflächenqualität (sägerau oder gehobelt) und Verarbeitung (lackiert, lasiert, Holzschutz etc.) stimmen. Lassen Sie sich bei Anlieferung das Zertifikat über die Art des Holzschutzes geben.

Wird der Holzschutz bei Regen ausgewaschen (farbige Lachen auf der obersten Geschossdecke), verlangen Sie Nachbesserung durch Nachstreichen oder Nachspritzen.

Kontrollieren Sie, ob die Holzquerschnitte mit den statischen Vorgaben in den Plänen des Statikers übereinstimmen.

Die Kniestockhöhen müssen vor Ausführung der Zimmererarbeiten kontrolliert werden.

Die Auflagerhöhen für Mittelpfette und Firstpfette müssen kontrolliert werden.

Die genauen Sparrenlängen und Dachüberstände an Traufe und Ortgang müssen mit dem Dachdecker entsprechend der Größe der Dachpfannen abgestimmt werden.

Der Dachstuhl muss fluchtgerecht ausgeführt werden (Firstlinie parallel zur Außenwand).

Der Mindestabstand von Balken und Wechseln zum Schornstein beträgt 5 cm.

Sind Antennen- und Satelliten-Empfangsanlagen auf dem Dach geplant, sollten im Dachstuhl Befestigungsmöglichkeiten vorgesehen werden. Bei Bedarf zusätzliche Konstruktionshölzer anbringen lassen.

Die Ausführung der Kehlen muss zwischen dem Zimmermann und dem Klempner im Detail abgestimmt werden.

Grundsätzlich sollten rostfreie Nägel aus Edelstahl verwendet werden. Verzinkte Nägel rosten, weil die Verzinkung durch den Hammerschlag beschädigt wird.

Alle Metallteile müssen gegen Korrosion geschützt sein.

Kontrollieren Sie, ob alle Holzverbindungen ordnungsgemäß eingebaut, alle Bolzen stramm angezogen und alle Ankerbolzen einbetoniert wurden.

Die Länge der Nägel richtet sich nach der Statik. Um ein Herausschieben der Nägel durch Quellen und Schwinden des Holzes zu vermeiden, müssen die Nägel mindestens doppelt so lang sein wie die zu befestigenden Latten, ggf. auch Rispennägel.

Kontrollieren Sie, ob die Schalung der Dachüberstände den Vorgaben der Leistungsbeschreibung entspricht (Material, Dicke, Oberflächenbehandlung). Die Befestigung erfolgt auf jedem Auflager mit mindestens zwei Nägeln.

Es dürfen keine Schalbretter verwendet werden, die Astlöcher von mehr als 2 cm Durchmesser haben.

Bei Verwendung von Spanplatten als Dachschalung vom Unternehmer den Nachweis über die Zulässigkeit des Materials geben lassen (z. B. Verwendung von Spanplatten V 100 G).

Nur getrocknetes und abgelagertes Bauholz verwenden. Dies gilt insbesondere für Verschalungen. Die relative Feuchte sollte bei maximal 12 bis 14 % liegen. Lassen Sie sich das vom Lieferanten bestätigen.

Auf der Baustelle wird der Dachstuhl meist innerhalb eines Tages aufgerichtet. Alle Sparren müssen in einer Flucht liegen. Sie können das kontrollieren, indem Sie vom einen Giebel aus mit dem Auge knapp über der Oberseite der Sparren zum anderen Giebel peilen. Bei erheblichen Unterschieden entstehen später Wellen in der Dachdeckung.

Hölzer, die beim Hausbau am häufigsten verwendet werden				
	Sehr weiches Holz	Weiches Holz	Hartes Holz	Sehr hartes Holz
Nadelhölzer		Fichte Kiefer Lärche Tanne		
Laubhölzer	Pappel	Linde	Ahorn Birke Eiche Esche Rotbuche	Weißbuche

Wird der Dachüberstand mit gestrichenen Nut- und Federbrettern verschalt, ist es ganz wichtig, dass die Nuten und Federn der Bretter vorgestrichen werden. Sie werden sonst im Laufe der Zeit unschöne Streifen mit unbehandeltem Holz sehen, da das Holz arbeitet, das heißt sich zusammenzieht und ausdehnt.

Wenn der Dachstuhl steht, haben Sie einen Meilenstein des Bauprozesses erreicht: Ihr Rohbau ist fertig erstellt und Sie können Richtfest feiern.

Dachdeckerarbeiten: Steildach

Die **Dachhaut** bildet den oberen Abschluss eines Dachs. Sie muss vor allem der Witterung gut standhalten und Schaden von den unter ihr liegenden, empfindlicheren Dachschichten abhalten. Auf Durchstoßpunkte durch die Dachhaut müssen Sie besonders achten, denn hier wird die Dachhaut absichtlich verletzt und muss so gut wie möglich wieder angearbeitet werden.

Die häufigsten **Durchstoßpunkte** sind:
- Antennen
- Entlüftungsanlagen (WC)
- Schornsteine
- Fotovoltaikanlagen
- Oberlichter

Die **Dachdeckung** kann aus vielen Materialien bestehen:
- Tondachziegel
- Betondachsteine
- Schiefer
- Verfalzte Bleche
- Profilierte Tafeln

Letztlich haben Sie die freie Wahl, sofern der Bebauungsplan keine Einschränkungen vorsieht. Allerdings gibt es gute Gründe, sich die Art der Deckung genau zu überlegen. Die Dachdeckung sollte sich nicht nur harmonisch in die Umgebung einfügen, die Entscheidung sollte auch unter ökonomischen Gesichtspunkten fallen.

Vor- und Nachteile bestimmter Dachdeckungen

Schieferdachdeckungen sind teuer, dafür aber sehr haltbar. Auch Tondachziegel haben sich über viele Jahrhunderte bewährt. Sie können in den unterschiedlichsten Verlegarten geordert werden, zum Beispiel als Bieberschwanzziegel, als Hohlpfannendeckung oder als „Mönch- und Nonnendeckung". Im Fall von Reparaturen sind Tondachziegel einfach und schnell auszutauschen. Gleiches gilt für Betondachsteine. Verzinkte Stahlbleche zum Beispiel haben nicht die Haltbarkeit von Tondachziegeln.

Falls Sie eine Dachdeckung mit Betondachsteinen oder Tonziegeln geplant haben, werden auf den Dachstuhl zunächst die Unterspannbahn, Lattung und die Dachdeckung aufgebracht, damit die Holzkonstruktion des Dachstuhls vor Regen geschützt ist. Die Sparrenlängen und der Lattenabstand müssen auf den jeweiligen Ziegeltyp abgestimmt sein, damit die Überdeckungen der einzelnen Ziegel gewährleistet sind. Wenn das Dachgeschoss nicht ausgebaut und nicht beheizt wird, kann auf eine Dämmung und Verkleidung von innen verzichtet werden.

Die Unterspannbahn verhindert, dass Regenwasser bei einem beschädigten Ziegel in das Haus dringt und eine vorhandene Dämmung durchfeuchtet. Zum anderen ist sie durchlässig für Wasserdampf und gewährleistet so, dass gedämmte Dachstühle trocken bleiben.

Die meisten Dachgeschosse werden heute für Wohnzwecke genutzt, sodass zusätzlich gedämmt wird. Ein ausgebautes Dach muss dabei

Dachdeckerarbeiten: Steildach

erledigt am

Prüfen Sie, ob es behördliche Auflagen zum Dachüberstand gibt.

Prüfen Sie, ob im Bebauungsplan für die Dachdeckung ein bestimmtes Material oder eine bestimmte Farbgebung vorgeschrieben wird.

Falls vertraglich nichts anderes vereinbart wurde, sollten Sie bei Ziegeldeckung nur Ziegel erster Wahl benutzen.

Lassen Sie sich ausreichend Reservepfannen liefern, auch von den Sondersteinen am First und Ortgang (Sondersteine je ca. 5–10 Stück, Reservepfannen ca. 20–25 Stück).

Alle Befestigungsmittel, Schneefanggitter, Dachhaken, Sturmklammern, Nägel usw. müssen korrosionsgeschützt sein.

An Ortgang, First und Grat sollten zusätzlich Sturmsicherungen angebracht werden.

Bei flach geneigten Dächern sollten die Ziegel zusätzlich gesichert werden.

Von der Traufe bis zum First muss für genügend Belüftung des Dachstuhls gesorgt sein. Achten Sie darauf, dass ausreichend Lüftungsziegel eingebaut werden.

Die Lüftungsöffnungen müssen mit Lüftungsgittern versehen werden, damit keine Insekten eindringen können.

Wenn an der Außenwand im Ortgangbereich noch Bekleidungen, Putze oder Bleche angebracht werden, muss der Überstand der Ortgangziegel darauf abgestimmt sein.

Prüfen Sie, wie die Firste und Grate befestigt wurden (trocken oder im Mörtelbett). Lassen Sie sich bei trockener Verlegung die Herstellervorschrift zeigen und kontrollieren Sie die Ausführung.

Achten Sie auf ordnungsgemäßen Einbau der Unterspannbahn. Die einzelnen Bahnen müssen ca. 15 cm überlappen. Lassen Sie diffusionsoffene Unterspannbahnen einbauen.

Die letzte Bahn soll ca. 15 cm unterhalb des Firstes enden, damit das Dach ausreichend entlüften kann.

Achten Sie darauf, dass die Unterspannbahn unbeschädigt ist.

Die Unterspannbahn soll in die Dachrinne entwässern. Achten Sie besonders auf die sorgfältige Ausführung des Traufbereichs.

Die Dachrinnen müssen von Pfannenresten gesäubert werden.

insbesondere vor den bauphysikalischen Problemen der Wasserdampfdiffusion geschützt werden. Durch das Heizen und Bewohnen
entsteht Wasserdampf, der nicht in die Dämmung gelangen darf,
weil es sonst zu einer Durchfeuchtung der Dämmung käme. Gleichzeitig muss Feuchtigkeit, die dennoch in die Dämmung gelangt, nach
außen hin verdunsten können. Aus diesen Gründen wird zwischen
dem Innenraum und der Dämmung als Dampfsperre oder -bremse
eine Folie eingebaut, die das Eindringen von Wasserdampf in die
Dämmung verhindert. Es muss sehr genau darauf geachtet werden,
dass diese Folie unbeschädigt ist und Risse oder Schnitte sorgfältig
abgeklebt werden. Auch die Anschlüsse an die Giebelwände, Dachflächenfenster oder Rohrdurchführungen sind mögliche Leckagen,
die erhebliche Feuchtigkeitsschäden verursachen. Im Gewerk 27
„Trockenbauarbeiten" (⋯⟩ Seite 213 f.) wird genauer darauf einge-
gangen.

**Luftzwischenraum unter der
Dachhaut zur Hinterlüftung**

Belüftete Dächer (Kaltdächer), eigentlich hinterlüftete Dächer, haben
unter der Dachhaut einen Luftzwischenraum, der eine Hinterlüftung
der Dachhaut erlaubt. Der Lufteintritt erfolgt hier über die Traufe, der
Austritt über den First (Lüftungsziegel). In der DIN 4108 werden die
Mindestquerschnitte der Lufteintrittsöffnungen pro laufendem Meter
Trauflänge festgelegt. Häufig sind Dächer von innen nach außen so
aufgebaut: Verkleidung mit Gipskartonplatten oder Holz, Dampfsperre, Wärmedämmschicht zwischen den Sparren, Unterspannbahn,
Konterlattung, Lattung und schließlich die Dachhaut.

Unbelüftete Dächer (Warmdächer) werden vorwiegend bei Flachdächern gebaut, kommen aber auch bei geneigten Dächern zum
Einsatz. Bei ihnen gibt es keine Luftschicht im Dachaufbau.

Typische Beispiele für den Aufbau unterschiedlicher Dacharten
finden Sie auf Seite 162.

Die Eindichtungen der Durchstoßpunkte werden häufig vom Klempner (in Süddeutschland auch Blechner genannt) ausgeführt, im
Nachgang zu den Dachdeckungsarbeiten. Eine ordnungsgemäße
und saubere Durchführung und Kontrolle der Arbeiten ist sehr wichtig. Die Klempnerarbeiten werden im Gewerk 12 (⋯⟩ Seite 165 ff.)
besprochen.

Dachdeckerarbeiten: Flachdach

Für die tragende Unterkonstruktion wird beim Flachdach in der Regel Holz oder Beton gewählt. Beim Aufbau unterscheidet man zwischen belüfteten Dächern (Kaltdach), unbelüfteten Dächern (Warmdach) und Umkehrdächern.

Belüftete und unbelüftete Dachkonstruktionen wurden bereits beschrieben (···⟩ Seite 158, Abbildungen ···⟩ Seite 162).

Beim **Umkehrdach** handelt es sich vom Bauprinzip her um ein Warmdach, bei dem die Wärmedämmschicht oberhalb der Dichtungsbahnen aufgebracht wird. Darüber liegen nur noch Schutzplatten bzw. eine Kiesschüttung. Die Wärmedämmung solcher Dächer darf in keinem Fall Feuchtigkeit aufnehmen und speichern können.

Flachdächer sollten innerhalb der sie umgebenden Attika eine leichte Neigung haben (mindestens zwei Prozent Gefälle), entweder zu einer Seite hin oder zur Mitte, um eine bessere Wasserabführung zu gewährleisten und das Entstehen von Pfützen zu verhindern. Bei gefällelosen Flachdächern müssen gemäß den Flachdachrichtlinien zusätzliche Maßnahmen zur Abdichtung ergriffen werden, da Regenwasser lange Zeit stehenbleibt.

Flachdächer sollten mindestens zwei Prozent Gefälle haben

Die Eindichtungen der Durchstoßpunkte (···⟩ Seite 156) sollten beim Flachdach vom Dachdecker gleich mit ausgeführt werden. Alle Durchstoßpunkte müssen fest mit den Dichtungsfolien des Flachdachs verschweißt werden.

Wenn auf einem Flachdach mehrere Gewerke hintereinander arbeiten, zum Beispiel zunächst der Dachdecker und dann der Blechner oder Dachgärtner, ist es besonders wichtig, die bereits verlegten Dachhäute sorgfältig auf Schäden bzw. schadenverursachende Gegenstände zu kontrollieren. Dies gilt insbesondere für die abschließenden Schutzbahnen, wie zum Beispiel Schweißbahn oder Wurzelschutzbahn. Hierbei muss auch die Verklebung an jedem Punkt, vor allem aber an Dichtungsstoßpunkten und Deckeneinlässen sowie Anschlusspunkten, genau geprüft werden. Auch die Überlappung an den Stoßpunkten der Dichtungsbahnen ist genau zu überprüfen. Umherliegende Nägel oder auch kleinste Blechteile können zum Beispiel nach Aufbringung einer Kiesschüttung in die Dichtungsbahnen gedrückt werden und diese beschädigen. Schon kleinste Löcher in den Dichtungsbahnen reichen, um große Schäden zu verursachen. Gelangt Wasser in das Innere des Flachdachs, wird die Wärmedämmung in Mitleidenschaft gezogen und verliert ihre Dämmwirkung.

Besonders problematisch ist in einem solchen Fall immer die Lecksuche: Durch die vielen verbauten Dichtungsbahnen und Folien tritt das Wasser meist an ganz anderen Stellen an der Unterseite eines Flachdachs aus, als es oben eindringt. Und auch wenn Sie später den Schaden finden, wer zahlt dann, wenn zum Beispiel ein vergessener Nagel der Schadenverursacher war?

Die Attika

Die Attika ist der umlaufende, höher als das Flachdach ausgebildete Dachrand. Die Attika verhindert das seitliche Ablaufen von Wasseransammlungen auf dem Flachdach und sichert die oben aufliegende Kiesel- oder Substratschicht vor Absturz oder Abwehung. Die Attika kann zum Beispiel bereits bei der Betonierung der Deckenplatte durch eine entsprechende Schalung als umlaufende, leichte Deckenerhöhung mitbetoniert werden. Sie kann aber auch nachträglich auf eine ebene Beton- oder Holzdecke aufgesetzt werden. Der obere Abschluss der Attika besteht aus einer Blechabdeckung, die ein leichtes Gefälle nach innen haben sollte, damit angesammelter Schmutz nicht bei Regen die Fassade herunterläuft und Schlieren verursacht. Nach außen müssen ein Überstand von mindestens drei Zentimetern sowie eine Tropfkante vorhanden sein.

Dachdeckungen

Am geläufigsten sind im Wohnungsbau Flachdachdeckungen aus:

- einer lose gestreuten Kiesschüttung
- einer Dachbegrünung auf Substratschicht
- Dichtungsbahnen ohne weitere Schutzschicht
- Dachterrassenplatten oder -belägen

Tipp

Sorgen Sie schriftlich dafür, dass alle beteiligten Gewerke Ihr Flachdach nur nacheinander betreten. Jedes Gewerk sollte Ihnen oder Ihrem Architekten ein Zustandsprotokoll über die einwandfrei ausgeführten Vorarbeiten und den schadenfreien Zustand des Flachdachs schriftlich abliefern. Erst dann sollte mit den jeweiligen Arbeiten begonnen werden.

Kiesschüttung: Kiesschüttungen auf Flachdächern bestehen normalerweise aus gewaschenem Rundkorn. Wichtig ist, dass keine spitzen Kiesel verwendet werden und dass der Durchmesser der einzelnen Kiesel 16 bis 32 Millimeter beträgt.

Kiesschüttungen bieten den unter ihnen liegenden Dichtungsbahnen einen guten Schutz gegen große Hitze und Hagelschlag. Außerdem sind Kiesschüttungen bei Reparaturarbeiten relativ einfach beiseitezuräumen.

Dachbegrünung: Gründächer können dem Wasserhaushalt der Grundstücksfläche und dem Innenraumklima des Hauses einen gewissen Ausgleich bieten. Wichtig bei einem Gründach ist vor allem der Einbau einer Wurzelschutzbahn, die verhindert, dass die Pflanzenwurzeln sich in die Abdichtung bohren können. Die Wurzelschutzbahn muss überlappend verlegt werden.

Man unterscheidet zwischen extensiver Dachbegrünung, bei der eine wenige Zentimeter hohe Substratschicht aufgebracht wird, und intensiver Dachbegrünung, bei der 20 bis 40 Zentimeter Erdreich aufgebracht werden. Hier können durchaus kleinere Büsche und Bäume wachsen. Lassen Sie sich in jedem Fall von Fachleuten ausführlich beraten und holen Sie Angebote unterschiedlicher Anbieter ein, um das für Ihr Flachdach passende System zu finden.

> **Tipp**
>
> Da die Aufbauhöhen unterschiedlich sind, sollte bereits in der Planungsphase die Entscheidung über die Art der Dachbegrünung fallen. Die notwendige Attikahöhe und die statische Belastbarkeit der Dachkonstruktion müssen danach ausgelegt sein.

Dichtungsbahnen ohne weitere Schutzschicht: Es gibt viele Flachdächer, bei denen der obere Abschluss nur aus überlappend verlegten Schweißbahnen besteht. Sehr häufig ist diese Art der abschließenden Deckung vor allem bei kleinen Flachdächern, wie auf Anbauten oder Garagen, zu sehen. Das Problem bei solchen Ausführungen liegt darin, dass die Schweißbahn ein weiches Bauteil ist und keinen ausreichend harten Außenschutz gegen Beschädigung bietet. Hinzu kommt, dass Schweißbahnen unter Einwirkung von Hitze und direkter Bestrahlung thermoplastisch wirken, sich also verformen. Ein Dach sollte aber sowohl harte Einschläge (Hagelschlag) wie auch extreme Hitze (hochstehende Mittagssonne) unbeschadet überstehen können. Für Garagen mag diese Dichtungsart noch akzeptabel sein, für Wohngebäude jedoch nicht.

Belüftetes Kaltdach als Holzkonstruktion

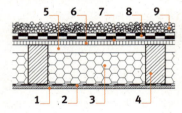

1 Verkleidung (z. B. Gipskartonplatten)
2 Dampfsperre
3 Wärmedämmung zwischen der Balkenlage
4 Balkenlage
5 Hinterlüftung der Dämmung
6 Dachschalung
7 Trennschicht
8 Schweißbahn
9 Oberbelag (z. B. Kieslage)

Belüftetes Kaltdach als Betonkonstruktion

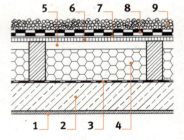

1 Innenputz
2 Betondecke
3 Dampfsperre
4 Wärmedämmung
5 Hinterlüftung
6 Dachschalung
7 Trennschicht
8 Schweißbahn
9 Oberbelag (z. B. Kieslage)

Unbelüftetes Warmdach als Holzkonstruktion

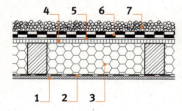

1 Verkleidung (z. B. Gipskartonplatten)
2 Dampfsperre
3 Wärmedämmung zwischen der Balkenlage
4 Dachschalung (evtl. zusätzliche Dämmung mit Gefällekeilen)
5 Trennschicht
6 Schweißbahn
7 Oberbelag (z. B. Kieslage)

Unbelüftetes Warmdach als Betonkonstruktion

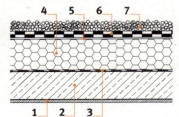

1 Innenputz
2 Betondecke
3 Dampfsperre
4 Wärmedämmung
5 Trennschicht
6 Schweißbahn
7 Oberbelag (z. B. Kieslage)

Umkehrdach als Betonkonstruktion

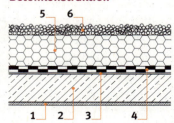

1 Innenputz
2 Betondecke
3 Trennschicht
4 Schweißbahn
5 Wärmedämmung
6 Oberbelag (z. B. Kieslage)

Dachterrassen

Bei Dachterrassen, gerade auf Flachdächern, sind eine gute Planung und die sorgfältige Ausführung zwingend, sonst sind Wasserschäden programmiert. Als Gehbelag sind Platten geeignet, die auf Abstandhaltern aus Kunststoff gesetzt werden, die wiederum auf der Flachdachdichtung stehen. Verhindern Sie in jedem Fall, dass Handwerker hier mit Verschraubungen im Dach etc. arbeiten! Auch Holzdielenbeläge oder Gitterroste können Verwendung finden. Entscheidend ist nur, dass auch diese auf Abstandhaltern zum Flachdach sitzen, die die Dichtungen des Flachdachs keinesfalls verletzen oder durchstoßen. Außerdem sollte zwischen den Abstandhaltern und dem Bodenbelag der Dachterrasse ein Zwischenraum bleiben, um Wasser abführen zu können.

Keine Verschraubungen im Dach vornehmen

Man kann auf Flachdächern auch einen verklebten Bodenfliesenbelag aufbringen. Dieser wird allerdings bei Reparaturen zerstört, während bei lose verlegten Platten, Holzpaneelen oder Gitterrosten ein einfacher Zugriff auf das eigentliche Flachdach möglich ist.

Achten Sie darauf, dass auch Geländerfüße nicht mit einer Bohrung durch die Dachdichtung montiert werden. Gegebenenfalls muss ein Geländer an der Attika montiert oder in selbsttragender Bauweise ausgeführt werden.

✓ Dachdeckerarbeiten: Flachdach	
erledigt am	
	Besprechen Sie mit dem Unternehmer die Schichtenfolgen des Dachaufbaus.
	Wird das Gefälle zu den Dachentwässerungsöffnungen durch Gefälle des Untergrunds erzeugt, sind die Richtung und ausreichende Neigung (2 %) zu prüfen.
	Wird das Gefälle zu den Entwässerungsöffnungen durch Gefällekeile der Dämmung erzeugt, muss im Bereich des Einlaufs die Mindestdämmdicke vorhanden sein (ca. 10 cm) und von dort aus die Dämmschicht zu den Rändern dicker werden.
	Es sollten mindestens zwei Einläufe oder ein Notüberlauf vorhanden sein.
	Der Untergrund des Flachdachs muss vor dem Verlegen der Dampfsperre sorgfältig gesäubert werden.
	Die sorgfältige Ausführung und Dichtigkeit der Dampfsperre unterhalb der Dämmung ist zu kontrollieren, damit die Dämmung nicht durch Kondensatbildung durchnässt wird.
	Kontrollieren Sie anhand der Verpackungszettel und Lieferscheine, ob die Dämmung in Dicke und Wärmeleitfähigkeit den Vorgaben entspricht.

Dachdeckerarbeiten: Flachdach Fortsetzung

erledigt am

Die Dämmung muss passgenau und ohne Lücken verlegt werden.

Die Dämmung nur bei trockenem Wetter auf trockenem Untergrund verlegen.

Die Stöße der Dichtungsbahnen müssen sich ausreichend überdecken (ca. 15 cm), die Nähte sollten den Wasserablauf zu den Einläufen nicht behindern.

Bei Temperaturen um den Gefrierpunkt sollten keine Klebearbeiten ausgeführt werden.

Prüfen Sie, ob alle Dachdurchdringungen (Schornstein, Entlüftungsrohre usw.) sorgfältig abgeklebt wurden.

Kontrollieren Sie, ob nach Aufbringen der Abdichtung die Gefällerichtung zu den Einläufen vorhanden ist und ein ausreichendes Gefälle (2 %) besteht.

Beim Übergang zwischen Dachfläche und Attika muss ein Keil eingesetzt werden, damit die Abdichtungsbahn nicht geknickt wird.

Kontrollieren Sie, ob die Oberkante der Attika mind. 15 bis 20 cm höher ist als die Oberkante der Dachabdichtung.

Wird eine Dachterrasse gebaut, ist darauf zu achten, dass die Belastung der Abdichtung nicht zu groß ist und die Abdichtung nicht verletzt werden kann.

Bei Dachbegrünung vor Auftragsvergabe den Statiker über das Begrünungssystem informieren und bestätigen lassen, dass dieser Dachaufbau bei der statischen Berechnung berücksichtigt wurde.

Bei Dachbegrünung von der ausführenden Firma bestätigen lassen, dass die Pflanzenauswahl auf das Begrünungssystem abgestimmt wurde.

Bei Dachbegrünungen muss eine Wurzelschutzbahn über der Abdichtung verlegt werden. Die einzelnen Bahnen müssen sich ca. 15 cm überlappen.

Kontrollieren Sie bei Kiesschüttungen anhand des Lieferscheins, ob die Körnung der Kiesschicht stimmt.

Kontrollieren Sie, ob die Dicke der Kiesschicht bei der statischen Berechnung berücksichtigt wurde.

Bei Schweißarbeiten an brennbaren Bauteilen müssen Brandschutzmaßnahmen getroffen werden, und nach Abschluss der Arbeiten muss für einige Stunden eine Feuerwache auf der Baustelle bleiben.

Wird die Arbeit längere Zeit unterbrochen, muss bei der Wiederaufnahme die Dachoberfläche auf Schäden untersucht werden.

Nach dem Ende der Arbeiten ist zu kontrollieren, ob die Dacheinläufe gereinigt wurden und ob Wasser ungehindert abfließen kann.

Klempner- bzw. Blechnerarbeiten

Die Klempnerarbeiten reichen von der Regenrinne bis zur Dachgaubenverkleidung. Klempner stellen zum Beispiel Verwahrungen, Eindichtungen mit Klemm- und Kappleisten, Wandanschlussbleche, Attikaverkleidungen, Ortgangbleche, Gaubeneindeckungen, Blechdacheinkleidungen und Regenrinnen her. Häufig übernimmt der Dachdecker diese Arbeiten mit.

Die Metalle kommen beim Klempner bzw. Blechner in der Regel als Blechtafeln oder aufgerollte Blechbänder in die Werkstatt. Hier werden sie vorgearbeitet und auf der Baustelle angepasst.

Häufig vorkommende Bauelemente wie Regenrinnen werden nicht extra hergestellt, sondern sind im Großhandel bereits vorgefertigt erhältlich.

Unterschiedliche Metalle dürfen niemals mit Kontakt verarbeitet werden (zum Beispiel Gaubenverkleidung aus Zink, Regenrohre der Gaube aus Kupfer), sonst besteht die Gefahr besonders aggressiver Kontaktkorrosion. Um Kontaktkorrosion zu vermeiden, müssen zwischen verschiedenen Metallen Zwischenlagen aus Kunststoff eingelegt werden. Bei Zinkarbeiten darf nur verzinktes Befestigungsmaterial, bei Kupferarbeiten nur Befestigungsmaterial aus Kupfer verwendet werden.

Verwahrungen, Eindichtungen, Wandanschlüsse, Attikaverkleidungen, Ortgang- und Kehlbleche sind die klassischen Arbeiten des Klempners bei Anpassungsarbeiten verschiedener Baustoffe und Konstruktionselemente eines Hauses. Hierbei kommt es auf das Herstellen von dichten Übergängen an.

Klassische Arbeiten des Klempners

- **Verwahrungen** dichten Lücken am Schnittpunkt zweier Bauteile, zum Beispiel Dachfläche und Schornstein, gegen Regenwasser ab.
- **Eindichtungen** sind zum Beispiel Metallformstücke aus Blei, die an sämtlichen Anschlusspunkten des Schrägdachfensters

an die Dachfläche angepasst werden. Eindichtungen sollten durch Wassertests gut überprüft werden, bevor der kostspielige Innenausbau beginnt. Nehmen Sie einen Wasserschlauch und lassen Sie Wasser oberhalb des Dachfensters und direkt über das Dachfenster laufen, während eine Person im Gebäude unter dem Dachfenster steht und schaut, ob Wasser durchdringt.

- **Wandanschlussbleche,** auch Klemm- oder Kappleisten genannt, finden zum Beispiel beim Anschluss von Garagendächern an die Hauswand Verwendung. Auch bei Kappleisten ist es sehr wichtig, dass an keinem Punkt entlang der Anschlusslinie Wasser eindringen kann. Kappleisten gehören mit ihrem obersten Abschnitt unter Putz. Sie dürfen auf keinen Fall nur einfach oben auf den abschließenden Hausputz montiert werden. Das kann bei dahinter ziehendem Wasser zu erheblichen Schäden führen.

- **Attikaverkleidungen** bilden den oberen Abschluss von erhöhten Flachdachumrandungen. Oft wird auf die erhöhte Mauerung noch eine Holzbohle montiert, die dem abschließenden Blech als konstruktiver Unterbau dient. Wichtig bei Attikaverkleidungen ist, dass kein Regenwasser in das Mauerwerk oder den Beton eindringen kann. Sie müssen daher außen umlaufend mit einer Tropfkante versehen sein, die mindestens drei Zentimeter von der Hausaußenwand entfernt ist. Attikableche und Mauerwerkskronen

Bleche, die beim Hausbau am häufigsten verwendet werden

Blechart und Werkstoffbezeichnung	Eigenschaften
Verzinktes Stahlblech Sto2Z	Kein perfekter Schutz gegen Korrosion. Schneiden und Falzen auf der Baustelle sind problematisch, da es an den Schnittstellen sehr schnell zu Korrosionsbildung und Rostschäden kommen kann.
Aluminium AlMnF14 bzw. 15	Lässt sich gut verarbeiten und hat eine hohe Korrosionsbeständigkeit. Schneiden und Falzen auf der Baustelle sind unproblematisch.
Mittelhartes Kupfer SF-Cu F24	Nicht allzu formstabil, aber besonders beständig; wird häufig für den Bau von Regenrinnen eingesetzt. Vor Ort angefertigte Schnittkanten und Falzungen sind unproblematisch.
Titanzink D-Znbd	Vorteile gegenüber verzinktem Stahlblech: weniger anfällig gegen Korrosion, geringere Wärmedehnfähigkeit, lässt sich besser löten.
Nicht rostender Stahl (Nirosta) NRS	Hauptvorteil gegenüber Titanzink, Aluminium und Kupfer: hohe Formstabilität. Nicht rostender Stahl kann weich und hart gelötet, aber auch geschweißt werden.
Blei Pb	Wird nach wie vor auf Baustellen eingesetzt. Wetterbeständige Oberfläche. Lässt sich sehr einfach formen. Wird häufig an schwierigen Anschlusspunkten verwendet.

müssen stets mit einer Trennschicht unter dem Blech ausgeführt und absolut windfest verankert werden. Außerdem muss das Vorstoßblech auf der Innenseite eines Flachdachs absolut wasserdicht mit den Dachbahnen verbunden sein.

- **Ortgangbleche** werden gebraucht, wenn herkömmliche Ortgangziegel keine Verwendung finden können, zum Beispiel bei einer sehr individuell geschnittenen Dachgeometrie ohne klaren seitlichen Abschluss des Dachs. Ortgangbleche werden entweder als Ergänzung auf Ebene der Ziegeldachhaut montiert oder seitlich darunter als Rinne.
- **Kehlbleche** werden am Schnittpunkt von zwei innengeneigten Dachflächen verwendet. Sie sitzen in der Regel tiefer als die beiden aneinanderstoßenden Dachflächen und führen das Wasser in einer flachen Rinne mit Kehlprofil zur Traufkante hin ab.

Ein weiteres Arbeitsfeld des Klempners ist die komplette Verkleidung von Wand- und Dachflächen, zum Beispiel von Dachgauben. Bei der Blecheindeckung von Dächern unterscheidet man zwischen Falz-, Leisten- und Profilbanddächern.

Blecheindeckung von Dächern

- Beim **Falzdach** werden zur Dachdeckung einzelne Blechbahnen verwendet, die an den Längsseiten Stehfalze erhalten. Jeder Stehfalz wird mit dem Stehfalz des Nachbarblechs längsseitig überlappend verbunden. Die Falze dichten die Nahtstellen ab, stabilisieren die Dachhaut und tragen zur Profilierung der Dachfläche bei, was einen sicheren Abfluss des Wassers ermöglicht.
- Bei **Leistendächern** werden die Blechbahnen links und rechts an Leisten herangeführt und im Winkel noch ein Stück an der Leistenseite nach oben geknickt. Über die Leisten und die seitlich angefalzten Blechbahnen werden dann Deckleisten gestülpt und stabil befestigt.
- **Profilbanddächer** werden ähnlich wie Falzdächer verlegt, bestehen aber aus vorgefertigten Profilen.

Paradoxerweise ist ein großes Problem flach geneigter Dächer nicht so sehr die Windangriffs-, also die Druckkraft, sondern die Windabzugs-, also die Sogkraft. An der windabgekehrten Seite entsteht ein Unterdruck, der so groß werden kann, dass das gesamte Dach losgerissen wird. Daher ist es sehr wichtig, dass neben Druckkräften (zum Beispiel durch Angriffswinde, Schnee- und Eislasten) auch die

Sogkräfte Berücksichtigung finden. Blechflachdächer bzw. deren Haftbügel sollten mindestens mit Rispennägeln in der Unterkonstruktion verankert werden, sehr viel besser aber geschraubt sein. Umherfliegende Flachdächer oder auch nur Flachdachteile sind lebensgefährliche Geschosse.

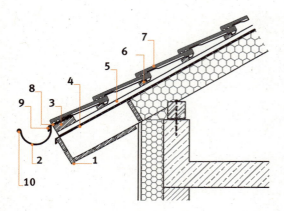

Regenrinne

1 Holzverschalung am Sparrenkopf
2 Rinne
3 Traufbohle
4 Unterspannbahn
5 Konterlattung
6 Lattung
7 Ziegel
8 Traufblech
9 Wasserfalz
10 Wulst

Regenrinnen

Die meisten Regenrinnen sind heutzutage Industrieware, die der Handwerksbetrieb beim Großhändler bezieht. Der Klempner stellt auf der Baustelle dann nur noch individuelle Detailanschlüsse her und montiert das gesamte Regenrinnensystem an das Dachtragwerk. Wichtig ist, dass Rinnen- und Fallrohrquerschnitt für die zu entwässernde Dachfläche gemäß DIN 18460 ausreichend groß sind, sonst läuft später bei jedem kräftigen Regenfall das Wasser über die Rinne und an der Fassade entlang nach unten. Außerdem muss die Rinne an ihrer hausabgewandten Längsseite, dem Wulst, immer mindestens einen Zentimeter niedriger sein als an ihrer hauszugewandten Längsseite, dem Wasserfalz. Die Rinnenhalter werden auf der Traufbohle befestigt. Auf der Traufbohle wird als Traufabschluss des Dachs häufig auch noch ein Traufblech eingesetzt, das erst in der Regenrinne mit einer Verfalzung endet. Die Unterspannbahn liegt direkt auf den Sparren auf. Wasser, das durch die Ziegeldeckung dringt, wird unterhalb der Rinne über ein Tropfblech entwässert. Eine weitere Möglichkeit ist die Entwässerung der Unterspannbahn direkt in die Regenrinne.

Regenrinnen müssen Längenänderungen durch Temperaturschwankungen ungehindert ausgleichen können, sonst kommt es zu Schäden. Der Dehnungsausgleich kann zum Beispiel durch einfachen Rinnenüberhang im Rinneneinlaufkessel erfolgen. Der Einlaufkessel sollte am Übergang zum senkrechten Fallrohr ein Schutzgitter haben, damit es nicht durch Laub oder tote Vögel verstopft wird.

Bei Flachdächern kommen häufig Kastenrinnen zum Einsatz, entweder als umlaufende Dachentwässerung mit Abführung des Wassers durch die Attika hindurch auf die Außenseite, wo es über Rinnen-

kessel in die Fallrohre geführt wird oder als dachmittige Entwässe-
rungen. Wichtig bei offenen Rinnen auf Flachdächern ist in jedem Fall,
dass sie sehr gut abgedichtet sind, leicht auf Verstopfung kontrolliert und gereinigt werden können und dass sie ausreichend Gefälle
aufweisen, um auch größere Regenwassermengen zügig abführen
zu können (DIN 18460).

✓ Klempnerarbeiten

erledigt am

		Kontrollieren Sie die Blechstärken, wenn eine bestimmte Dicke vereinbart wurde.
		Werden verzinkte Eisenbleche auf der Baustelle geschnitten, müssen die Schnittkanten gegen Korrosion geschützt werden.
		Übergänge zu anderen Materialien (z. B. verputzte Fassade) müssen sorgfältig herge-stellt worden sein.
		Unterschiedliche Metalle dürfen niemals mit Kontakt verarbeitet werden, sonst besteht die Gefahr besonders aggressiver Kontaktkorrosion.
		Bei Zinkarbeiten darf nur verzinktes Befestigungsmaterial, bei Kupferarbeiten nur Befestigungsmaterial aus Kupfer verwendet werden. Kontrollieren Sie, ob die richtigen Schrauben und Nägel verwendet wurden.
		Bei Regenrinnen über 7 m Länge muss ein Dehnungsausgleich eingearbeitet sein.
		Wurden die Regenrinnen durchgehend mit Gefälle zu den Abläufen verlegt? Es darf kein Wasser in der Rinne stehenbleiben.
		Die Rinnenvorderkante sollte tiefer als die Rinnenhinterkante sein, damit bei Verstop-fung das Wasser vorn überläuft und nicht in die Verschalung der Traufe.
		Steildach: Prüfen Sie, ob die Unterspannbahn ohne durchzuhängen auf das Traufblech geführt wird. Dort kann sich sonst Wasser sammeln.
		Flachdach: Ist die Dämmung seitlich an der Attika hinaufgeführt, sollte auch die Ober-kante der Attika gedämmt sein, um Wärmebrücken weitestgehend zu vermeiden.
		Sind Brüstungsabdeckungen und Attikaverwahrungen mit Gefälle nach innen ausge-bildet, damit abgelagerter Schmutz nicht vom Regen auf die Fassade gespült wird?
		Abdeckungen müssen ausreichend überstehen (mind. 2 cm) und eine ausgebildete Tropfkante haben.
		Walzbleianschlüsse an Dachflächen müssen der Dachform sorgfältig angepasst sein.
		Wenn die Dachentwässerung innerhalb des Hauses verläuft, müssen die Leitungen gegen Schwitzwasser gedämmt werden.
		Bevor die an der Wand hochgeführten Abdichtungsbahnen mit Blechen verkleidet werden, ist unbedingt zu kontrollieren, ob die Abdichtung unbeschädigt ist.
		Unter Fensterbänken mit Metallblechen sollte ebenfalls gedämmt werden, um Wärme-brücken zu vermeiden.
		Alle Blechverkleidungen müssen gegen Windangriff und Windsog gesichert werden.

> **Tipp**
> Überlegen Sie, ob sich der Einbau von Regenrohrklappen mit Sieb in die Fallrohre lohnt, um das Regenwasser in Behälter zu leiten und für den Garten zu nutzen.

Bei der Montage der Fallrohre sollten Sie darauf achten, dass die Montageanker Vollwärmeschutzschichten an der Hauswand nicht einfach durchdringen, sondern dass sie mit einer thermischen Trennung eingebracht werden. Die metallenen Montageanker ziehen sonst später Kondenswasser an, das dann in die Wärmedämmung sickert. Außerdem sollte im Sinne des Wärmeschutzes bei einer sorgfältigen Außendämmung ohnehin jede potenzielle Wärmebrücke vermieden werden.

13 Fensterarbeiten

Bevor die Installation und Montage des Innenausbaus beginnt, muss der Rohbau komplett geschlossen sein: Der Mauerwerksrohbau der Außenwände muss fertiggestellt sein, der Dachstuhl gesetzt, Fenster und Außentüren müssen montiert sein.

Das hat zwei Gründe: Zum einen können erst in einem geschlossenen Rohbau auch kälte- und feuchtempfindliche Gewerke ausgeführt werden (zum Beispiel Innentüren), zum anderen schützt ein geschlossener Rohbau vor dem Diebstahl wertvoller Ausbauelemente, etwa einer teuren Heizungszentrale.

Bei Fenstern ist grundsätzlich auf gute Verfalzungen, Dichtungen und Wasserabführungen sowie stabile Bänder und Schließmechanismen zu achten. Bestehen Sie bei Holzfenstern immer auf den Güterichtlinien des Rosenheimer Instituts für Fenstertechnik e. V. (www.ift-rosenheim.de). Jeder gute Fensterbauer und Bauleiter in Deutschland kennt diese.

Lassen Sie sich den Wärmedämmwert (U-Wert) sowie den Schalldämmwert für jedes einzelne Ihrer Fenster vom Fensterbauer schriftlich nachweisen. Ein guter U-Wert liegt bei 0,8, der schlechteste U-Wert, den die Energieeinsparverordnung (EnEV) noch zulässt, bei 1,3 bzw. 1,4 (Dachfenster). Lassen Sie sich bei edelgasgefüllten

Fenstern feste Garantiezeiten gegen vorzeitiges Erblinden Ihrer Fenster und Entweichen des Edelgases geben.

Fenstermontage

Erfahrene Fensterbauer richten sich bei der Fensterherstellung nicht nach Planangaben, sondern machen immer ein Aufmaß vor Ort.

Wenn die Fenster angeliefert und gesetzt werden, sollte das Wetter nach Möglichkeit trocken sein. Zunächst setzt der Fensterbauer die Fenster durch Holzklötzchen gestützt in die Rohbauöffnungen ein und richtet sie lotrecht und waagerecht aus. Anschließend montiert er die Fenster über Metallverbinder fest mit der Rohbauwand. Hierbei ist genau darauf zu achten, dass die Metallverbinder nicht vom späteren Warmbereich (innen) in den späteren Kaltbereich (außen) laufen. Sie werden sonst zu kleinen Wärmebrücken, die an den Montagepunkten durch Kondenswasserbildung feuchte Flecken hervorrufen können.

Fenstermontage bei trockenem Wetter

Wenn das Fenster so weit fixiert ist, wird der Raum zwischen Rohbauwand und Fenster oft mit PU-Schaum ausgefüllt, nicht selten aber auch mit Mineralwolle oder mit dauerelastischen Stoffen ausgestopft. Sie sollten darauf achten, dass keine unausgefüllten Stellen vorhanden sind, die wiederum Wärmebrücken bilden. Die Laibung des Mauerwerks sollte zusätzlich gedämmt werden, auch die Brüstungsoberseite unter den Fensterbänken. Wenn Mineralwolle verwendet wird, muss sie trocken sein. Eingeschlossene Feuchtstellen können zu Schimmelbildung führen. Grundsätzlich zu empfehlen ist eine vertraglich vereinbarte sogenannte RAL-Fenstermontage, da sie die beste Qualität bietet.

Falls an das Fenster direkt Außenfensterbänke angeschlossen werden, ist darauf zu achten, dass dichte Übergänge entstehen, die nirgendwo Wasser eindringen lassen. Gleiches gilt für die seitlichen Fensterlaibungen, an denen die Fenster an die Rohbauwand anschließen. In keinem Fall darf an irgendeiner Stelle Wasser eintreten können. Auch die später noch zu setzende Rollladenschiene muss so eingefügt werden, dass keine feuchteanfälligen Übergangsstellen entstehen.

Tipp

Ein großes Ärgernis auf Baustellen ist das Beschädigen von Fensterglas durch Nachfolgegewerke. Überlegen Sie, ob der Fensterbauer die Fenster nach der Abnahme wieder schützen soll. Eine entsprechende Position können Sie in das Leistungsverzeichnis aufnehmen.

Die Gewerke – Qualitätskontrolle der Bauausführung

✓ Fensterarbeiten

erledigt am

Kontrollieren Sie vor dem Aufmaßtermin mit dem Fensterbauer die Größen der vom Rohbauer erstellten Fensteröffnungen.

Messen Sie die Brüstungshöhen nach und prüfen Sie, ob die Öffnungen waagerecht und lotrecht gemauert sind.

Beim Aufmaßtermin müssen Ansichtspläne (⋯⇾ Seite 24) vorliegen, in denen die Aufschlagrichtungen der einzelnen Fensterelemente eingezeichnet sind.

Besprechen Sie detailliert jedes einzelne Fenster (z. B. Öffnungsrichtung, wo feste Verglasung, Stulp oder Pfosten bei doppelflügeligen Fenstern usw.).

Besprechen Sie, ob bei Fenstertüren die Türschwellen vom Maurer ausgeführt werden oder ob der Fensterbauer den Rahmen im unteren Bereich aufdoppelt.

Wird beim Aufmaßtermin von der aktuellen Werkplanung abgewichen, lassen Sie sich zur Kontrolle nochmals Ansichtszeichnungen der einzelnen Fenster mit allen Eintragungen zukommen.

Werden die Rahmen in Sonderfarben ausgeführt, lassen Sie sich schon bei Vertragsabschluss ein Farbmuster geben und vergleichen Sie den Farbton vor dem Einbau der Fenster.

Kontrollieren Sie jedes Fenster auf Übereinstimmung mit den Vorgaben (Öffnungsrichtung, Öffnungsart, Fensteraufteilung usw.).

Für Glasfüllungen im Brüstungsbereich muss Sicherheitsglas verwendet werden.

Lassen Sie sich das Prüfzeugnis der Verglasung vorlegen (Wärmedämmwert, Schallschutzklasse).

Beim Einbau der Fenster ist darauf zu achten, dass alle Räume zwischen Fenster und Mauerwerk sorgfältig ausgeschäumt oder ausgestopft wurden.

Prüfen Sie mit der Wasserwaage, ob die Fenster waagerecht und lotrecht eingebaut wurden.

Die Öffnungsflügel müssen in jeder Position stehenbleiben (wenn sich das Fenster nach dem Öffnen von selbst wieder schließt, muss nachjustiert werden).

Prüfen Sie, ob sich alle Öffnungsflügel ordnungsgemäß öffnen und schließen lassen, ohne dass der Schließmechanismus hakt oder der Flügel am Rahmen streift.

Bei der Abnahme sollten die Scheiben gereinigt sein, damit Sie Beschädigungen am Glas erkennen können.

Prüfen Sie die ordnungsgemäße Versiegelung aller Glasscheiben.

Achten Sie auch darauf, dass der Scheibenzwischenraum weder beschlagen noch verschmutzt ist (Hinweis auf Schaden an der umlaufenden Verfugung oder Sprung im Glas).

Kontrollieren Sie alle Rahmenteile auf Kratzer oder andere Beschädigungen.

Werden abschließbare Fenstergriffe eingebaut, zählen Sie die Schlüssel nach.

Achten Sie darauf, dass alle Lippendichtungen in die Öffnungsflügel eingebaut sind.

Zu guter Letzt sollte auch der **Sonnenschutz** berücksichtigt werden. Bei Dachflächenfenstern können das zum Beispiel außen angebrachte Abschattungssysteme sein, die im Sommer vor der hochstehenden Sonne schützen, im Winter jedoch das Licht ins Haus lassen.

Rollladenarbeiten

Wenn die Fenster gesetzt sind, kann der Einbau der Rollläden erfolgen. Der Rohbauer hat in der Regel bereits wärmegedämmte Kästen über den Fensterausschnitten eingemauert, sodass der Rollladenbauer jetzt relativ einfach seine Rollläden in diese Kästen setzen kann.

Rollladenelemente
Ein Rollladen besteht aus dem **Rollladenkasten,** aus der **Laufrolle** mit **Rollenlager** und eventueller **Kurbelübersetzung,** aus den **Lamellen,** die gemeinsam den Rollladenpanzer ergeben, sowie aus den **Stoppern,** die an der untersten Lamelle befestigt sein sollten und den Rollladen an zu tiefem Einfahren in den Rollladenkasten hindern. Außerdem besteht ein Rollladensystem aus den außen an den Fensterlaibungen angebrachten **Laufschienen** und den innen angebrachten Bedienungsinstrumenten, wahlweise eine **Kurbelstange,** ein **Rollladengurt** mit **Gurtwickler** oder ein elektronischer **Rollladenmotor.**

Rollladenmontage
Bei der Rollladenmontage ist wichtig, dass der Rollladen sorgsam eingepasst wird. Er darf beim Laufen in den seitlichen Rollladenschienen weder zu wenig noch zu viel Spiel haben. Er klemmt sonst oder kann aus den Schienen laufen. Jede Lamelle muss absolut waagerecht laufen. Er muss sich ferner ohne Probleme bedienen lassen, das heißt, insbesondere die Laufrolle des Rollladens sowie deren Übersetzung zu Gurtwickler oder Kurbelgestänge muss gut gelagert und laufsicher eingebaut sein. Hier gibt es immer wieder

> **Tipp**
>
> In Nassbereichen (Küchen, Bäder) sollten keine Gurtbänder verwendet werden. Bereits die hohe Luftfeuchte in diesen Räumen kann dazu führen, dass Gurtbänder die Feuchtigkeit aufnehmen und im aufgewickelten Zustand nicht mehr abgeben können. Sie beginnen dann oft, in den Kästen zu schimmeln. Verwenden Sie in diesen Räumen besser Kurbelstangen.

174 Die Gewerke – Qualitätskontrolle der Bauausführung

✓ Rollladenarbeiten

erledigt am

Der Rollladenkasten muss wärmegedämmt sein, wenn er nicht vor die Fassade gesetzt wird. Kontrollieren Sie den Wärmedämmwert (U-Wert) im Prüfzeugnis.

Die Revisionsklappe muss ebenfalls gedämmt sein, wenn der Rollladenkasten im Mauerwerk montiert wird.

Lassen Sie sich bei Kunststoffrollläden das Prüfzeugnis vorlegen.

Prüfen Sie bei Holzrollläden die Astfreiheit der einzelnen Lamellen.

Prüfen Sie, ob die Lamellengröße mit den Vorgaben der Leistungsbeschreibung übereinstimmt.

Achten Sie darauf, dass die Farbe des Rollladenpanzers mit der ausgewählten Farbe übereinstimmt.

Prüfen Sie, ob das Gurtwicklerband bzw. die Kurbel auf der richtigen Seite des Fensters ist (in den Werkplänen muss eine entsprechende Eintragung vorhanden sein).

Kontrollieren Sie, ob alle Gurtwickler in der gleichen Höhe angebracht wurden.

Das Gurtwicklerband muss lotrecht an der Fensterlaibung geführt werden.

Klären Sie bei elektrischen Rollläden, ob ein Nothandbetrieb vorgesehen ist und wie er funktioniert.

Der Rollladen muss sich vollständig öffnen und schließen lassen, ohne zu haken, und in jeder Stellung zu arretieren sein.

Die Lamellen müssen waagerecht abgewickelt werden (Wasserwaagentest).

Der Rollladen darf beim Aufwickeln nicht an der Dämmung streifen.

Die Lamellen dürfen kein zu großes Spiel in den Rollladenführungsschienen haben, sonst klappern sie bei Wind.

Die Lamellen müssen gegen seitliches Verschieben gesichert sein, damit sich der Rollladen bei Bedienung nicht verhakt.

Kontrollieren Sie, ob die Einbruchsicherung (wenn vorhanden) funktioniert, indem Sie von außen die Lamellen im geschlossenen Zustand hochzuschieben versuchen.

Die Revisionsklappe des Rollladenkastens sollte gut zugänglich sein, damit bei Reparaturen keine Anschlussbauteile beschädigt werden.

Ärger wegen nicht sauber montierter Laufrollenlager, deren Schrauben dann die Drehbewegung der Laufrolle behindern.

Wichtig ist auch, dass die Gurtbänder von der oberen Laufrolle bis hinunter zum Gurtwickler exakt senkrecht laufen. Tun sie das nicht, kommt es wegen der ungleichen Belastung des Bands früher oder später zu Materialermüdungen. Sorgen Sie auch dafür, dass der Gurtwicklerkasten innen in ausreichendem Abstand zur Fensterlaibung eingebaut wird, damit das seitliche Mauerwerk nicht ausbrechen kann.

Ein Rollladen ist ein reparaturanfälliges Bauteil. Deshalb sollte er immer gut zugänglich bleiben. Achten Sie darauf, dass entsprechende Revisionselemente zum Öffnen vorhanden sind, die ebenfalls wärmegedämmt sein sollten.

Fassade mit Wärmedämmverbundsystem

Bei einer Fassade mit Wärmedämmverbundsystem (WDVS) besteht die Außenwand aus mehreren Schichten. Für die tragende Mauer wird meist ein preiswerter Kalksandstein verwendet, der auch die Lasten aus dem Bauwerk trägt. Den Wärme- und Wetterschutz übernimmt ein davor befestigtes Dämmsystem aus aufeinander abgestimmten Komponenten, für die eine bauaufsichtliche Zulassung bestehen muss. Das Dämmsystem besteht aus Dämmmaterial, den Befestigungsmitteln, der Putzbewehrung, Anschlussschienen für die Fassadenelemente wie Fenster und Sockel sowie dem Außenputz.

Wärmedämmverbundsysteme sind heute ausgereifte Konstruktionen zur Wärmedämmung von Außenwänden, wenn sie nach den Herstellervorschriften montiert werden. Lassen Sie sich unbedingt die bauaufsichtliche Zulassung vorlegen, bevor mit den Arbeiten begonnen wird!

Als **Dämmstoff** werden am häufigsten Mineralfaserplatten oder Polystyrolplatten eingesetzt. Beide Materialien sind fast gleichwertig und in der gleichen Wärmeleitfähigkeitsgruppe (WLG) lieferbar. Diese sagt aus, wie gut die Wärmedämmung eines Baustoffs ist.

Eine Dämmplatte mit WLG 035 hat bei gleicher Dicke eine bessere Dämmwirkung als eine Dämmplatte mit WLG 040.

Polystyrolplatten müssen in der Regel nur geklebt werden, wenn eine bestimmte Wandhöhe nicht überschritten wird. Mineralfaserplatten müssen dagegen geklebt und gedübelt werden. Genaue Informationen finden Sie in der Zulassung des WDVS.

Je dicker die Dämmschicht wird, desto mehr fallen Wärmelecks (sogenannte Wärmebrücken) ins Gewicht und desto sorgfältiger müssen alle Details, zum Beispiel Fensteranschlüsse, ausgeführt werden.

Die häufigsten Ausführungsfehler bei Fassaden mit WDVS

- Fehlerhafte Befestigung der Platten auf dem Untergrund
- Wärmebrücken durch unsaubere Verarbeitung und Lücken
- Fehlerhafte Anschlüsse an Fenster und auskragende Bauteile
- Fehlende oder nicht ausreichende Gewebearmierung
- Keine versetzten Fugen bei der Montage der Dämmplatten

Der **Sockelbereich** unterliegt einer besonderen Beanspruchung durch Spritzwasser. Hier kommen deshalb nur Dämmplatten zum Einsatz, die keine Feuchtigkeit aufnehmen können. Diese werden mit einem speziellen Sockelputz und wasserabweisendem Anstrich versehen, anders als die Wandflächen, bei denen ein diffusionsoffener mineralischer Putz oder Kunstharzputz zum Einsatz kommt. Ein Dachüberstand von mindestens 50 Zentimetern sollte die Fassade zusätzlich vor Regen schützen.

Wenn die Fenster mittig im Mauerwerk sitzen, müssen die **Fensterlaibungen** ebenfalls gedämmt werden. Schließen die Fenster außen bündig mit dem Mauerwerk ab, kann man den Rahmen mit den Dämmplatten einige Zentimeter überdecken.

Vor dem Verputzen der Fassade werden alle Dämmplattenstöße, Ecken und Übergänge mit Gewebeband verstärkt, um Risse zu vermeiden. Das Gewebeband muss ausreichend überlappen. Die Arbeiten sollten vor dem Verputzen unbedingt darauf kontrolliert werden, ob sie nach den Vorgaben des Herstellers ausgeführt wurden. Der Putz wird anschließend zweilagig aufgebracht. Wenn die Fassade in einzelnen Bereichen besonderen Druckbelastungen ausgesetzt ist, sollten diese auch mit Gewebeband armiert werden.

Speziell auf der Nordseite von hochgedämmten Hausfassaden kann es zu Algenbildung kommen, weil sich Feuchtigkeit aus der Außenluft an der Fassade absetzt und langsamer trocknet als bei schlecht gedämmten Fassaden oder stärker von der Sonne beschienenen Wänden. Mineralische Putze sind aufgrund ihres pH-Werts (alkalisch) nicht so anfällig für Algenbewuchs wie Kunstharzputze. Diese können zwar mit algenwuchshemmenden Bindemitteln versehen werden, die langfristig aber ausgewaschen werden können.

Wärmedämmverbundsystem

erledigt am

		Vor Beginn der Arbeiten sollte geprüft werden, ob der Untergrund eben und lotrecht hergestellt wurde und ob die Fenster lotrecht und parallel zur Außenwand eingebaut wurden.
		Lassen Sie ebenfalls noch vor Beginn der Arbeiten den Feuchtigkeitsgehalt der Wände messen und sich schriftlich bestätigen, dass dieser gemäß den Verarbeitungsrichtlinien nicht zu hoch ist.
		Klären Sie, ob dem Unternehmer zu allen besonderen Punkten am Gebäude Ausführungsdetails vorliegen.
		Bei sehr kalten Temperaturen sollte nicht geklebt werden, Herstellervorschrift beachten.
		Überprüfen Sie auf der Verpackung der Dämmung, ob die geforderten Eigenschaften vorliegen (Dicke, Wärmeleitfähigkeit, Material usw.).
		Klären Sie, ob an bestimmten Stellen Dehnungsfugen notwendig sind.
		Kontrollieren Sie, ob die Dämmplatten nach Herstellervorschrift befestigt wurden.
		Prüfen Sie, ob die Profile nach Herstellervorschrift befestigt wurden.
		Prüfen Sie, ob der vorgeschriebene Klebemörtel verwendet wurde.
		Wenn der Keller nicht gedämmt wird, sollte die Dämmung des Sockelbereichs mind. 60 cm unter Bodenniveau reichen.
		Kontrollieren Sie, ob der Sockelbereich nach den Vorgaben des Leistungsverzeichnisses hergestellt wurde.
		Prüfen Sie, ob auch unter den Fensterbänken gedämmt wurde.
		Beim Anschluss der Dämmung an den Fensterrahmen ist auf luftdichte Ausführung nach den Herstellervorgaben zu achten.
		Achten Sie darauf, dass nirgendwo neue Wärmebrücken entstehen (z.B. bei der Montage eines Vordachs).
		Vor dem Verputzen sollte kontrolliert werden, ob die erforderlichen Gewebebänder vorhanden sind und die Überlappung der Herstellervorschrift entspricht.
		Lassen Sie sich einige Putz- und Farbmuster anfertigen, bevor die ganze Fassade verputzt wird.

Putzfassade

Man unterscheidet Wandputze auf Kellerwänden, Außensockeln und Außenwänden. Für **normalen Wandputz** können Kalk- oder Kalkzementputze verwendet werden, für den **Sockelbereich** eignen sich aufgrund ihrer wasserabweisenden Eigenschaften Zementputze.

Grundsätzlich sollte der Putz nicht auf Mischmauerwerk (Mauerwerk aus unterschiedlichem Material) aufgebracht werden, da hier Spannungen im Untergrund entstehen können. Durch Ergänzungsprodukte wie Ziegelstürze bei Ziegelmauerwerk kann ein homogener Putzgrund geschaffen werden. An glatten Flächen wie etwa Beton haftet der Unterputz nicht, hier muss der Untergrund zunächst aufbereitet werden, etwa durch Aufbringen eines Spritzbewurfs, der ausreichend rau ist, oder durch Montage von Putzträgern wie Holzwolle-Leichtbauplatten. Spritzbewurf muss vor weiteren Arbeitsgängen ausreichend fest sein, was in der Regel mindestens zwölf Stunden dauert.

An den Ecken des Gebäudes, an Fensterlaibungen und als unteres Abschlussprofil zum Sockelputz werden Putzprofile angebracht. Der Handwerker kann mit solchen Profilen leichte Abweichungen korrigieren, wenn das Mauerwerk nicht ganz lotrecht ist. Außerdem dienen diese Profile als Abziehhilfe beim Auftragen des Putzes und später als Kantenschutz.

An allen Fensteröffnungen sowie an Materialübergängen des Untergrunds müssen Kunststoffgewebematten oder Rippenstreckmetalle eingeputzt werden, um Risse im Putz durch kleine Bewegungen des Untergrunds oder unterschiedliche Materialeigenschaften zu vermeiden.

Fensterflächen und -rahmen sorgfältig vor Verschmutzung schützen

Die Fensterflächen und -rahmen müssen sorgfältig vor Beschmutzung mit Putz geschützt werden, da der Putz das Rahmenmaterial und Glas angreifen und schädigen kann. Optimal geht das mit Anputzleisten aus Kunststoff, die am Fensterrahmen aufgeklebt werden und gleichzeitig einen winddichten Anschluss des Laibungsputzes an das Fenster ermöglichen. Anputzleisten haben einen mit Klebeband beschichteten Kunststoffstreifen, auf den die Schutzfolie des Fensters geklebt werden kann. Nach Fertigstellung des Außenputzes werden diese Kunststoffstreifen an der Sollbruchstelle geknickt und entfernt.

Außenputz wird heute in der Regel maschinell hergestellt und zweilagig aufgebracht. Bei der ersten Schicht handelt es sich um den Unterputz, der etwa 15 bis 20 Millimeter dick ist. Empfohlen wird zum Trocknen ein Tag Standzeit je Millimeter Unterputzdicke. Danach kann der Oberputz aufgetragen werden, der circa fünf Millimeter dick ist. Die gesamte Außenputzstärke beträgt also 20 bis 25 Millimeter. Bei den meisten Putzsystemen sind Unter- und Oberputz aufeinander abgestimmt. Putze müssen diffusionsoffen sein, damit bei der Wasserdampfdiffusion von innen nach außen kein Feuchtigkeitsstau auf der Innenseite des Außenputzes entsteht. Außerdem muss der Putz auf den Untergrund abgestimmt sein. Bei stabilem Putzgrund gilt die Faustregel, dass zwischen Unter- und Oberputz ein Festigkeitsgefälle nach außen vorliegt. Das bedeutet: Der Oberputz muss weicher sein als der Unterputz, weil Klimaeinwirkungen von außen zu berücksichtigen sind.

Bei wärmetechnisch optimiertem Außenmauerwerk aus großformatigen Poren- bzw. Leichtbetonsteinen oder aus großformatigen Leichthochlochziegeln haben sich Putzsysteme mit Leichtunterputzen bewährt, die in ihren Festigkeits- und Verformungseigenschaften auf dieses Mauerwerk abgestimmt sind. Die Putzoberfläche lässt sich unterschiedlich gestalten. Man unterscheidet zum Beispiel geriebenen Putz, Kratzputz, Spritzputz, Kellenwurfputz. Bevor die gesamte Fassade mit dem Oberputz versehen wird, sollten Sie zunächst mehrere etwa einen Quadratmeter große Putzmuster erstellen lassen.

Witterungseinflüsse

Bei Außenputzarbeiten muss besonders auf die Witterung geachtet werden. Zu hohe Temperaturen und extreme Trockenheit sind ebenso schädlich wie Frostgefahr. Auch bei drohendem Regen sollte keinesfalls mit den Putzarbeiten begonnen werden. So manches Tagewerk wurde schon durch einen Gewitterschauer von der Fassade gewa-

Tipp

Sobald Sie den Putz ausbessern oder die Fassade neu streichen, lohnt sich eine gleichzeitige Dämmung der Außenwand. Lassen Sie sich dazu bei den Energieberatungsstellen der Verbraucherzentralen beraten (Adressen Seite 254 ff.).

Wärmedämmputzsysteme

Wenn der Außenputz zur Wärmedämmung der Außenfassade beitragen soll, kommen Wärmedämmputzsysteme zum Einsatz.

Der wärmedämmende Unterputz enthält Zusatzstoffe wie expandiertes Polystyrol, durch die der wärmedämmende Effekt erreicht wird. Die Dicke des Unterputzes beträgt zwischen 20 und 100 Millimeter. Je nach Dicke muss eine ausreichende Trockenzeit eingehalten werden, mindestens jedoch sieben Tage. Danach kann der wasserabweisende Oberputz aufgetragen werden, der 10 bis 15 Millimeter dick ist.

180 Die Gewerke – Qualitätskontrolle der Bauausführung

schen. Frisch aufgetragener Putz sollte vor direkter Sonneneinstrahlung, Zugluft und Regen geschützt werden. Das geschieht durch eine Folie, die am Gerüst befestigt wird.

Putzschäden

Ursachen für schadhafte Putzfassaden

Werden nach Ausführung der Arbeiten Risse sichtbar oder löst sich gar der Putz von der Außenwand ab, müssen die Ursachen vor Ort von einem Sachverständigen untersucht werden. Risse im Fugenverlauf des Mauerwerks deuten zum Beispiel auf mangelhafte Mauerwerksfugen hin, können aber auch einen zu dünnen Putzauftrag als Ursache haben. Netzartige Risse lassen darauf schließen, dass der Putz durch Sonnenbestrahlung oder Hitze zu schnell ausgetrocknet ist oder der Oberputz fester ist als der Unterputz. Ein Absanden der Putzfläche kann entstehen, wenn sie durch einen zu stark saugenden Putzgrund zu schnell austrocknet. Löst sich der Putz großflächig vom Untergrund, kann dies an zu großen Putzdicken in einem Arbeitsgang liegen oder an einem fehlenden Spritzbewurf.

✓ Außenputzarbeiten

erledigt am

☐ ☐ Klären Sie mit dem Unternehmer, ob der Putzgrund (z. B. porosierte Leichtziegel oder Leichtbetonsteine) besondere Anforderungen an das Putzsystem stellt. Glatte Außenwandflächen, z. B. aus Beton, müssen vorbereitend mit einem Putzträger oder Spritzbewurf versehen werden.

☐ ☐ Bei Frostgefahr oder drohendem Regen sollte nicht mit den Putzarbeiten begonnen werden.

☐ ☐ Kontrollieren Sie den winddichten Anschluss an Fenster- und Türrahmen durch spezielle Profile.

☐ ☐ An allen Außenecken, Laibungen und unteren Abschlüssen zum Sockelputz müssen Profile gesetzt werden.

☐ ☐ Die Ecken von Wandöffnungen müssen mit Gewebeband oder Streckmetall gegen Rissbildung geschützt werden.

☐ ☐ Fenster- und Türelemente müssen sorgfältig vor Verschmutzungen geschützt werden.

☐ ☐ Lassen Sie ein oder mehrere Putzmuster anfertigen, bevor der Oberputz aufgetragen wird.

☐ ☐ Schützen Sie frisch verputzte Flächen vor zu schneller Austrocknung durch Zugluft oder direkte Sonneneinstrahlung.

☐ ☐ Lassen Sie nach dem Verputzen den Schutz entfernen und kontrollieren Sie die Fenster und Türen auf Schäden.

Klinkerfassade

Als Alternative zu einer Putzfassade oder einer Holzverschalung kann vor die tragende Außenwand auch ein Verblendmauerwerk (Verblendschale) aus Ziegeln gesetzt werden. Dabei gibt es drei Ausführungsvarianten:
- mit Luftschicht
- mit Luftschicht und Dämmung
- mit Kerndämmung

Das Verblendmauerwerk hat keine tragende Funktion, diese wird durch die innere Schale – also das innere Mauerwerk – gewährleistet, die mindestens 11,5 Zentimeter dick sein muss, in der Regel jedoch eine Dicke von 17,5 Zentimetern und mehr hat. Beide Schalen werden durch korrosionsbeständige Anker miteinander verbunden. Die Anker werden horizontal alle 75 Zentimeter und vertikal alle 25 Zentimeter gesetzt. Je Quadratmeter Wandfläche müssen fünf Anker vorhanden sein. Der Abstand zwischen Außenschale und tragender Innenschale darf maximal 150 Millimeter betragen. Die Anker müssen so ausgebildet sein, dass Wasser nicht auf die innere Wandschale geleitet werden kann. Das ist dann gewährleistet, wenn die Maueranker zum Beispiel leicht nach unten geneigt oder durch Tropfscheiben gesichert sind.

Aufgrund des hohen Fugenanteils ist eine Verblendschale niemals völlig wasserdicht. Es kann davon ausgegangen werden, dass bei Schlagregen und Winddruck Wasser die Verblendschale durchdringt. Deshalb muss verhindert werden, dass dieses eindringende Wasser die Dämmung durchnässen und in die innere Schale eindringen kann. Außerdem müssen die Fußpunkte so ausgebildet sein, dass eingedrungenes Wasser sicher abgeführt wird. Alle dazugehörenden Details müssen bereits in der Planungsphase geklärt und zeichnerisch dargestellt werden. Vor Beginn der Arbeiten sollten dem Unternehmen unbedingt folgende Detailpläne vorliegen:
- Ausbildung des Fußpunkts
- Lage von Dehnungsfugen
- Ausbildung der Fensterbänke und -stürze

Eingedrungenes Wasser muss abgeleitet werden

- Ausbildung des Traufpunkts bzw. Anschluss an das Flachdach
- ggf. zeichnerische Darstellung von Mauerwerksverbänden

Fußpunkt

Im ersten Arbeitsgang wird die Fußpunktdichtung erstellt. Diese besteht meist aus einer selbstklebenden bitumenbeständigen Folie mit überdeckenden Stößen, die bis circa 30 Zentimeter über Geländeniveau an der tragenden Innenschale hochgeführt wird. Auf dieser Abdichtung wird dann aufgemauert.

Verblendschale

Die erste Steinreihe sollte zunächst ausgelegt werden, um das Verlegemuster zu überprüfen und die Steine bei Bedarf auszumitteln. Die Ziegel sollten gleichzeitig aus verschiedenen Paletten verarbeitet werden, damit ein einheitliches Farbenspiel gewährleistet ist. Sollen die Fugen nachträglich endverfugt werden, müssen sie beim Aufmauern flankensauber eineinhalb bis zwei Zentimeter tief ausgekratzt werden. Lüftungsöffnungen müssen am Fußpunkt über der Feuchtigkeitsabdichtung, in der obersten Mauerschicht, unterhalb von Brüstungen und oberhalb von Stürzen zum Beispiel in Form von offenen Stoßfugen angelegt werden. Liegt die unterste Verblenderreihe unter Geländeniveau, müssen weitere Stoßfugen über Geländeniveau ausgespart werden. Auf 20 Quadratmetern Wandfläche werden circa 75 Quadratzentimeter Öffnungen vorgesehen. Bei längeren Arbeitspausen oder Regen müssen die Oberseiten des Verblendmauerwerks abgedeckt werden.

Genügend Lüftungsöffnungen anlegen

Dämmung

An Kerndämmungen werden hohe Anforderungen gestellt, damit das Dämmmaterial auf keinen Fall mit Feuchtigkeit in Berührung kommt. Wärmedämmplatten aus Mineralfasern müssen zum Beispiel eine wasserabweisende Imprägnierung haben. Bei Anlieferung der Dämmung sollte unbedingt geprüft werden, ob Dicke und Wärmeleitfähigkeit den Vorgaben entsprechen und ob sie als Kerndämmung geeignet ist. Die Dämmplatten müssen dicht gestoßen auf die Drahtanker der Innenschale geschoben und mit Klemmscheiben befestigt werden. Sofern eine Luftschicht geplant ist, werden danach die Abtropfscheiben aufgeschoben. Die Drahtanker werden am vorderen Ende abgebogen und in die Lagerfugen eingemauert.

Fensterbänke

Werden die Fensterbänke ebenfalls gemauert, muss unterhalb der Verblendsteine eine Dichtungsbahn eingebaut und an den unteren Fensterrahmen angeschlossen werden. Auch diese besteht zum Beispiel aus einer selbstklebenden bitumenbeständigen Folie mit überdeckenden Stößen und ist mit Gefälle nach außen auszuführen. Oberhalb dieser Sperrschicht müssen Entwässerungsöffnungen vorgesehen werden, unterhalb zusätzlich Entlüftungsöffnungen für die darunterliegende Wandfläche.

Fensterstürze

Über dem Fenstersturz oder dem Rollladenkasten muss eine Feuchtigkeitssperrschicht in Form einer Folie eingebaut werden. Sie leitet Wasser, das oberhalb der Öffnung durch das Verblendmauerwerk in den Zwischenraum eingedrungen ist, über offene Fugen nach außen ab. Diese Sperrschicht muss mit Gefälle nach außen verlegt und an der inneren Schale etwa 15 Zentimeter senkrecht hochgeführt werden. Bei fehlender Unterfütterung der Folie kommt es zu einer Sackbildung: Wasser sammelt sich und kann in die Innenwandschale eindringen.

Feuchtigkeitssperrschicht mit Gefälle nach außen

Verfugung der Sichtflächen

Nach Fertigstellung der Wandflächen können die Sichtflächen nachträglich verfugt werden. Hierzu werden zunächst die etwa zwei Zentimeter tief ausgekratzten Mauerwerksfugen gereinigt und vorgenässt. Anschließend wird der Fugenmörtel mit einer Fugenkelle hohlraumfrei eingebracht, verdichtet und außenbündig mit dem Mauerwerk glatt gestrichen.

Dehnungsfugen

Aufgrund der klimatischen Beanspruchungen müssen im Verblendmauerwerk in gewissen Abständen vertikale Dehnungsfugen vorgesehen werden. Bei Ziegel-Verblendmauerwerk mit Luftschicht müssen diese Dehnungsfugen alle zehn bis zwölf Meter angelegt werden, bei Ziegel-Verblendmauerwerk mit Kerndämmung alle sechs bis acht Meter, da es wegen der fehlenden Luftschicht größeren Temperaturbelastungen ausgesetzt ist. Idealerweise werden die Dehnungsfugen an den Hausecken platziert.

In einem ersten Arbeitsschritt werden die Fugenflanken mit einer Grundierung vorbehandelt, damit die Dichtungsmasse später nicht abreißt. Dann wird eine weiche Schaumstoffschnur hinterfüllt und in einem dritten Arbeitsschritt die Dichtungsmasse leicht nach innen gewölbt eingebracht.

Klinkerarbeiten

erledigt am

Wenn es für die Ausführung der Klinkerarbeiten spezielle Detailpläne gibt, müssen diese vor Ausführungsbeginn in der aktuellen Version vorliegen.

Lassen Sie sich eine ausreichende Menge Verblendsteine einer Charge beim Lieferanten zurücklegen, die Sie dann Zug um Zug abrufen können.

Lassen Sie zunächst die erste Steinreihe auslegen. Dieses Verlegemuster muss anschließend kontrolliert werden.

Beim Aufmauern der Verblendsteine müssen Steine aus unterschiedlichen Paletten gemischt werden, um ein einheitliches Farbbild zu erreichen.

Kontrollieren Sie regelmäßig mit einer großen Wasserwaage, ob Ecken, Laibungen und Wandflächen lotrecht angelegt werden.

Bei Temperaturen unter –3 °C darf nicht gemauert werden. Frisches Mauerwerk muss abgedeckt werden. Durch Frost beschädigtes Mauerwerk abreißen lassen.

Bei starker Sonneneinstrahlung müssen die Steine vorgenässt werden. Frisch gemauerte Wände müssen feucht gehalten werden, damit der Mörtel abbinden kann.

Bei der Ausführung von Sicht- oder Verblendmauerwerk müssen die Fugen vorn beim Aufmauern ca. 1,5 bis 2 cm ausgekratzt werden, damit Platz für das spätere Verfugen mit Fugenmörtel bleibt. Vor dem Verfugen vornässen. Auf steinbündiges Verfugen achten.

Bei Verblendmauerwerk müssen unten in der ersten Steinreihe offene Stoßfugen als Entwässerungsöffnungen angelegt werden. Bei Wandaufbau mit Luftschicht untere und obere Lüftungsöffnungen anlegen, auch unter Brüstungen und über Stürzen.

Stoßfugen als Lüftungs- und Entwässerungsöffnungen müssen frei von Mörtelresten sein.

Bei Verblendmauerwerk kontrollieren, ob Dehnungsfugen vorgesehen wurden, und deren Lage mit dem Bauleiter besprechen.

Die vorgesehenen Dehnungsfugen müssen durchgehend ausgeführt werden.

Das Verblendmauerwerk sollte grundsätzlich mit nicht rostenden Drahtankern mit dem tragenden Mauerwerk verbunden werden.

Unter Fensterbänken muss eine Folie als Feuchtigkeitssperre eingebaut werden.

Oberhalb von Fensteröffnungen müssen Feuchtigkeitssperren eingebaut und seitlich in der Stoßfuge hochgeführt werden.

Achten Sie darauf, dass die Feuchtigkeitssperren unterfüttert sind, damit sie nicht durchhängen.

Feuchtigkeitssperren müssen mit Gefälle nach außen verlegt werden.

Fassade mit Holzverschalung

Holzverschalungen können auf Holz- und Massivaußenwänden angebracht werden. Während bei Holzbauaußenwänden die Dämmung meist zwischen der Holzkonstruktion sitzt, wird bei Massivaußenwänden häufig zunächst eine Wärmedämmschicht, zum Beispiel Mineralwolleplatten zwischen Unterkonstruktionshölzern und Verschalung, aufgebracht. Darüber wird dann vom Fußpunkt bis zur Traufe eine dampfdurchlässige Folie als zusätzlicher Regenschutz aufgezogen.

Grundsätzlich sollte vor Montage einer Holzfassadenverkleidung darauf geachtet werden, dass alle Untergründe absolut trocken sind. Die Montage einer Holzverschalung darf nur bei trockenem Wetter erfolgen. Auch das Holz muss vor Montage auf Feuchtigkeit hin überprüft werden. Zwar erlaubt die DIN 18334 bei Holz für Außenbekleidungen Feuchtegehalte von bis zu 30 Prozent, es sollte aber Holz verwendet werden, das keine höhere Feuche als 16 bis 18 Prozent hat. Durch das Schwinden des Holzes können sonst Risse entstehen, durch die Feuchtigkeit in unbehandelte Holzbereiche gelangt. Das kann zu Insekten- oder Pilzbefall führen.

Im Sockelbereich sollten Holzverschalungen einen Abstand von mindestens 30 Zentimetern zum Erdreich haben. Bei einer Vertikalschalung, bei der die unteren Hirnholzflächen der Paneele offen zum Erdreich zeigen, müssen diese besonders geschützt werden. Wichtig ist die Holzbehandlung auch in diesem Bereich.

Die Überdeckung der einzelnen Paneele muss mindestens zwölf Prozent der Paneelbreite, mindestens aber zehn Millimeter betragen; unabhängig davon, ob die Verschalungsbretter horizontal oder vertikal montiert werden. Es sollten möglichst nur Edelstahlschrauben zum Einsatz kommen. Eine Montage mit Rispennägeln geht zwar schneller, ist aber nicht so stabil. Nur Verkleidungen aus kleinen Holzschindeln können auch genagelt werden.

186   Die Gewerke – Qualitätskontrolle der Bauausführung

✓ Holzverschalungsarbeiten

erledigt am

Schließen Sie eine Anlieferung von Schalungsholz bei Regen aus.

Kontrollieren Sie, ob die richtige Holzart in der vereinbarten Oberflächenqualität (sägerau oder gehobelt) und Verarbeitung (lackiert, lasiert etc.) geliefert wurde.

Lassen Sie sich eine Bescheinigung des Unternehmers zur Holzfeuchte des gelieferten Schalungsholzes aushändigen und diese durch Ihren Bauleiter überprüfen.

Stellen Sie sicher, dass nur Edelstahlschrauben zur Montage verwendet werden. Lassen Sie sich ggf. ein Muster aushändigen.

Bei Montage von Lattungen und ggf. Konterlattungen muss der Untergrund absolut trocken sein.

Die Verschraubung der Lattung und ggf. Konterlattung an Massivwänden sollte mit Dübeln erfolgen und darf keine Isolierungen o. Ä. beschädigen.

Achten Sie darauf, dass bei Montage der Lattung und ggf. Konterlattung auf Holzkonstruktionen keine darunterliegenden Folien verletzt werden.

Der Abstand der Lattungen und ggf. Konterlattungen untereinander darf nicht zu groß sein.

Die Lattung und ggf. Konterlattung muss so angebracht sein, dass eine gute Hinterlüftung der Holzverschalung jederzeit gegeben ist (senkrechter, durchgängiger Luftzug mit Lufteintritts- und Luftaustrittsöffnungen, Mindestabstand zur Hauswand 20 mm).

Unterbinden Sie eine Montage von Holzverschalungen bei Regen.

Die Schalungsbretter müssen so montiert werden, dass sie unabhängig von der gewählten Verschalungsart um mindestens 12 % ihrer Breite bzw. mindestens 10 mm überlappen.

Fenster- und Türlaibungen müssen so ausgebildet sein, dass sich nirgendwo Wasser sammeln oder gar in die Holzverschalung eintreten kann. Brüstungs- und Schwellenoberflächen sollten mit einer Metallverkleidung mit Tropfkante versehen sein.

Gebäudeecken müssen gut verkleidet sein, entweder durch eine Winkelstülpleiste oder durch eine Schattenfugen-Winkelleiste (···⟩ Seite 187).

Die Dachüberstände sollten nach Anbringung der Holzfassade mind. 50 cm groß sein.

Im Sockelbereich sollte die Holzverschalung nicht näher als 30 cm an das Erdreich heranreichen.

Prüfen Sie mit der Wasserwaage die lotrechte oder waagerechte Montage der Verschalungsbretter.

Achten Sie darauf, dass bei den Luftein- und -auslässen Insektenschutzgitter aus Edelstahl oder Kunststoff montiert sind.

Lassen Sie sich Leerdosen oder Restgebinde der verwendeten Behandlungsstoffe wie Lasuren, Lacke o. Ä. aushändigen, damit Sie später kleine Nachbesserungen ausführen können.

Hinterlüftung des Schalholzes

Holzfassadenverkleidungen sollten zur optimalen Belüftung des Schalholzes hinterlüftet sein. Die Luft sollte hinter der Verschalung in vertikaler Richtung strömen können, also vom Sockel zur Traufe. Bei einer vertikalen Schalung muss also zunächst eine vertikal verlaufende Lattung, dann eine horizontal verlaufende Konterlattung angebracht werden. Bei einer Horizontalschalung reicht eine vertikale Lattung.

Der Abstand zwischen Hauswand und Holzfassade sollte mindestens 20 Millimeter betragen, um eine ausreichende Lüftung zu ermöglichen. Übliche Konterlattungen haben ein Maß von 24 × 48 Millimetern. Die Lüftungsöffnungen für die Zu- und Abluft sollten mindestens zwei Prozent der Wandfläche betragen.

Besondere Aufmerksamkeit müssen Sie den Anschluss- und Eckdetails schenken, also Gebäudeecken, Fenster- und Türanschlüssen sowie Übergängen zu anderen Bauteilen wie Sockel, Dach oder Balkonen.

Bei Horizontalverschalungen müssen die Gebäudeecken besonders geschützt werden, da hier die Hirnholzseiten der Schalungsbretter aufeinanderstoßen. Die Gebäudeecken werden entweder mit einer **Winkelleiste** geschützt, die mit ihren beiden Schenkeln die offenen Hirnholzseiten überdeckt, oder es wird eine **Schattenwinkelfuge** hergestellt. Dazu wird eine Metallwinkelleiste so in die Gebäudeecke eingebracht, dass ihre beiden Schenkel aus der Ecke herauslaufen und jeweils die Hirnholzseiten der seitlich anstoßenden Schalungsbretter verdecken.

Winkelleiste

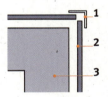

Schattenwinkelfuge

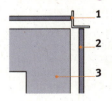

1 Winkelprofil
2 Holzverschalung
3 Außenwand

Fenster- und Türlaibungen müssen sauber gefasst werden. Mindestens der Laibungsbereich auf Fensterbrüstungen oder auf Türschwellen sollte durch eine eingefügte Metallfensterbank oder Türschwelle mit Tropfkante gegen Schlagregen geschützt sein. Es darf in diesem Bereich nirgendwo Wasser eintreten. Ferner muss alles Wasser in diesen Bereichen schnell abfließen können. Auch Wasser, das von oben die Fassade hinunterläuft, muss im Bereich des Fenstersturzes gut abtropfen oder abfließen können. Es darf dort nicht durch Fugen in die Holzverschalung gelangen.

Heizungsarbeiten

Mit der Montage der Haustechnik sollte nicht begonnen werden, bevor der Rohbau durch den Einbau der Fenster geschlossen ist. Die Haustechnik gliedert sich in die Bereiche

- Heiztechnik,
- Sanitärtechnik,
- Lüftungstechnik sowie
- Elektrotechnik.

Die Sanitär- und Heizungsarbeiten werden bei kleinen Bauvorhaben meist von einem Unternehmen zusammen ausgeführt.

Ausführung

Dem Heizungsbauer sollte vor Beginn der Arbeiten ein Raum zur Lagerung des Materials zur Verfügung gestellt werden, den er mit einer abschließbaren Bautür gegen Diebstahl sichern kann. Ideal sind dazu Kellerräume.

Die Arbeiten an der Heizungsanlage unterteilen sich in Roh- und Fertigmontage. Unter **Rohmontage** versteht man die Verlegung sämtlicher Leitungssysteme vom Heizkessel/Brenner zu den Heizkörpern, bei Fußbodenheizungen die Montage des Heizkreisverteilers und die Verlegung der Heizkreise in den Räumen. Zur **Fertigmontage** gehören zum Beispiel die Endmontage von Heizkörpern und das Justieren der Heizungsanlage.

Alle Rohrleitungen zwischen Heizkessel und -körper müssen entsprechend den gesetzlichen Richtlinien gedämmt werden. Vom Bauleiter ist sorgfältig zu prüfen, ob der Monteur die vorgeschriebenen Dämmstoffdicken (nach EnEV) verwendet hat.

Sämtliche Befestigungselemente müssen mit schallgedämmten Einlagen versehen werden, damit keine Schallübertragung auf die Wände erfolgen kann. Werden Leitungen durch Wände oder Decken verlegt, muss darauf geachtet werden, dass die Leitungen ummantelt sind und kein direkter Kontakt besteht. Beim Schließen von

Tipp

Auch wenn die Heizkessel und Brenner heute ausgereift und betriebssicher sind, sollten Sie in der Nähe der Heizungszentrale dauerhaft einen Feuerlöscher installieren.

Dichtheitsprüfung

Vor der Verlegung des Estrichs muss unbedingt eine Dichtheitsprüfung sämtlicher Leitungen erfolgen, da diese später nur noch mit erheblichem Aufwand unter Zerstörung des Estrichs zugänglich sind. Zur Prüfung werden die Leitungen gefüllt und unter Druck gesetzt, nachdem ein Druckmesser eingebaut wurde. Sie sollten sich unbedingt das Protokoll über die bestandene Dichtheitsprüfung aushändigen lassen und bei Ihren Unterlagen abheften.

Deckendurchstoßpunkten zwischen getrennten Wohneinheiten sind die Brandschutz- und Schallschutzrichtlinien zu beachten.

Sämtliche Leitungen sollten an ihren Abzweigen von den Heizkreisverteilern eindeutig gekennzeichnet sein, damit eine Leitung im Bedarfsfall schnell gefunden und abgesperrt werden kann.

Werden Heizkörper montiert, ist auf einen ausreichenden Abstand zwischen Fertigboden und Unterseite sowie zwischen Wand und Rückseite zu achten. In den Montageanweisungen sind die genauen Angaben genannt. Lassen Sie sich auch diese Angaben aushändigen und legen Sie sie zu Ihren Unterlagen.

Montageanweisungen aushändigen lassen

In der Wärmebedarfsberechnung sind die erforderlichen Heizkörpergrößen (Länge, Höhe, Tiefe) benannt. Diese Angaben sollten mit den Maßen der montierten Heizkörper verglichen werden.

Der Zeitraum zwischen der Verlegung der Heizschleifen einer **Fußbodenheizung** und dem Einbringen des Estrichs erfordert besondere Achtsamkeit. Außer dem Heizungsbauer sollten keine weiteren Firmen auf der Baustelle tätig sein. Damit vermeiden Sie, dass die Leitungen durch andere beschädigt werden. Kommt es zu einem Schaden, haftet der Heizungsbauer.

Wenn in einem Raum mehrere Heizkreise vorgesehen sind, muss geprüft werden, ob die Leitungen auch entsprechend den Vorgaben verlegt wurden. Dabei sollte auch der Abstand zwischen den Heizleitungen nachgemessen und mit den Vorgaben aus dem Leistungsverzeichnis überprüft werden. Vor Fenstertüren beispielsweise werden die Heizschlangen meist dichter verlegt als im übrigen Raum.

Bei der **Montage des Brenners** muss Ihr Bauleiter kontrollieren, ob das Gerät mit dem Leistungsverzeichnis übereinstimmt. Je nachdem, ob die Luftzufuhr raumluftabhängig oder unabhängig erfolgen soll, muss der Installateur zu Beginn prüfen, ob die notwendigen Voraussetzungen geschaffen wurden (zum Beispiel spezieller Kamin oder Wanddurchbruch für die Zuluft). Nach der Montage sollte geprüft werden, ob das Gerät schallentkoppelt montiert wurde, soweit das bei der gewählten Anlage notwendig ist.

Kontrollen bei der Montage des Brenners

190 Die Gewerke – Qualitätskontrolle der Bauausführung

Steht die Heizungsanlage im Hausanschlussraum, muss der zur Verfügung stehende Platz an den Wänden so verteilt werden, dass alles untergebracht werden kann. Wurde bei der Planung ein Haustechnik-Ingenieur eingeschaltet, hat dieser neben den Grundrissplänen meist auch einen Ansichtsplan der Wände im Hausanschlussraum gezeichnet und die Lage aller Komponenten festgelegt. Klären Sie, ob dem Installateur vor Ort diese Pläne zur Verfügung stehen, und lassen Sie vom Bauleiter prüfen, ob er sich an die Vorgaben hält.

✓ Heizungsarbeiten

erledigt am

		Besprechen Sie mit Ihrem Bauleiter, ob es besondere Auflagen für den Heizraum gibt (z. B. Zuluft der Heizungsanlage, Beschaffenheit der Wandoberflächen bei Lagerraum für Heizöl usw.).
		Besprechen Sie mit dem Unternehmer die Lage des Heizkreisverteilers.
		Prüfen Sie, ob der Heizkessel auf einer schallgedämmten Unterlage steht.
		Klären Sie, welche weiteren Maßnahmen notwendig sind, um eine Schallübertragung beim Betrieb der Heizungsanlage zu vermeiden.
		Prüfen Sie, ob die Dämmstärke der Rohre den Vorgaben entspricht und nicht zu dünn ist.
		Kontrollieren Sie, ob alle Befestigungsteile mit Schalldämmeinlagen versehen sind.
		Lassen Sie alle Leitungen und Ventile für spätere Wartungsarbeiten beschriften.
		Vor dem Schließen von Wandschlitzen oder dem Einbringen des Estrichs wird eine Dichtheitsprüfung der Leitungen durchgeführt. Lassen Sie sich das Protokoll aushändigen.
		Beim Schließen von Deckendurchstoßpunkten zwischen getrennten Wohneinheiten sind die Brandschutz- und Schallschutzrichtlinien zu beachten (Wurden Rauchschellen eingesetzt?).
		Bei Heizkörpermontage: Prüfen Sie, ob die Abstände der Heizkörper zu Wand und Boden mit den Vorgaben des Herstellers übereinstimmen (Rohbodenabstand/Fertigbodenabstand beachten).
		Vergleichen Sie die Größe der Heizkörper mit den Vorgaben aus dem Leistungsverzeichnis.
		Kontrollieren Sie die Funktionsfähigkeit der Heizkörperventile.
		Bei Fußbodenheizung: Achten Sie darauf, dass nach der Rohrverlegung der Fußbodenheizung niemand auf den Rohren herumläuft, bis der Estrich eingebracht wurde.
		Bei Verlegung der Fußbodenheizung darauf achten, dass die Räume einzeln geregelt werden können; in größeren Räumen ist eine zusätzliche Unterteilung sinnvoll (z. B. Wohnbereich und Essbereich im Wohnzimmer trennen).
		Vergleichen Sie spätestens bei der Abnahme die eingebaute Heizungsanlage mit allen Vorgaben aus der Leistungsbeschreibung (Hersteller, Typ, Leistung, Größe des Warmwasserspeichers usw.).
		Lassen Sie die Heizungsanlage vom Schornsteinfeger abnehmen, bevor Sie die Schlussrechnung bezahlen.

Sanitärinstallation

Zur **Rohinstallation** gehören bei der Sanitärtechnik:
- die Leitungsführung von Kalt- und Warmwasser zu den Verbrauchsstellen,
- die Leitungsführung für das Abwasser sowie eventuell
- die Montage eines von der Heizungsanlage unabhängigen Warmwasser-Speichererhitzers, zum Beispiel im Heizraum.

Zur **Fertigmontage** gehören
- die Sanitäranlagen wie Toiletten- und Waschbecken,
- die Armaturen und
- Zubehörteile wie etwa Handtuchhalter, soweit diese mit zum Leistungsumfang gehören, sowie
- die Montage von Durchlauferhitzern, zum Beispiel in Bad, Gäste-WC oder Küche.

Rohinstallation

Der Sanitärfirma sollte zur Lagerung des Materials von Beginn an ein abschließbarer Raum zur Verfügung stehen, zum Beispiel ein Kellerraum, der während der Dauer der Arbeiten nicht von anderen Firmen genutzt wird.

Die Leitungsführung von Kalt- und Warmwasser
Bei der Installation der Kalt- und Warmwasserleitungen muss besonders auf Wärmedämmung und Schallschutzmaßnahmen geachtet werden. Nicht ausreichend gedämmte Warmwasserleitungen geben ihre Wärme an die umgebenden Räume ab und führen so zu Mehrkosten für die Warmwasserbereitung. Außerdem dauert es länger, bis warmes Wasser aus der Leitung kommt, was den Wasserverbrauch zusätzlich erhöht.

Die vorgeschriebene Mindest-Dämmschichtdicke für Heiz- und Warmwasserleitungen wird seit 1. Februar 2002 durch die Energieeinsparverordnung (EnEV) vorgeschrieben, die Mindest-Dämmschichtdicke

Tipp

Lassen Sie vom Bauleiter sorgfältig prüfen, ob der Monteur die nach der Energieeinsparverordnung (EnEV) vorgeschriebenen Dämmstoffdicken für Warmwasserleitungen verwendet hat.

ür Kaltwasserleitungen regelt die DIN 1988-2. Diese Werte sind bereits bei der Bauplanung festgelegt worden. Wichtig ist: Auch die Kaltwasserleitungen müssen gedämmt werden, weil sich sonst Feuchtigkeit aus der Raumluft als Kondensat an den Leitungen niederschlägt und Außenkorrosion verursacht.

Um eine Schallübertragung von Leitungsgeräuschen auf Wände und Decken zu vermeiden, müssen alle Leitungen schallentkoppelt befestigt sein. Dies erfolgt über Gummieinlagen, die zwischen Halter und Leitung befestigt werden. Achten Sie auch darauf, dass die Leitungen im gesamten Verlauf keinen Kontakt zu Wänden und Decken haben. Bei größeren Leitungsquerschnitten sind die Fließgeräusche niedriger.

Nach Abschluss der Rohinstallation muss eine Dichtheitsprüfung erfolgen, bevor die Leitungen zum Beispiel durch Verlegen eines Estrichs nicht mehr zugänglich sind. Lassen Sie sich das Protokoll aushändigen und nehmen Sie es zu Ihren Unterlagen.

Das Abwassersystem

Erhebliche Preisunterschiede bei den Abwasserrohren

Bei den Abwasserrohren gibt es erhebliche Preisunterschiede, die vor allem durch das Material und die Schalldämmung begründet sind. Wenn Abwasserleitungen unter der Decke von Kellerwohnräumen verlaufen, sollten auf jeden Fall hochwertige Rohre mit guter Schalldämmung verwendet werden.

Auch Abwasserrohre sollten mit schalldämmenden Materialien an Decken und Wänden befestigt werden, um die Schallübertragung aus den Leitungen ins Mauerwerk so weit wie möglich zu reduzieren. Wenn Badezimmer und Schlafzimmer eine gemeinsame Trennwand haben, sollte an dieser Wand nicht das WC montiert sein.

Die Erzeugung und Speicherung von Warmwasser

Bei der Montage eines Warmwasser-Speichererhitzers muss Ihr Bauleiter kontrollieren, ob das Gerät gemäß Leistungsverzeichnis geliefert wurde. Prüfen Sie anhand der Montage- und Betriebsanleitung des Herstellers, ob eine Schallentkopplung des Geräts nötig ist und ob die Luftzufuhr raumluftab- oder -unabhängig erfolgen muss.

Wird der Warmwasser-Speichererhitzer im Hausanschlussraum montiert, ist die festgelegte Planung zu beachten.

Fertigmontage

Die Sanitäreinrichtung

Prüfen Sie bereits bei Anlieferung, ob die Sanitärgegenstände den bestellten Artikeln in Typ und Farbe entsprechen und ohne Schäden sind. Selbst bei Markenartikeln kann es sein, dass Fehlstellen in der Glasur oder sonstige Schäden vorhanden sind.

Bei Anlieferung auf Schäden prüfen

Waschbecken und WCs werden erst nach dem Verlegen der Fliesen montiert, Duschtassen und Badewannen müssen aber vor den Fliesenarbeiten eingebaut werden. Sie müssen vom Fliesenleger zunächst meist eingemauert und dann umfliest werden. Es ist dann besonders wichtig, dass sichtbare Flächen von Badewannen und Duschtassen nach der Montage sorgfältig geschützt und weder betreten noch als Werkzeugablage benutzt werden.

Duschtassen und Wannenkörper werden heutzutage nur noch mit Schallentkopplung eingebaut, sonst hört man später über angrenzende Bauteile jeden Wassertropfen fallen. Die Schallentkopplungen erfolgen meist durch Hartschaumunterbauten, zum Beispiel aus Styropor, in die Duschtassen und Wannenkörper eingesetzt werden. Direkte Kontaktpunkte mit Wänden werden vermieden. Hier erfolgt nach der Verfliesung der Wände in der Regel eine dauerelastische Verfugung.

Die Armaturen

Auch sehr ähnlich aussehende Armaturen bergen oft große Qualitätsunterschiede. Neben der geringeren Verarbeitungsqualität namenloser Imitate von Markenprodukten liegt ein wesentlicher Unterschied in der Geräuschentwicklung bei der Wasserentnahme. Besonders negativ kann sich eine Armatur minderer Qualität auswirken, wenn Badezimmer und Schlafräume Wand an Wand liegen.

Tipp

Lassen Sie sich grundsätzlich Armaturen der Gruppe I einbauen, wenn Sie geräuscharme Armaturen wünschen. Ein Geräusch von 20 db(A) ist nur halb so laut wie ein Geräusch von 30 db(A).

Prüfen Sie vor der Montage, ob die Armaturen dem bestellten Artikel in Typ und Farbe entsprechen, vom Originalhersteller kommen und ohne Schäden sind. Lassen Sie sich vor Montage der Armaturen das Prüfzeugnis vorlegen.

Zur **Gruppe I** zählen Armaturen, deren zulässiger Schallpegel 20 db(A) nicht überschreitet. Sie sind zu bevorzugen, wenn zum Beispiel Schlafzimmer und Bad nebeneinanderliegen und an der gemeinsamen Wand Sanitärgegenstände montiert werden sollen.

Zur **Gruppe II** zählen Armaturen, deren zulässiger Schallpegel 30 db(A) nicht überschreitet. Sie können verwendet werden, wenn keine Armaturen an Wänden zu Wohn- oder Schlafräumen liegen.

✓ Sanitärarbeiten

erledigt am

Wenn für die Ausführung der Fliesenarbeiten Fliesenspiegel gezeichnet werden, sollten diese jetzt vorliegen, damit die Lage der Unterputzventile (zum Absperren des Wassers) und Eckventile (z. B. unter Waschbecken) darauf abgestimmt werden kann.

Klären Sie, ob der Einbau des Wasserzählers, der Kanalanschluss sowie ggf. der Anschluss der Gasleitung bereits beantragt wurde.

Besprechen Sie mit dem Sanitärinstallateur die Lage und Anzahl von Revisionsöffnungen.

Wenn Bodeneinläufe nur selten genutzt werden, sollte mindestens ein häufig benutzter Ablauf über den Bodeneinlauf entwässern, damit der Geruchsverschluss nicht austrocknet (Geruchsbelästigung).

Ein zweiter Außenanschluss zur Bewässerung des Vorgartens kann sehr sinnvoll sein.

Alle Befestigungsteile müssen mit Schalldämmeinlagen versehen sein.

Ihr Bauleiter muss die Dicke der Rohrdämmungen aller Leitungen im Fußbodenaufbau kontrollieren.

Absperrventile müssen beschriftet sein, damit Sie bei Rohrbrüchen sofort den richtigen Absperrhahn finden.

Rohrleitungen dürfen nicht in Kontakt mit Mauerwerk, Putz, Beton, Metall kommen (Korrosion sowie Schallübertragung).

An den Hoch- und Tiefpunkten von Steigleitungen sollten Entlüftungsventile bzw. Entleerungen vorgesehen werden. Jede Steigleitung sollte getrennt absperrbar sein.

Zur Vermeidung von Schwitzwasser muss die Kaltwasserleitung unter oder neben der Warmwasserleitung liegen.

Entwässerungsrohre müssen über das Dach entlüftet werden.

Sanitärinstallation   195

✓ Sanitärarbeiten Fortsetzung

erledigt am

Vor und nach dem Wasserzähler sollte vom Versorgungsunternehmen ein Absperrhahn gesetzt sein, damit der Wasserzähler jederzeit ohne größeren Aufwand gewechselt werden kann.

Kontrollieren Sie die Höhen der Anschlüsse für Waschtisch, WC usw. und prüfen Sie, ob der Fußbodenaufbau berücksichtigt wurde.

Vor dem Schließen von Schlitzen oder dem Einbringen des Estrichs muss eine Dichtheitsprüfung durchgeführt werden. Lassen Sie sich das Protokoll aushändigen.

Durchstoßpunkte von Leitungen durch Fliesenbeläge sollten mit dauerelastischem Material abgedichtet werden.

Beim Schließen von Deckendurchstoßpunkten zwischen getrennten Wohneinheiten sind die Brandschutz- und Schallschutzrichtlinien zu beachten (Wurden Rauchschellen eingesetzt?).

Wenn später Zubehörteile – wie Handtuchhalter, Badetuchstangen, Zahnglashalter, Seifenschalen – vom Unternehmer angebracht werden, sollte gemeinsam die genaue Lage festgelegt werden.

Sind die Außenanschlüsse für die Gartenbewässerung einzeln absperrbar?

Duschtassen und Badewannen aus Metall sowie das Leitungsnetz müssen geerdet werden, wenn Metallgegenstände bzw. -rohre für die Leitungsführung verwendet werden.

Alle Sanitärobjekte müssen schallentkoppelt montiert werden.

Lassen Sie sich die Prüfzeugnisse von Armaturen vorlegen und kontrollieren Sie, ob die jeweilige Schallschutzgruppe den Vorgaben entspricht. Bei Billigprodukten entstehen erheblich höhere Fließgeräusche als bei Markenartikeln.

Achten Sie darauf, dass sämtliche Leitungen durchgespült wurden, auch die Entwässerungsleitungen.

Prüfen Sie, ob die Warmwasserleitung links und die Kaltwasserleitung rechts an der Mischbatterie angeschlossen wurde.

Elektroinstallation

Dieses Gewerk lässt sich in mehrere Abschnitte unterteilen:
- Montage des Hausanschlusskastens durch die Stadtwerke bzw. das Versorgungsunternehmen
- Rohinstallation aller Leitungen von den Räumen zum Stromkreisverteilerkasten
- Montage des Zählerschranks, Einbau der Sicherungen und des Zählers
- Einbau der Schalter und Steckdosen
- Montage der Abdeckungen nach den Malerarbeiten

Von den Stadtwerken bzw. Versorgungsunternehmen wird der Stromanschluss ins Haus gelegt und ein Hausanschlusskasten gesetzt. Von hier führt die Hauptleitung meist direkt in den Zählerschrank, in dem sich der Stromzähler und die Sicherungen der einzelnen Stromkreise befinden. Von hier aus führen die Leitungen der einzelnen Stromkreise in die verschiedenen Räume.

Falls Sie eine Einliegerwohnung geplant haben, die Sie zu einem späteren Zeitpunkt fremdvermieten möchten, sollte der Stromkreisverteiler so bemessen sein, dass ein zweiter Zähler montiert werden kann. Außerdem sollten noch einige Steckplätze für weitere Sicherungen frei sein.

Leitungen nur senkrecht und waagerecht verlegen lassen

Bei der Verlegung der Leitungen ist darauf zu achten, dass diese gemäß DIN 18015-3 nur senkrecht und waagerecht an den Wänden geführt werden. Außerdem müssen die festgelegten Installationszonen genutzt werden.

Mehr über die verschiedenen Installationszonen und die Hauselektrik finden Sie zum Beispiel im Handbuch „Reparaturen zu Hause" der Stiftung Warentest.

Sowohl für die Montage der Elektroinstallation als auch für die Kontrolle der Arbeiten ist es hilfreich, wenn Sie mit Ihrem Architekten oder Planer bereits bei der Planung festgelegt haben, wo Steckdosen,

Lichtauslässe und Schalter sowie Telefon- und Antennenanschlüsse benötigt werden, ferner die Lage der Klingel- und der Gegensprechanlage.

Diese Pläne, meist im Maßstab 1:50 angelegt, sollten Sie jetzt noch einmal mit dem Elektriker besprechen. Wenn Sie Rollläden zum Beispiel elektrisch betreiben möchten, müssen auch Zuleitungen zu den Rollladenkästen vorgesehen werden. Steuerleitungen von einzelnen Wohnräumen zur Heizungsanlage sind zu berücksichtigen. Die notwendigen Informationen erhalten Sie vom Heizungsinstallateur.

Ausführungspläne mit dem Elektriker besprechen

Im Einfamilienhausbereich kommt zunehmend die sogenannte Bus-Technik zum Einsatz, bei der zu jeder Stromleitung eine Steuerleitung mitverlegt wird. Mit der Bus-Technik kann zum Beispiel die Zuordnung eines Schalters zu einer Lichtquelle verändert oder die Heizungsanlage aus der Ferne bedient oder gewartet werden. Wenn Sie derzeit hierfür keinen Bedarf haben, aber vielleicht zu einem späteren Zeitpunkt nachrüsten möchten, sind schon heute einige Dinge zu beachten, zum Beispiel das Verlegen von Leerrohren oder die größere Abmessung für Stromverteilungskästen zur nachträglichen Aufnahme von Steuergeräten. Damit können Sie den Aufwand später gering halten.

✓ Elektroarbeiten

erledigt am

Die Lage des Hausanschlusskastens sollte gemeinsam mit den Stadtwerken bzw. dem Versorgungsunternehmen festgelegt werden.

Bestimmen Sie gemeinsam mit dem Elektriker einen günstigen Platz für den Zählerschrank.

Die Sicherungen im Stromkasten müssen beschriftet sein. Alle Räume sollten getrennt abgesichert sein. Unter Umständen auch Anschluss für Gefriertruhe oder Kühlschrank getrennt absichern lassen.

Achten Sie darauf, ob das vereinbarte Kabelmaterial verwendet wird (Stegleitungen oder Mantelleitungen).

Leitungen, die später verputzt werden, müssen gemäß DIN 18015-3 in festgelegten Laufkorridoren grundsätzlich senkrecht oder waagerecht verlegt werden, damit diese Bereiche leicht nachvollzogen werden können. Machen Sie vor dem Verputzen ein Foto von allen Elektroleitungen und Leerdosen.

198   Die Gewerke – Qualitätskontrolle der Bauausführung

Elektroarbeiten Fortsetzung

erledigt am

Prüfen Sie, ob Leitungen für die Steuerung der Heizungsanlage eingebaut wurden (z. B. vom Heizkessel zum Thermostat im Wohnzimmer oder vom Außenfühler zum Schaltschrank des Heizraumes usw.). Verlangen Sie diese Angaben von der Heizungs-installationsfirma möglichst vor Fertigstellung der gesamten Elektroinstallation.

Achten Sie darauf, dass Starkstromleitungen und Fernmeldeleitungen einen Abstand von mind. 10 cm haben, um Störungen in der Telefonleitung zu vermeiden. Schwach-stromkabel am besten in Leerrohren verlegen.

Alle Leitungen müssen ausreichend befestigt sein. Freie Kabelenden müssen durch Lüsterklemmen gesichert werden.

Keine Kabel auf Bodenbereichen (z. B. Flachdächern, Terrassen) verlegen, die noch mit Bitumenschweißbahnen verklebt werden.

Lassen Sie Leitungen auf Rohbetondecken nur in Leerrohren verlegen.

Leerdosen müssen vor dem Verputzen mit einem farbigen Deckel versehen oder mit Papier ausgestopft werden.

Außensteckdosen sollten von innen schaltbar sein.

Bei fest installierten Niedervolt-Beleuchtungsanlagen gemeinsam den Ort für den Trafo festlegen.

Beim Anschluss einer Dachantenne auf ordnungsgemäße Abdichtung der Dachdurch-führung achten. Antennenstandrohre dürfen nicht am Kamin befestigt werden.

Alle vom Elektriker hergestellten Durchbrüche und Aussparungen müssen von ihm auch wieder ordnungsgemäß verschlossen werden.

Achten Sie darauf, dass im gefliesten Bereich Schalter und Steckdosen erst nach dem Fliesen montiert werden.

Steckdosen und Schalter müssen in allen Räumen einheitlich hoch montiert werden: Steckdosenhöhe ca. 30 cm über Oberkante Fertigfußboden (OKFF), Schalterhöhe ca. 105 cm über OKFF. Steckdosenhöhe in der Küche mit der Höhe der Arbeitsplatte abstimmen.

Vergleichen Sie anhand der Aufschlagrichtung der Türen im Plan, ob die Lichtschalter auf der richtigen Öffnungsseite angebracht wurden.

Schalter sollten einen ausreichenden Abstand zu den Türlaibungen haben (ca. 15 cm).

Zu prüfen ist, ob alle Badinstallationen geerdet wurden, ob die Sicherheitsabstände beachtet wurden und ob alle Elektroanschlüsse im Bad an eine Fehlerstrom-Schutz-schaltung angeschlossen sind.

Kontrollieren Sie raumweise die Lage und Anzahl aller Schalter und Steckdosen sowie die Lage und Anzahl der Antennenanschlüsse.

Lüftungsanlage

Bei **einfachen Lüftungsanlagen** wird in Bädern oder Küchen Luft angesaugt und nach außen geleitet, während in Wohnräumen über Außenwandöffnungen Frischluft nachgeführt wird. Der Installationsaufwand hierfür ist relativ gering, dafür geht die in der Innenluft gespeicherte Wärme ungenutzt verloren.

Soll diese Wärme dem Gebäude erhalten bleiben, muss eine **Lüftungsanlage mit Wärmerückgewinnung** installiert werden. Hier wird die Innenluft zentral angesaugt und in einem eigenen Rohrsystem zur Lüftungsanlage zurückgeführt, wo sie ihre Wärme über einen Wärmetauscher an die einströmende Frischluft abgibt. Im Gebäude werden also sowohl Zuluft- als auch Abluftleitungen verlegt. Dadurch erhöht sich die Komplexität der haustechnischen Installation erheblich. Lüftungsleitungen sollten möglichst geradlinig und auf kürzestem Weg verlegt werden, damit die Luftwiderstände innerhalb des Systems klein gehalten werden können. Lüftungskanäle haben deshalb Vorrang vor anderen Leitungsinstallationen.

Soll eine Lüftungsanlage mit Wärmerückgewinnung zum Einsatz kommen, empfiehlt sich eine Planung der gesamten haustechnischen Installation durch ein Haustechnik-Ingenieurbüro.

Mit dem Einbau einer Lüftungsanlage wird häufig das Unternehmen beauftragt, das auch die Heizungs- und Sanitärarbeiten durchführt. Das ist ein Vorteil, weil dann die Leitungsführung der Gewerke Heizung, Sanitär und Lüftung in einer Hand liegt. Genauso wichtig ist jedoch, dass das Unternehmen ausreichende Erfahrung mit der Montage und Wartung von Lüftungsanlagen hat.

Einbau der Lüftungsanlage durch die Heizungs- und Sanitärfirma

Montage der Kanäle
Vor Beginn der Arbeiten sollte gemeinsam mit dem Rohbauunternehmen und der Firma, die die Lüftungsanlage installiert, geprüft werden, ob alle notwendigen Decken- und Wanddurchbrüche in der richtigen Größe hergestellt wurden und ob diese an der richtigen Stelle sitzen.

Im ersten Arbeitsschritt werden dann die Steigleitungen und die Abzweige für Zu- und Abluft in die einzelnen Räume verlegt. Dabei muss sehr genau darauf geachtet werden, dass die Kanäle keinen Kontakt zu anderen Bauteilen haben und dass sie mit Schallschutzhaltern befestigt sind. Eine Möglichkeit der Leitungsführung für die Zu- und Abluft der einzelnen Räume ist die Verlegung unter dem schwimmenden Estrich. Es gibt Systeme, bei denen die in den Leitungen notwendigen Schalldämpfer eine so geringe Aufbauhöhe haben, dass sie in der Dämmebene unter dem Estrich Platz finden. Das muss bei den Estrichaufbauhöhen und bei der Schallschutzplanung berücksichtigt werden, denn oberhalb und unterhalb dieser Leitungen ist dann kaum noch Platz für die Schalldämmung.

Wohnräume müssen mit Frischluft versorgt werden

Zuluftleitungen befinden sich in der Regel in den Wohnräumen, die Abluft wird über Küchen, Bäder oder Flure abgesaugt. Keinesfalls sollte verbrauchte Luft aus Wohnräumen abgesaugt werden, ohne dass sie gleichzeitig mit Frischluft versorgt werden. Das kann dazu führen, dass die Luftqualität im Raum deutlich nachlässt. Der korrekte Anschluss von Zu- und Abluftleitungen sollte daher genauso geprüft werden wie die Schalldämpfer in den Kanälen.

Die Deckenöffnungen und Wanddurchbrüche müssen nach der Installation der Lüftungsanlage vom Rohbauunternehmer geschlossen werden. Auch hier muss genau kontrolliert werden, dass die Leitungen nicht direkt in Kontakt mit Putz oder Mörtel kommen, damit keine Schallbrücken entstehen.

Bei Wand- und Deckendurchbrüchen ist darüber hinaus der Brandschutz zu beachten, beispielsweise durch Einsatz von Brandschutzschellen oder -mörtel.

Montage von Lüftungs- und Steuereinheit

Nachdem die Lüftungskanäle verlegt sind, wird als Nächstes die Lüftungseinheit montiert. Wichtig ist, dass diese auf einem schallgedämmten Fundament steht und keinen Kontakt mit anderen Bauteilen hat. An das Lüftungsgerät werden vier Leitungen angeschlossen: die Steigleitungen für Zu- und Abluft, die Zufuhrleitung für Außenluft und die Abluftleitung nach außen.

Lüftungsanlagen mit Wärmerückgewinnung werden im Sommer ohne Wärmetauscher betrieben, da man dann ja keine erwärmte Luft in die Räume leiten will.

Erdwärmetauscher zur Vorerwärmung der Außenluft

Wenn es die Situation vor Ort zulässt, kann die Zuluft über einen Erdwärmetauscher geführt werden, bevor sie ins Haus gelangt. Erdwärmetauscher sind Kunststoffrohre, in denen die Frischluft auf einer Länge von mindestens 15 Metern zum Gebäude geführt wird und die ein bis eineinhalb Meter tief im Erdreich liegen, wo die Temperatur auch im Winter bei konstant 5 bis 10 °C bleibt. Bei diesen Erdleitungen muss darauf geachtet werden, dass sie im Gefälle liegen und am tiefsten Punkt einen Wasserablauf haben: Im Sommer kühlt die warme Außenluft in den Rohren ab, Feuchtigkeit kondensiert an den kühlen Rohrinnenwänden und muss abgeführt werden.

Justieren der Anlage

Nach Inbetriebnahme muss die Anlage zunächst justiert werden. Dazu wird die Luftmenge eingestellt, die nach den Berechnungen des Haustechnik-Ingenieurs in jedem Raum ausgetauscht werden muss. Das erfolgt an den Luftauslässen in den einzelnen Räumen. Da sich die Räume gegenseitig beeinflussen (die Reduzierung der Luftmenge in einem Raum führt zu einer Erhöhung der Luftmenge in anderen Räumen), sollten Laien keinesfalls Veränderungen an den Luftauslässen vornehmen.

In den ersten Monaten nach Inbetriebnahme müssen die Filter häufiger kontrolliert werden, da sich noch Reststaub in der Anlage befindet, der die Filter relativ schnell zusetzt.

Wenn sich die Zu- und Abluftöffnungen in unterschiedlichen Räumen befinden, muss bei den Folgegewerken darauf geachtet werden, dass die Luft auch zu den Abluftöffnungen strömen kann. Hierzu werden entweder Lüftungsgitter in die Türen eingebaut oder der Abstand der unteren Türblattkante zum Bodenbelag wird ausreichend groß gelassen.

Tipp

Statt der relativ teuren Filterkassetten gibt es für viele Lüftungsanlagen auch günstiges Filtervlies von der Rolle. Fragen Sie Ihren Installateur danach.

202   Die Gewerke – Qualitätskontrolle der Bauausführung

Lüftungsanlage

erledigt am

Klären Sie mit dem Haustechniker und Installateur, welche Maßnahmen notwendig sind, um eine Schallübertragung beim Betrieb der Lüftungsanlage zu vermeiden.

Die Dämmung der Rohre muss den Vorgaben entsprechen.

Kontrollieren Sie, ob alle Befestigungsteile mit Schalldämmeinlagen versehen sind.

Lassen Sie die Kanäle im Aufstellraum der Lüftungsanlage beschriften, um bei späteren Wartungsarbeiten leicht einen Überblick zu erhalten.

Klären Sie, ob bei Leitungsführungen durch Wände und Decken Brandschutzbestimmungen berücksichtigt werden müssen.

Vor dem Schließen von Mauerschlitzen oder dem Einbringen des Estrichs wird eine Dichtheitsprüfung der Leitungen durchgeführt. Lassen Sie sich das Protokoll aushändigen.

Bei Verlegung unter dem Estrich: Achten Sie darauf, dass unter- und oberhalb der Kanäle eine Schalldämmmatte vorhanden ist.

Bei Erdwärmetauschern: Leitungen im Erdreich müssen im Gefälle liegen und am tiefsten Punkt über eine Entwässerung verfügen.

Vergleichen Sie die Lüftungsanlage bei der Anlieferung mit den Vorgaben aus der Leistungsbeschreibung (Hersteller, Typ, Leistung usw.).

Kontrollieren Sie, ob in der Lüftungsanlage ein Filter eingesetzt wurde.

Kontrollieren Sie, ob eine Kassette für den Sommerbetrieb vorhanden ist.

Kontrollieren Sie die Funktionsfähigkeit der Steueranlage.

Lassen Sie sich das Protokoll der Anlagenjustierung vom Ingenieur vorlegen.

Lassen Sie die Lüftungsanlage vom planenden Fachingenieur abnehmen, bevor Sie die Schlussrechnung bezahlen.

Soll neben einer Lüftungsanlage ein Kachelofen oder offener Kamin in Betrieb genommen werden, empfiehlt es sich, im Vorfeld mit dem Bezirksschornsteinfeger zu sprechen. Es kann sein, dass er zusätzliche Anforderungen an die Luftzufuhr stellt.

Blitzschutzanlage

23

Wenn Sie ein Gebäude in exponierter Lage errichten möchten, beispielsweise auf einer Hügelkuppe, werden Sie in der Regel eine Blitzschutzanlage installieren müssen. Das gilt auch für den Fall, dass Sie Ihr Haus mit einer weichen Bedachung in Form einer Reetdeckung versehen möchten. Außerdem kann die Bauaufsichtsbehörde eine Blitzschutzanlage vorschreiben. In allen anderen Fällen liegt es in Ihrem Ermessen, sich und Ihr Haus vor Blitzeinschlag zu schützen. Erkundigen Sie sich diesbezüglich am besten bereits in der Planungsphase bei den Behörden.

Wenn Sie eine Blitzschutzanlage montieren lassen, müssen Sie bei der Ausführung der Arbeiten auf den äußeren und inneren Blitzschutz achten. Der äußere Blitzschutz bietet Schutz vor mechanischer Zerstörung und Brand durch direkten Blitzschlag. Der innere Blitzschutz schützt vor den Auswirkungen der gewaltigen Spannungen, die beim direkten oder indirekten Blitzeinschlag entstehen.

Beim **äußeren Blitzschutz** müssen folgende Bestandteile kontrolliert werden:
- Fangeinrichtung
- Ableitungen
- Erdungsanlage

Die Fangeinrichtung besteht meist aus Leitungen, die am First, an den Traufen und den Ortgängen verlaufen. Kein Punkt der Dachfläche darf mehr als fünf Meter von einer solchen Fangeinrichtung entfernt sein, bei Bedarf müssen mehr Leitungen gezogen werden. Alle Dachaufbauten und Antennen müssen mit einer Fangeinrichtung versehen werden. Unter den Ableitungen versteht man die Verbindungen zwischen Fangeinrichtung und Erdungsanlage. Bei Wohnhäusern sind in der Regel mehrere Ableitungen erforderlich. Die Erdungsanlage stellt die elektrisch leitende Verbindung mit dem Erdreich her. Über diese Erder wird die elektrische Energie des Blitzschlags schließlich in die Erde abgeleitet. Die Ausführung der

An Dachaufbauten und Antennen Fangeinrichtungen installieren

äußeren Blitzschutzanlage sollte unbedingt einer spezialisierten Fachfirma überlassen werden.

Beim **inneren Blitzschutz** müssen folgende Bestandteile kontrolliert werden:
- Blitzschutz-Potenzialausgleich an allen metallischen Anlagen wie Rohrleitungen, Betonbewehrungen, Elektroleitungen
- Überspannungsschutz für alle Elektrogeräte

Überspannungsschutzgeräte gegen Ferneinschläge

Ferneinschläge können eine Überspannung im Leitungsnetz hervorrufen, die in der Folge Haushaltsgeräte und Elektrik beschädigt. Überspannungsschutzgeräte sind daher eine sinnvolle Erstmaßnahme. Beim Verband der Elektrotechnik gibt es eine kostenlose Broschüre zum Blitzschutz (**www.vde.com**). Der innere Blitzschutz kann vom Elektroinstallateur installiert werden.

✓ Blitzschutzanlage

erledigt am

Erkundigen Sie sich frühzeitig, ob eine Blitzschutzanlage (äußerer Blitzschutz) zwingend gefordert ist oder ob diese in Ihrem Ermessen liegt.

Die Montage einer Blitzschutzanlage sollte nur von einer spezialisierten Fachfirma ausgeführt werden.

Wenn eine Blitzschutzanlage installiert werden soll, ziehen Sie bereits in der Planungsphase die Fachfirma hinzu.

Prüfen Sie, ob alle Metallteile im Dachbereich an die Blitzschutzanlage angeschlossen sind (z. B. Antenne, Regenrohre, Verwahrungen).

Bauteile, die mehr als 30 cm aus der Dachfläche herausragen, müssen ebenfalls mit einer Fangeinrichtung versehen werden.

Lassen Sie sich nach Fertigstellung das Messprotokoll aushändigen.

Prüfen Sie beim inneren Blitzschutz im Sicherungskasten, ob ein Überspannungsschutz für alle Elektrogeräte besteht.

Kontrollieren Sie, ob der Blitzschutz-Potenzialausgleich an allen metallischen Anlagen (Elektro- und Rohrleitungen, Betonbewehrungen) angeschlossen ist.

Schlosserarbeiten

24

Die Schlosserarbeiten gehören zu der Gruppe von Gewerken, bei denen ein sehr hoher Vorfertigungsgrad in der Werkstatt besteht. Auf der Baustelle werden die gefertigten Teile in der Regel nur noch montiert, gegebenenfalls geringfügig angepasst. Präzise Detailzeichnungen und ein genaues Aufmaß der örtlichen Gegebenheiten vor der Herstellung sind unbedingt notwendig.

Bei Schlosserarbeiten handelt es sich zum einen um Anfertigungen für den baukonstruktiven Einsatz. Das können spezielle Verbindungsstücke aus Stahl im Dachbereich sein oder Stützen und Unterzüge aus Stahl, die der Rohbauunternehmer benötigt. Diese Bauteile sind meist aus normalem Stahl gefertigt und verzinkt oder durch einen Anstrich gegen Rost geschützt. Die erforderlichen Abmessungen und Querschnitte werden in der Regel vom Statiker vorgegeben.

Zum anderen gibt es Anfertigungen für den gestalterischen Einsatz: Vordachkonstruktionen aus Stahl und Glas, Treppengeländer, Stahlwangen von Treppen, Balkongeländer oder auch Türen und Tore. Hier kommt häufig nicht rostender Edelstahl zum Einsatz. Gerade im Außenbereich ist das ein interessanter Aspekt. Neben den reinen Materialkosten, die für Edelstahl etwa doppelt so hoch sind wie für herkömmlichen Stahl, kommen höhere Bearbeitungskosten hinzu: Edelstahlteile müssen mit einer speziellen Schweißtechnik miteinander verbunden werden.

Anfertigungen für den gestalterischen Einsatz

Vordachkonstruktionen aus Stahl und Glas

Speziell bei Vordachkonstruktionen aus Stahl und Glas kommt es häufig zu einer Reihe von Problemen, die bei vorausschauender Planung vermieden werden können. Viele Bauherren unterschätzen beispielsweise den Pflege- und Reinigungsaufwand bei der Verwendung von klarem, durchsichtigem Glas. Hier sollten mattierte Gläser verwendet werden, vor allem bei einer flachen Glasneigung.

Da Stahl ein sehr guter Wärmeleiter ist, bilden nicht isolierte Verankerungen im Mauerwerk Wärmebrücken: Die Temperatur der Innenwand sinkt in diesen Bereichen ab und Raumfeuchtigkeit kondensiert an den Kältezonen zu Wasser, was Schimmelpilzen gute Bedingungen schafft.

Die Befestigung überträgt auch Vibrationen und Schallwellen auf das Bauwerk. Günstig sind selbsttragende Konstruktionen, die mit klein dimensionierten und gut isolierten Befestigungselementen an der Hauswand angebracht werden können.

Schlosserarbeiten

erledigt am

Prüfen Sie, ob detaillierte Ausführungszeichnungen vorliegen, in denen die Materialquerschnitte, Anschlüsse der einzelnen Bauteile und Befestigungen mit dem Bauwerk genau zu ersehen sind.

Kontrollieren Sie anhand der Detailzeichnungen, ob die Maße und Querschnitte der gelieferten Metallteile mit den Ausführungszeichnungen übereinstimmen.

Achten Sie darauf, dass alle Metallteile sauber entgratet sind, um Verletzungen zu vermeiden.

Wenn kein Edelstahl verwendet wird, sollten alle Metallteile bereits verzinkt oder mit Rostschutz versehen auf die Baustelle geliefert werden.

Werden Metallteile auf der Baustelle mit Rostschutz behandelt, müssen diese vorher sorgfältig gereinigt werden.

Werden grundierte Metallteile auf die Baustelle geliefert, sollten diese bald den Endanstrich erhalten. Die Grundierung stellt nur einen kurzfristigen Schutz dar.

Um Kontaktkorrosion zu vermeiden, müssen zwischen verschiedenen Metallen Zwischenlagen aus Kunststoff eingelegt werden.

Metallteile im Außenbereich sollten grundsätzlich feuerverzinkt geliefert werden oder aus Edelstahl bestehen.

Metallteile, die fertig verzinkt auf die Baustelle geliefert werden, dürfen dort nicht mehr geschnitten werden, weil die hochwertige Schutzschicht nicht mehr wiederhergestellt werden kann.

Kontrollieren Sie die Mindesthöhe von Geländern und Absturzsicherungen gemäß Bauvorschriften. Der lichte Abstand senkrechter Geländerstäbe muss kleiner als 12 cm sein.

Biegungen an Geländerläufen dürfen keine Risse oder Querschnittsveränderungen aufweisen.

Montagepunkte sollten Wärmedämmsysteme nicht durchstoßen.

Wichtig ist, dass Stahlteile für den Außenbereich, die fertig verzinkt auf die Baustelle geliefert werden, nicht mehr vor Ort angepasst oder geschnitten werden. Die hochwertige Qualität einer Feuerverzinkung wird dadurch zerstört und kann durch Zinksprays oder Ähnliches nicht mehr wiederhergestellt werden.

Innenputzarbeiten

25

Nach der Rohmontage der Haustechnik folgen die Innenputzarbeiten an Wänden und Decken.

Bei Räumen mit üblicher Luftfeuchte wird überwiegend Gipsputz verarbeitet, der mit Maschinen einlagig auf Wände und Decken aufgespritzt und dann manuell geglättet wird. Für Feuchträume mit langzeitig einwirkender Feuchtigkeit wie Küche, Waschküche oder Bad ist Gipsputz ungeeignet; hier kommen üblicherweise Zementputze zum Einsatz. Aber auch Lehmputze können eine interessante Alternative sein.

Die **Vorarbeiten** beginnen mit dem Vorbehandeln der Wände und Decken. Da Putz auf glattem Beton schlecht haftet, wird zunächst ein Haftgrund aufgetragen. Stark saugende Wandflächen müssen ebenfalls mit einer Grundierung vorgestrichen werden, damit dem frischen Putz nicht zu viel Feuchtigkeit entzogen wird.

Als Nächstes werden die Eckprofile an Fensterlaibungen, Ecken und Unterzügen angebracht. Mit dem Setzen der Profile gleicht der Putzer (in Süddeutschland auch Gipser genannt) Unebenheiten, nicht lotrechte Wände und Fensterlaibungen aus. Spätestens jetzt kann man sehr genau sehen, wie gut der Rohbauunternehmer gearbeitet hat und ob zum Ausgleich von Unebenheiten die Putzstärke in Teilbereichen erhöht werden muss. Da der Putzer Ihnen diese Mehrstärken in Rechnung stellt, obwohl die Ursache in der ungenauen Arbeit des Vorunternehmers liegt, ist die gemeinsame Begehung vor Beginn der Arbeiten wichtig: Sind die Wände erstmal verputzt, ist der Nachweis eines Mangels des Vorunternehmers schwer zu führen.

Vor dem Beginn der Putzarbeiten kann es zudem notwendig sein, bestimmte Bereiche, zum Beispiel an Materialübergängen von Roll-

Alle Vorarbeiten kontrollieren

Vor Beginn der Putzarbeiten sollten Sie gemeinsam mit der beauftragten Firma und Ihrem Bauleiter den Rohbau begehen und kontrollieren lassen, ob die Vorarbeiten mangelfrei ausgeführt sind. Falls notwendig, haben die Vorunternehmer dann noch die Möglichkeit, ihre Leistung nachzubessern. Machen Sie während der Begehung ein Protokoll, in dem alle Abweichungen von den Bautoleranzen aus der Sicht des Unternehmers aufgeführt sind, und lassen Sie ihn unterzeichnen. Das kann Sie vor zusätzlichen Nachforderungen nach Arbeitsbeginn wegen erhöhten Aufwands schützen.

Tipp

Fordern Sie bei den Innenputzarbeiten, dass die Oberfläche besonders gleichmäßig und sauber ausgeführt wird, wenn Sie planen, später auf Tapeten oder andere Wandbeläge zu verzichten.

208   Die Gewerke – Qualitätskontrolle der Bauausführung

✓ Innenputzarbeiten

erledigt am

Klären Sie, ob die Qualität des Untergrunds für Putzarbeiten geeignet ist oder ob Vorarbeiten nötig sind, die bisher nicht vereinbart waren.

Prüfen Sie, ob alle Fenster ausreichend mit Folie geschützt sind.

Glatter Untergrund muss vor dem Verputzen gut aufgeraut werden.

Stark saugende Materialien sind vor dem Putzen mit einer Grundierung zu versehen.

Betonteile sind mit einem Haftgrund zu versehen.

Alle verwendeten Metallprofile müssen verzinkt und ausreichend befestigt sein.

Wenn Wandanschlüsse nicht verzahnt gemauert wurden oder aus unterschiedlichen Materialien bestehen, sollte in den Ecken zusätzlich Gittergewebe eingearbeitet werden.

Vorspringende Ecken sind mit Schutzschienen zu versehen. Achten Sie auf senkrechte und waagerechte Ausführung (Kontrolle mit der Wasserwaage).

Werden Innenwände nach dem Putzen gefliest, sollten zusätzlich Einputzschienen auf der Wand aufgebracht werden.

Bei Temperaturen um den Gefrierpunkt darf nicht verputzt werden.

Wird ein Spritzbewurf zur Behandlung des Untergrunds verwendet, kann erst weitergearbeitet werden, wenn dieser fest ist.

Kontrollieren Sie die verputzten Wandflächen mit Latte und Wasserwaage.

Achten Sie darauf, dass Putze in Fensterlaibungen rechtwinklig zum Fenster angelegt sind.

Nach Beendigung der Putzarbeiten Wandflächen auf Unebenheiten untersuchen (bei Kunstlicht und Tageslicht).

Lassen Sie alle Schutzmaßnahmen wieder beseitigen und kontrollieren Sie alle Flächen, die verdeckt waren (z. B. Fenster) auf Schäden.

Sofern bereits funktionsfähige Abflüsse vorhanden sind, sollten diese vor Abnahme auf Verstopfung durch Restmaterialien der Putzer kontrolliert werden.

---

ladenkästen an das Mauerwerk, mit Streckmetall oder Kunststoffgewebe zu überziehen, um spätere Rissbildung zu vermeiden. Fenster und Türen müssen durch Abkleben mit Folie geschützt werden. In Bereichen, die später gefliest werden, müssen auf der Wand zusätzliche Profile aufgebracht werden, die eine größtmögliche Ebenheit der verputzten Wand garantieren.

Sind die Vorarbeiten abgeschlossen, kann mit dem eigentlichen **Verputzen der Decken und Wände** begonnen werden. Der Putzer arbeitet von oben nach unten: Erst werden die Decken verputzt, danach die Wandflächen. Die Putzstärke beträgt durchschnittlich 15 Millimeter, kann aber je nach Ebenheit des Untergrunds in Teilbereichen auch drei bis vier Zentimeter stark werden.

Nach Fertigstellung ist der frische Putz vor zu schneller Austrocknung durch übermäßiges Lüften oder direkte Sonneneinstrahlung zu schützen. Achten Sie außerdem darauf, dass der Boden gesäubert wird und sämtliche Abfälle vom Unternehmer entsorgt werden. Überschüssiger Putz wird häufig in einer stillen Grundstücksecke entsorgt. Reste und zur Reinigung der Geräte verwendetes Wasser dürfen keinesfalls durch die Kanalisation verschwinden, sondern müssen vom Unternehmer entsorgt werden.

> **Tipp**
> Bereits in den zusätzlichen technischen Vertragsbedingungen (ZTV) sollte gefordert werden, dass nur sauberes Bauwasser verwendet werden darf. Des Weiteren ist der Bestandsschutz von Fenstern, Rohren, Installationen usw. sinnvollerweise bereits in den ZTV detailliert zu regeln. Damit werden diese Punkte Vertragsbestandteil und von Beginn an Kalkulationsgrundlage.

Estricharbeiten

Der Estrich wird meist als breiige oder fließfähige Masse auf den Rohboden aufgebracht und dient als sauberer und glatter Untergrund für die Bodenbeläge wie Teppich, Fliesen oder Parkett.

Estricharten
Am häufigsten werden im Haus- und Wohnungsbau **Zementestriche** verwendet. Sie sind unempfindlich und preiswert, trocknen aber vergleichsweise langsam ab: Im Bauzeitenplan sollten mindestens drei Wochen eingeplant werden, bevor mit dem Einbau der Bodenbeläge begonnen werden kann.

Zementestriche bestehen aus Sand, Zement, Wasser und verschiedenen Zusatzmitteln. Für Heizestriche wird zum Beispiel ein Fließmittel zugesetzt, das den Zement geschmeidiger macht, damit er die Heizungsschlangen besser umfließt. Andere Zusatzmittel beschleunigen die Abtrocknung oder erhöhen die Festigkeit des Estrichs. Zementestrich wird erdfeucht mit der Pumpe eingebracht, verteilt und abgerieben. Achten Sie darauf, dass er erst nach zwei Tagen

Vor den Bodenbelagsarbeiten: Restfeuchte messen

begangen und frühestens nach einer Woche leicht belastet werden darf. Vor der Freigabe für die Bodenbelagsarbeiten sollte eine Messung des Restfeuchtegehalts im Estrich durchgeführt werden.

Anhydritestrich ist ein Fließestrich auf Gipsbasis, der für feuchte Räume wie Bäder oder Kellerräume ungeeignet ist, weil er sich unter länger einwirkender Feuchtigkeit zersetzt. Vorteil: Der dünnflüssig eingebrachte Anhydritestrich trocknet sehr schnell ab. Bereits am nächsten Tag kann er begangen werden, und nach frühestens zwei Wochen können die Bodenbelagsarbeiten beginnen. Die Freigabe sollte nur nach einer Messung des Restfeuchtegehalts erfolgen.

Gussasphaltestrich besteht aus einer Bitumenbasis und ist nur bei sehr hohen Temperaturen (zäh)flüssig. Beim Verarbeiten ist die Masse also heiß! Achten Sie während und nach dem Einbringen unbedingt darauf, dass der Raum gut gelüftet und die Hitze zügig abgeführt wird!

Vorteil: Es wird keine Feuchtigkeit in das Gebäude eingebracht, und bereits nach einigen Stunden ist Gussasphalt begehbar. Da Gussasphaltestrich dünner ausgeführt werden kann als andere Estriche, wird er häufig bei Altbausanierungen eingesetzt. Er ist unempfindlich gegen Nässe und wird deshalb auch gerne in Feuchträumen verwendet.

Trockenestriche vor allem bei Altbausanierungen

Trockenestriche bestehen aus einzelnen Tafeln mit Nut und Feder an den Kanten, die im Raum zusammengesteckt, verklebt und verschraubt werden. Sie bringen keine zusätzliche Feuchtigkeit ins Gebäude und sind nach dem Verlegen sofort begeh- und belegbar. Sie werden häufig bei Altbausanierungen eingesetzt und sind bei Selbstausbauern beliebt.

Estrichausführungen

Achten Sie darauf, ob die Verlegeart des Estrichs in allen Räumen in den Plänen richtig eingetragen ist! Das heißt:

Verbundestrich, der direkt auf den Rohboden aufgebracht wird, kommt eigentlich nur im industriellen Bereich vor, beim Wohnungsbau nur in Nebenbauten, zum Beispiel in Garagen.

Estricharbeiten

erledigt am

- Kontrollieren Sie nach dem Anbringen der Meterrisse, ob die Türhöhen nach dem geplanten Estricheinbau noch ausreichend hoch sind.

- Bei unterschiedlichen Estrichhöhen die Türanschlagseiten beachten.

- Sollen die Böden gefliest werden, sollte der Zementestrich vorher mit Kunststofffasern bewehrt werden.

- Kontrollieren Sie, ob bei schwimmendem Estrich überall entlang der Wände Randdämmstreifen angebracht wurden, um Schallbrücken zu vermeiden. Es dürfen keine Fehlstellen vorhanden sein.

- Bei schwimmendem Estrich muss die Dämmschicht mit Folie abgedeckt sein, damit der Estrich nicht in die Dämmung läuft.

- Wo im Boden Baukörper-Dehnungsfugen vorhanden sind, müssen diese im Estrich an gleicher Stelle übernommen werden.

- Bei Temperaturen unter 5 °C keinen Estrich verlegen, es sei denn, es handelt sich um Trocken- oder Gussasphaltestrich.

- Prüfen Sie mit der Wasserwaage, ob der Estrich waagerecht hergestellt wurde.

- Prüfen Sie anhand des Meterrisses, ob die Estrichhöhe überall eingehalten wurde.

- Schützen Sie Räume mit frisch verlegtem Estrich vor starker Sonneneinstrahlung und vermeiden Sie übermäßiges Lüften, außer bei Gussasphaltestrich. Aufgrund der hohen Temperaturen des Gussasphalts ist Lüften notwendig.

- Lassen Sie die Baustelle nach dem Verlegen des Estrichs schließen, um Schäden durch vorzeitiges Begehen zu vermeiden.

- Achten Sie darauf, dass bei Heizestrich der Aufheizvorgang nicht zu früh beginnt und genau nach Herstellervorschrift erfolgt.

Estrich auf Trennlage eignet sich vorwiegend für Kellerräume, weil die Trennlage das Aufsteigen von Feuchtigkeit aus dem Rohboden verhindert. Bei Bedarf lässt sich dieser Estrich später auch leichter entfernen, weil er nicht fest mit dem Rohboden verbunden ist.

Im Wohnbereich wird fast immer **schwimmender Estrich** eingesetzt. Er liegt auf einer Wärme- und Schalldämmschicht und darf keinen direkten Kontakt mit dem Rohboden und den Seitenwänden haben. Vor dem Estrichgießen werden deshalb an den Wänden etwa ein Zentimeter dicke Randstreifen zum Beispiel aus aufgeschäumtem Polyethylen (PE) angebracht, die später noch mindestens drei Zentimeter über den Estrich hinausragen müssen.

212 Die Gewerke – Qualitätskontrolle der Bauausführung

Der Estrichleger zeichnet zunächst in allen Räumen sogenannte Meterrisse an, um eine einheitliche Fußbodenhöhe innerhalb der Räume zu gewährleisten. Danach werden in Wohnräumen die Randstreifen und die Trittschalldämmmatten verlegt und, wo notwendig, auch eine Ausgleichsschüttung eingebracht. Darüber kommt dann nochmals eine Plattenlage, damit die Ausgleichsschüttung sich nicht beim Einbringen des Estrichs verschiebt. Den oberen Abschluss bildet eine Folie oder eine Papplage, damit der darauf einzubringende Estrich nicht die Dämmung durchfeuchtet.

Schwimmender Estrich in Kellerräumen

Bei der Verlegung von schwimmendem Estrich in Kellerräumen muss zunächst auf dem Rohboden eine Folie als Dampfsperre verlegt werden, damit die Dämmung nicht aufgrund der Feuchtigkeit der Bodenplatte durchfeuchtet wird. Außerdem muss im Keller zwischen Estrich und Dämmung eine Folie als Dampfbremse verlegt werden, damit keine Feuchtigkeit aus dem Estrich in der Dämmung kondensieren kann.

Es ist vorteilhaft, Zement- oder Anhydritestrich beispielsweise donnerstags und freitags einbauen zu lassen, um dann über das Wochenende eine Grundfestigkeit des Estrichs zu erhalten, ohne den Bauablauf unterbrechen zu müssen.

Tipp

Achten Sie darauf, dass die Aufbauhöhen der Bodenbeläge bei der Estrichhöhe berücksichtigt werden. Grenzt beispielsweise ein Fliesenbelag an Parkettboden, kann es sein, dass die Fliesen zehn Millimeter stark sind, das Parkett jedoch 25 Millimeter. Damit im Endzustand eine einheitliche Höhe besteht, muss der Estrich in den verschiedenen Räumen unterschiedlich hoch sein.

Außerdem müssen die Türanschlagseiten festliegen, damit der Estrichleger weiß, wo der Höhenversatz verläuft (z. B. exakt im Türfalz).

Trockenbauarbeiten

27

Unter Trockenbauarbeiten versteht man das Verkleiden von Wand- und Deckenflächen mit Trockenbauplatten aus Gips oder Zellulosefasern, oft in Dachgeschossen. Auch Zwischenwände werden mitunter in Trockenbauweise erstellt.

Dachflächen in Trockenbauweise

Wärmedämmung von Dachflächen

Das in der Ausschreibung geforderte Material sowie die Dicke und Wärmeleitfähigkeit des Dämmstoffs sollten bei Anlieferung anhand des Übereinstimmungszertifikats auf der Dämmstoffverpackung überprüft werden. Es kommt nicht selten vor, dass zum Beispiel die Wärmeleitfähigkeit höher ist als in der Ausschreibung angegeben. Für Sie bedeutet das einen schlechteren Dämmwert und letztlich höhere Heizkosten.

Die gängigste Form der Dachdämmung ist die Dämmung zwischen den Sparren, da hier bereits ein Hohlraum vorhanden ist. Weil die Sparren selten dicker als 18 Zentimeter sind, reicht dieser Zwischenraum bei Dämmstärken über 18 Zentimetern nicht aus, es muss also zusätzlich unterhalb oder oberhalb der Sparren gedämmt werden. Wenn das Dach bereits gedeckt ist, kann eine über die Abmessungen des Sparrenzwischenraums hinaus benötigte Dämmstärke nur noch unterhalb der Sparren eingebaut werden. Da die Sparren im Verhältnis zur dazwischenliegenden Dämmung schlechtere Dämmeigenschaften haben, sollte die unterhalb der Sparren montierte Dämmung in horizontalen Bahnen verlaufen. Dadurch werden die Sparrenunterseiten mitgedämmt.

Dachdämmung häufig zwischen den Sparren

Winddichte Gebäudehülle im Dachbereich

Ein winddichte Gebäudehülle ist entscheidend, um erhebliche Bauschäden durch Feuchtigkeit in der Dämmung zu vermeiden: Gelangt im Winter warme, feuchte Raumluft durch Leckagen in die Dachkon-

214 Die Gewerke – Qualitätskontrolle der Bauausführung

Feuchte Luft im Dach verhindert Dämmwirkung

struktion, kühlt die Luft auf ihrem Weg nach draußen ab und kann weniger Feuchtigkeit speichern. Die Luftfeuchtigkeit kondensiert in der Dämmung aus und durchnässt sie, wodurch die Dämmwirkung entfällt, was einen noch größeren Feuchtigkeitseintrag bedeutet. Vermieden wird das durch eine sorgfältig montierte Folie innen vor der Dämmung. Diese Folie wird als **Dampfbremse** bezeichnet. Es dürfen keine Schäden in der Folie sein und alle Wandabschlüsse müssen sorgfältig verklebt werden. Kontrollpunkte hierzu finden Sie im Kapitel „Luftdichtigkeit allgemein" (⸱⸱> Seite 232). Sinnvoll ist ein Blower-Door-Test, bei dem die Luftdichtigkeit der Gebäudehülle gemessen wird und Leckagen sichtbar gemacht werden können.

Wandverkleidung und Schallschutz

Der letzte Arbeitsgang ist die Verkleidung der Dachschrägen und Decken mit Trockenbauplatten aus Gipskarton oder Zellulosefasern.

Prüfen Sie, ob die Trockenbauplatten in den in der Ausschreibung für den Schallschutz geforderten Dicken geliefert und eingebaut werden. In der Nähe von Hauptverkehrsstraßen oder Einflugschneisen für den Luftverkehr werden oft Werte gefordert, die mit nur einer Gipskartonplatte von 12,5 Millimetern Stärke nicht erreicht werden. Es kann durchaus sein, dass eine Stärke von 25 bis 30 Millimetern notwendig ist, um den erforderlichen Schallschutz zu gewährleisten. Dieses zusätzliche Gewicht hat natürlich Einfluss auf die Befestigung der Unterkonstruktion und eventuell auf die Sparrenquerschnitte der Dachkonstruktion.

Zwischenwände in Trockenbauweise

Geeignet für nicht tragende Innenwände

Für nicht tragende Innenwände können auch Wandkonstruktionen in Trockenbauweise eingesetzt werden. Dabei handelt es sich um Montagewände mit einer Unterkonstruktion aus vorgefertigten Metallprofilen oder Holzrahmen, die beidseitig beplankt werden, meist mit Gipskartonplatten. Bei Metallprofilen unterscheidet man zwischen den an Decken, Wänden und Böden montierten U-Wandprofilen (UW-Profile) und den darin im Raster von 62,5 Zentimetern eingestellten Ständern, den C-Wandprofilen (CW-Profile). Das Raster

Trockenbauarbeiten

erledigt am

Kontrollieren Sie, ob Dämmmaterial, Wärmeleitfähigkeit und Dicke mit den Vorgaben übereinstimmen.

Achten Sie darauf, dass auch über den Giebelwänden Dämmung eingebaut wird.

Achten Sie darauf, dass über Zwischenwänden Dämmung eingebaut wird.

Lassen Sie auch dann den Bereich zwischen den Kehlbalken dämmen, wenn der darüberliegende Spitzboden gedämmt wird.

Die Dampfbremse darf keine Risse haben und muss sorgfältig an das Mauerwerk oder die Fenster angeschlossen werden. Stöße müssen überlappen und sorgfältig verklebt werden.

Durchdringungen wie z. B. Lüftungsrohre müssen abgeklebt werden. Das gilt auch für Elektroleitungen.

Veranlassen Sie vor der Montage der Trockenbauplatten einen Blower-Door-Test zur Kontrolle der Winddichtigkeit der Gebäudehülle.

Klären Sie, ob die Trockenbauplatten ausreichend dick sind, um den erforderlichen Schallschutz zu gewährleisten.

Achten Sie darauf, dass Trockenbauplatten keinen direkten Kontakt mit schwimmendem Estrich erhalten, also z. B. nicht auf ihn gestellt werden, sondern etwa 1 cm Abstand gelassen wird. Sonst entstehen Schallbrücken.

Im Bereich von Plattenstößen sollte immer eine Dachlatte als Unterkonstruktion vorhanden sein, in die geschraubt werden kann.

Kontrollieren Sie mit einer Richtlatte, ob die Verkleidung in einer Ebene hergestellt wurde.

Kontrollieren Sie mit Kunstlicht (Streiflicht), ob die Plattenstöße plan gespachtelt wurden.

Lassen Sie alle Schutzmaßnahmen wieder beseitigen und kontrollieren Sie alle Flächen, die verdeckt waren (z. B. Fenster), auf Schäden.

Falls funktionsfähige Abflüsse vorhanden sind, sollten diese vor Abnahme auf Verstopfung durch Restmaterialien der Putzer kontrolliert werden.

Prüfen Sie bei Trockenbauwänden, ob das Material der Unterkonstruktion der Ausschreibung entspricht (Holz oder Metall).

Trockenbauwände sollten auf Estrich nur schwimmend fixiert (Kittmasse) und nicht geschraubt werden.

Im Bereich von Hängeschränken horizontale Fixierungsstreben in der Unterkonstruktion vorsehen.

Die Hohlräume von Trockenbauwänden müssen vollständig mit Dämmmaterial gefüllt sein.

Zwischen der Unterkonstruktion und angrenzenden Bauteilen müssen Dichtungsbänder oder eine Kittmasse als Schallschutz verwendet werden.

Prüfen Sie, ob die Beplankung nach den Vorgaben ausgeführt wurde (ein-, zwei- oder dreilagig).

von 62,5 Zentimetern ergibt sich aus den Standardplattengrößen der Gipskartonplatten von 125 auf 250 Zentimeter.

Meist werden Einfachständerwände erstellt, bei denen die Unterkonstruktion aus einer Ständerreihe besteht. Bei hohen Anforderungen an den Schallschutz kommen auch Doppelständerwände zum Einsatz, bei denen die Unterkonstruktion aus zwei Ständerreihen besteht, die sich nicht berühren dürfen.

Die Beplankung kann ein- oder mehrlagig sein. Der Schallschutz verbessert sich, wenn die Beplankung der Wand unterschiedlich dick ist, also zum Beispiel in einem Raum doppelt und im anderen dreifach beplankt. Die Hohlräume in den Wänden werden mit Dämmmaterial wie Mineralfasermatten gefüllt, um die Schallübertragung zu dämpfen.

Montage auf Rohboden oder Estrich

Trockenbauwände können auf den Rohboden oder Estrich gesetzt werden. Eine Montage auf dem Rohboden ist dann sinnvoll, wenn die Trennwände dauerhaft stehen bleiben sollen, da hierbei bessere Schallschutzwerte erreicht werden können. Soll die Trennwand jedoch nach einigen Jahren wieder entfernt werden, um zum Beispiel aus zwei kleineren Zimmern ein großes zu machen, ist die Montage auf dem Estrich günstiger, weil der Estrich dann nicht ausgebessert werden muss.

Bevor die Unterkonstruktion mit angrenzenden Bauteilen verschraubt wird, wird ein Dichtungsband oder eine Kittmasse auf das Profil aufgetragen. Beides dient der akustischen Entkopplung der Unterkonstruktion.

Verlaufen Leitungen innerhalb der Wand, müssen in den senkrecht stehenden Ständern entsprechend große Bohrungen vorgenommen werden. Bei Bohrungen in Holzständern sollten zum Rand des Ständers noch etwa zwei Zentimeter Platz gelassen werden. Bei Elektroleitungen ist das in der Regel kein Problem, bei der Leitungsführung von gedämmten Heizleitungen reichen kleine Profile dann nicht aus.

Fliesenarbeiten

28

Gehen Sie vor Beginn der Arbeiten gemeinsam mit dem Fliesenleger die zu fliesenden Bereiche vor Ort durch und überprüfen Sie nochmals die Angaben in den Plänen: Wo werden besondere Verlegemuster gewünscht? Wo sollen Bordüren oder Sonderfliesen verlegt werden? Nehmen Sie zu einem solchen Termin auch die Fliesenmuster mit und vergleichen Sie diese mit den gelieferten Platten, um sicherzustellen, dass es sich auch um die gewünschten Fliesen handelt. Schließlich können alle Verlegearten auf kleiner Fläche raumweise lose als Muster verlegt und mit einem Foto festgehalten werden, damit man sichergehen kann, dass alle Missverständnisse ausgeräumt sind.

Innenbereich

Im Innenbereich werden Fliesen meistens im **Dünnbettverfahren** verlegt: Auf dem Wand- bzw. Bodenuntergrund wird mit der Kammkelle ein Klebemörtel aufgezogen, der nicht stärker als zwei bis drei Millimeter ist. Auf diese Schicht werden die Fliesen gesetzt. Alle Fugen sollten gleichmäßig breit sein, wobei die Fugenbreite je nach Kacheltyp und -größe zwischen zwei und zehn Millimeter betragen kann. Sie werden später mit zementgebundenem Fugenmörtel ausgefüllt. Alle Eck-, Wand- und Bodenanschlusspunkte aber werden mit dauerelastischer Fugenmasse geschlossen. An den Übergängen zu anderen Bodenbelägen werden in den Fliesenboden meist Messingschienen eingelassen, um die Fliesenkanten vor Schäden zu schützen.

Geflieste Räume sollten unbedingt einen guten **Trittschallschutz** aufweisen, da Fliesen Schall besonders gut übertragen. Boden- und Wandfliesen müssen auch entkoppelt werden. In der Regel wird dazu im Anschlussbereich zwischen Boden und Wand ein Hohlkehlprofil aus Kunststoff verlegt. Dieses nimmt die Kanten der Wand- und Bodenfliesen auf und verbindet sie flexibel, sodass es wie ein Dämpfer wirkt, Vibrationen also nicht übertragen werden.

> **Tipp**
>
> Sorgen Sie dafür, dass Ihnen kleine Restbestände der Fliesen nach Abschluss der Arbeiten übergeben werden. Nach einigen Jahren können Sie sonst ein Problem bekommen, wenn sie einzelne Kacheln ersetzen müssen.

218 Die Gewerke – Qualitätskontrolle der Bauausführung

✓ Fliesenarbeiten

erledigt am

Klären Sie, ob Fliesenspiegel gezeichnet werden, aus denen Verlegerichtung, Lage von Bordüren, Ausrichtung des Fliesenrasters usw. hervorgehen. Wenn ja, müssen die Pläne bei Arbeitsbeginn vorliegen.

Prüfen Sie vor Beginn der Arbeiten die gelieferten Fliesen auf Übereinstimmung mit den ausgesuchten Mustern (Farbigkeit, Oberflächenbeschaffenheit, Güteklasse).

Klären Sie, ob vor dem Fliesen alle Konsolen, z. B. für Heizkörper, montiert wurden.

Achten Sie darauf, dass der Elektriker Badewannen und Duschtassen geerdet hat, bevor diese eingemauert werden. Lassen Sie Revisionsöffnungen bei Badewanne und Dusche vorsehen.

Lassen Sie Installationsschächte mit schalldämmendem Material füllen.

Im Bereich der Dusche und Badewanne müssen die Wandflächen mit einem zusätzlichen Feuchtigkeitsschutz versehen werden.

Wassereinläufe in Fliesenböden müssen gut eingedichtet sein.

Klären Sie die Aufschlagrichtung der Türen, damit die Messingschienen später unterhalb des Türblatts liegen.

Achten Sie auf eine einheitliche Fugenbreite. Abweichungen in der Fugenbreite werden meist erst nach dem Verfugen sichtbar und sind dann nicht mehr zu korrigieren.

In Raumecken, bei Anschlüssen an andere Materialien usw. muss dauerelastisch verfugt werden.

Im Boden-Wand-Anschluss sollten zusätzlich Hohlkehlprofile zum Einsatz kommen.

Für Außenecken sollten Eckprofile aus Metall oder Kunststoff eingesetzt werden, wenn das Fliesenprogramm keine speziellen Eckfliesen bietet.

Lassen Sie die frisch verlegten Bereiche vor unbefugtem Begehen durch andere Handwerker schützen (mindestens 2 Tage).

Bei der Abnahme prüfen, ob die Sanitärgegenstände unbeschädigt und ohne Kratzer sind.

Die Löcher der Fliesendurchführungen für Armaturen müssen durch die Abdeckrosetten vollständig überdeckt sein.

Lassen Sie alle Schutzmaßnahmen wieder beseitigen und kontrollieren Sie alle Flächen, die verdeckt waren (z. B. Fenster), auf Schäden.

Bei Fliesenarbeiten im Freien

erledigt am

Lassen Sie sich vom Unternehmer den Nachweis erbringen, dass frostbeständige Fliesen verlegt wurden.

An allen Randbereichen von Terrassen oder Balkonen müssen Randprofile zur Wasserabführung angebracht sein.

Fliesenböden im Freien benötigen ein leichtes Gefälle zur wasserabführenden Kante hin (Wasserwaagenkontrolle).

✓ Fliesenarbeiten Fortsetzung

erledigt am

		Bei Verlegung von Betonwerksteinen im Kiesbett darauf achten, dass der Kies tragfähig ist, aber trotzdem Wasser abführt (Tritt- und Wassereimertest).
		Bei Verlegung von Betonwerksteinen auf Kunststoffstelzen darauf achten, dass die untere wasserführende Schicht zur Aufnahme von Kunststoffstelzen geeignet ist und durch diese nicht verletzt wird.
		Die Betonwerksteine müssen selbsttragend und für die Verlegung auf Kunststoffstelzen geeignet sein.
		Fabrikat, Typ, Stärke und Maße der angelieferten Betonwerksteine überprüfen.
		Wenn bereits funktionsfähige Abflüsse vorhanden sind, sollten diese vor Abnahme auf Verstopfung kontrolliert werden.

Gefliese Räume, die einen Bodenablauf haben, gelten als **Nassräume.** Bevor hier gefliest werden kann, müssen besondere Dichtungsmaßnahmen (Schutzanstrich oder Dichtungsfolien) ergriffen werden, damit später nicht auf dem Boden stehendes Wasser durch die Fugen dringt und tiefer liegende Bauteile durchfeuchtet. Besonders bei ebenerdig eingelassenen Duschtassen ist auf eine sorgfältige Abdichtung des Untergrunds zu achten. Die Wandauslässe für die Armaturen sind mit formgerecht ausgeschnittenen Fliesen zu umrahmen, nicht mit Fliesenresten anzustückeln.

Außenbereich

Im Außenbereich werden Fliesen häufig als Balkon- oder Terrassenbelag eingesetzt. Wichtig ist hierbei, dass Fliesen und Zementmörtel frostbeständig sind. Wegen der Rutschgefahr sind raue oder geriffelte Oberflächen zu bevorzugen.

Frostbeständige und rutschsichere Fliesen

Da Fugen niemals völlig wasserdicht sind, kann im Laufe der Zeit Feuchtigkeit unter den Fliesenbelag dringen. Zur Entwässerung und Belüftung sowie zur Entkopplung des Fliesenbelags vom Untergrund gibt es **Drainsysteme,** die über der Abdichtung des Rohbodens eingezogen werden.

An den Rändern der gefliesten Fläche sollten **Randprofile** mit Tropf-kanten aus rostfreiem Metall oder Kunststoff eingelassen werden, die das über den Fliesenbelag ablaufende Wasser in eine Entwässe-rungsrinne führen. Wird das nicht gemacht, steht das Wasser lange Zeit an der Terrassenkante oder Balkonbrüstung, was sich später durch Vermoosung und abblätternde Wandfarbe bemerkbar macht.

Ansonsten erfolgt die Verlegung der Fliesen wie im Innenbereich, entweder im erwähnten Dünnbett- oder auch im **Dickbettverfahren.** Hier werden die Fliesen auf einem etwa eineinhalb Zentimeter starken Mörtelbett verlegt. An allen Anschlusspunkten des Fliesen-bodens, zum Beispiel an aufsteigenden Wänden und Brüstungs-mauern, sind Trennfugen einzusetzen. Bei großen Flächen sind zusätzliche Trennfugen erforderlich, um spätere Rissbildungen zu vermeiden.

Alternative zu Fliesen im Außenbereich

Als Alternative zu Fliesen können im Außenbereich auch sehr gut **Betonwerksteinplatten** verlegt werden. Diese müssen nicht fest in einem Mörtelbett verlegt werden, sondern können in ein Kiesbett oder über einer wasserabführenden Schicht auf Kunststoffstelzen gelegt werden. Vorteil hier: Ein Austausch einzelner Platten ist spä-ter leicht möglich, ohne dass man ein Betonbett aufbrechen muss. Auch Frostschäden sind beim losen Verlegen weniger zu befürchten als beim starr zementierten Fliesenbelag.

Ein Kiesbett muss vor dem Verlegen der Platten so verdichtet wer-den, dass diese stabil aufliegen, die Kiesschicht einsickerndes Was-ser aber noch gut abführen kann.

Auf Balkon oder Terrasse mit einem festen, ebenen Untergrund sind Kunststoffstelzen gut geeignet, mit denen die Betonwerkstein-platten auf Distanz zum Untergrund gehalten werden. Wasser läuft durch Fugen zwischen den Platten durch, sammelt sich auf der was-serabführenden Schicht (zum Beispiel Bitumenbahnen) und läuft in die Entwässerungsleitung ab.

Malerarbeiten

29

Viele Bauherren entscheiden sich dafür, die Malerarbeiten selbst auszuführen. Während das im Innenbereich des Hauses kein Problem ist, sollten Sie es sich für den Außenbereich gut überlegen. Außer einem Außengerüst benötigen Sie dafür Fachkenntnisse, wenn der Farbauftrag gelingen soll.

Innenanstrich

Der Maler beginnt mit seiner Arbeit häufig, indem er zunächst den Untergrund für die Aufnahme von Tapetenbahnen vorbereitet. Nicht selten muss er zunächst noch nachschleifen und spachteln, damit der Untergrund wirklich eben ist. Danach trägt er einen Tiefengrund auf, der etwa einen Tag trocknen muss, um den dann mit Tapetenkleister verklebten Tapetenbahnen optimalen Halt auf Wand- oder Deckenflächen zu geben. Ist die Tapete in Bahnen auf Wand- und Deckenoberflächen verklebt, kann sie gestrichen werden. Wenn Sie sich für eine Tapete entschieden haben, die noch einen Deckanstrich benötigt, zum Beispiel eine Raufasertapete, muss die frisch tapezierte Tapete etwa einen Tag trocknen, bevor ein Farbanstrich aufgetragen werden kann.

Soll der Anstrich ohne Tapete direkt auf dem Putz erfolgen, muss der Untergrund meist besonders sorgfältig vorgespachtelt und geschliffen werden. Vor allem bei seitlich einfallendem Licht (Streiflicht) sieht man sonst jede noch so kleine Unebenheit des Untergrunds.

Außenanstrich

Der Außenanstrich ist komplizierter als der Innenanstrich. Das hängt damit zusammen, dass der Außenputz eine sehr raue Oberfläche hat, also nicht gerade einen idealen Untergrund zum Streichen dar-

222 Die Gewerke – Qualitätskontrolle der Bauausführung

Tipp

Fassadenfarben sollten diffusionsoffener sein als der Putzgrund, damit Wasserdampf aus dem Mauerwerk und Putz nach außen dringen kann; sonst kommt es zu Durchfeuchtungen und Putzschäden.

Tipp

Falls Sie eine Holzverkleidung als Außenfassade gewählt haben, sollten Sie diese nicht den Maler streichen lassen, sondern nur den Zimmereibetrieb, der die Holzverkleidung montiert hat. Dieses Vorgehen ist schon aus haftungsrechtlicher Sicht bei auftretenden Schäden wichtig.

stellt. Zudem ist die Farbe der Witterung ausgesetzt und die Außenwandflächen sind meist schwieriger zu erreichen als die Innenwandflächen.

Fassadenfarben gibt es als **Acrylfarbe**, als **Kunstharzlatexfarbe** und als **Kunststoffdispersionsfarbe**. Fassadenflächen werden gestrichen oder gespritzt. Gerade bei sehr rauen Oberflächen eignet sich das Aufspritzen sehr viel besser als das Streichen. Wichtig ist, dass Sie bei den Farben auf Witterungsbeständigkeit achten und bei der Auswahl des Farbtons die Umgebung in Ihre Überlegungen einbeziehen. Vergewissern Sie sich anhand der ersten gestrichenen Flächen noch einmal, ob Ihnen der Farbton auch für die gesamte Außenfassade zusagt.

Wichtig ist, darauf zu achten, dass der Maler beim Gerüstbau nicht die Fassade beschädigt. Gerade bei Fassaden mit Vollwärmeschutz, Balkonvorbauten oder ungeschützten Regenfallleitungen passiert das immer wieder. Ungünstig ist auch, wenn Ihr Maler wahllos Gerüstanker durch den Vollwärmeschutz bohrt, um sein Gerüst zu

✔ Malerarbeiten

erledigt am

☐	☐	Lassen Sie den Untergrund von der ausführenden Firma auf Eignung und ausreichende Trockenheit für Anstricharbeiten prüfen.
☐	☐	Bei starker Sonneneinstrahlung oder Regen keine Anstriche im Freien ausführen lassen.
☐	☐	Achten Sie darauf, dass fertige Oberflächen (z. B. Geländer und Fenster) sorgfältig abgedeckt, abgeklebt oder anderweitig gegen Verschmutzung geschützt werden. Auch die Unterseiten der Fensterbänke müssen abgeklebt sein.
☐	☐	Achten Sie darauf, dass Metallteile (z. B. Geländer), die gestrichen werden sollen, vorher sorgfältig gereinigt, entfettet und, wenn nötig, abgesäuert werden.
☐	☐	Wählen Sie rechtzeitig die Farbgebung aller Räume aus und lassen Sie sich vom Maler Farbmuster erstellen.
☐	☐	Beim Streichen von Fenstern und Türen dürfen die Beschläge nicht überstrichen werden. Alle Metallteile sind vor dem Anstrich ausreichend zu schützen.
☐	☐	Sind mehrere Anstriche nötig, darf der folgende Anstrich erst nach Durchtrocknung des ersten erfolgen. Achten Sie auf Trockenzeiten des Herstellers.
☐	☐	Der Anstrich muss gleichmäßig, glatt, ohne Blasen und Erhebungen ausgeführt werden. Kontrollieren Sie die Ebenheit durch Streiflicht.
☐	☐	Achten Sie darauf, dass der Maler nicht Sanitärgegenstände, die bereits montiert sind, zum Reinigen seines Handwerkszeugs benutzt (Gefahr der Verstopfung).

verankern. Hier sollte Ihr Architekt oder Bauleiter die Verankerungsmöglichkeiten vorher klar festlegen.

Und wenn Ihr Maler schon dabei ist, die Fassade zu streichen, ist es immer auch eine Überlegung wert, die Hausnummer mit einer kontrastreichen Farbe gleich mit auf die Fassade malen zu lassen.

Schreinerarbeiten

Zu den klassischen Schreinerarbeiten gehört der Innenausbau mit Holz, zum Beispiel Innentüren, (Einbau-)Möbel, Holzdecken oder Kücheneinrichtungen sowie Holztreppen.

Innentüren
Die häufigste Tätigkeit von Schreinern am Bau ist das Einsetzen der Innentüren. Erster Schritt hierbei ist immer, dass der Schreiner die Rohbaumaße der Türöffnungen vor Ort nochmals nachmisst und mit den Planmaßen auf Übereinstimmung überprüft. Es empfiehlt sich, bei diesem Termin auch die Aufschlagrichtung der einzelnen Türen vor Ort gemeinsam durchzusprechen und festzuhalten. Das kann mit Kreide auf der Roh- oder Estrichdecke geschehen. Von jeder Kreidezeichnung kann auch ein Foto gemacht werden. Nach Maßaufnahme vor Ort werden in der Werkstatt die Türrahmen und das Türblatt hergestellt. Häufig verwenden Schreiner vorgefertigte Elemente, die sie selbst von industriellen Fabrikanten beziehen und in der eigenen Werkstatt oder vor Ort nur noch zusammenfügen und, wenn nötig, nachschneiden.

Türblätter sollten nicht über längere Zeit auf der Baustelle gelagert werden, da sie sich schnell verziehen könen. Sie sollten sehr zügig nach Anlieferung eingebaut werden.

Generell ist es sinnvoll, Türrahmen erst nach der Verlegung des Bodenbelags zu setzen, dann läuft zum Beispiel der Teppich-, Fliesen- oder

224 Die Gewerke – Qualitätskontrolle der Bauausführung

Rahmen und Türblätter müssen exakt im Lot sitzen

Parkettbelag nicht bis an den Türrahmen, sondern unter den Türrahmen. Das ist handwerklich einfacher umzusetzen und sieht auch besser aus. Bei guter Vorbereitung ist ein Innentürrahmen in kurzer Zeit gesetzt. Er muss stabil und absolut im Lot in den Wandlaibungen verankert werden. Da die Wand zu diesem Zeitpunkt bereits verputzt ist, muss darauf geachtet werden, dass keine Putzschäden eintreten. Auch vor der Türrahmenmontage sollte die Aufschlagrichtung jeder Tür nochmals überprüft werden. Das Türblatt muss ebenfalls absolut im Lot sitzen. Es darf nicht von allein auf- oder zufallen, sondern muss in jeder Öffnungsposition verharren. Wird an den Türrahmen eine umlaufende Gummidichtung mit eingebaut, muss das Türblatt dicht an diese anschließen. Das Türschloss muss ohne Kraftaufwand verriegelbar sein. Soweit ein Schall- oder Wind-Ex-Element an der Unterkante des Türblatts angebracht wird oder in der Unterkante des Türblatts eingelassen ist, muss es sich im geschlossenen Zustand dicht auf den Boden absenken.

Fest eingebaute Holztreppen

Meistens kommen heute Fertigteiltreppen aus Beton oder Stahl-Holz-Kombinationen zum Einsatz. Sie sind preiswerter und schneller einzubauen als Maßanfertigungen. Besteht aber der Wunsch nach einer individuell gestalteten Holztreppe, ist das ein Auftrag für den Schreiner. Er muss zunächst vor Ort exakt Maß nehmen. Wenn das noch im Rohbau geschieht, muss er spätere Bodenaufbaustärken (Trittschall, Estrich, Oberbelag etc.) berücksichtigen, genauso zusätzliche Wandschichten wie Putz- oder Holzverkleidungen. Der Schreiner wird dann eine Werk- und Detailplanung der Treppe anfertigen, nach der er das Holz zuschneidet. Bei der Anlieferung des Holzes vor Ort sollte nochmals überprüft werden, ob es sich um die bestellte Holzart handelt. Erst dann sollte der Schreiner mit dem Einbau beginnen.

✔ Schreinerarbeiten	
erledigt am	
	Lassen Sie vor Beginn der Arbeiten vom Unternehmer die Rohbauabmessungen aller Türöffnungen auf Übereinstimmung mit den Vorgaben prüfen.
	Prüfen Sie bei Holztüren, ob die gelieferte Holzart richtig ist.
	Prüfen Sie, ob der gelieferte Farbton richtig ist und ob der Farbton von Zarge und Türblatt übereinstimmt.

Schreinerarbeiten Fortsetzung

erledigt am

Vergleichen Sie die Türbänder, Beschläge und Schlösser auf Übereinstimmung mit den Vorgaben.

Lassen Sie sich bei Schallschutztüren das Prüfzeugnis vorlegen.

Lassen Sie den Zwischenraum zwischen Mauerwerk und Zargen nicht nur punktweise, sondern komplett ausstopfen oder ausschäumen. Damit verringern Sie die Schallübertragung.

Kellertüren von beheizten Fluren in unbeheizte Räume müssen wärmegedämmt sein.

Kontrollieren Sie, ob die Türen in die richtige Richtung aufschlagen und das Türblatt auf der richtigen Seite montiert ist.

Bei Räumen ohne Fenster muss bei den Türen zur ausreichenden Belüftung entweder im unteren Bereich ein Gitter eingebaut sein oder die Tür muss einen ausreichend großen Abstand (1,5 bis 2 cm) zum Boden haben.

Prüfen Sie mit der Wasserwaage, ob die Rahmen und Türen waagerecht und lotrecht eingebaut sind.

In der Wohnungseingangstür sollte ein unteres Dichtband (Schall-Ex) eingebaut werden.

Prüfen Sie die Oberflächen von Türblatt und Rahmen auf Kratzer.

Die Türen müssen sich vollständig öffnen und schließen lassen, ohne am Rahmen oder Boden zu streifen.

Prüfen Sie, ob die Türen in jeder beliebigen Position stehen bleiben, ohne sich von selbst weiter zu öffnen oder zu schließen.

Prüfen Sie, ob sich die Türen abschließen lassen und ob Sie alle Schlüssel ausgehändigt bekommen haben.

Achten Sie darauf, dass Wandflächen und Böden nicht durch Bauschaum verunreinigt wurden.

Achten Sie darauf, dass Akustikdecken überall schallentkoppelt sind.

Achten Sie darauf, dass bei der Montage von Holzverkleidungen im Dachraum keine darunterliegenden Folien verletzt werden.

Die Dachluke in dem unbeheizten Dachboden sollte wärmegedämmt sein.

Achten Sie darauf, dass sich das Deckenholz ausreichend bewegen kann. (Mindestens 1,5 cm Abstand zur Wand lassen.)

Abschlussleisten von Deckenverkleidungen sollten entweder an der Decke oder an der Wand befestigt werden, keinesfalls an beiden.

Bei der Montage von Einbaustrahlern ist darauf zu achten, dass die elektrischen Systeme gut gesichert sind und keine verdeckten Brände entfachen können. Am besten ist die Abnahme durch einen Elektriker.

Berücksichtigen Sie Lichtauslassstellen.

Einbau auf dem Rohboden oder Estrich

Der Einbau kann entweder auf dem Rohboden erfolgen, bevor Trittschallschutz, Estrich und Bodenoberbelag aufgebracht sind, oder auf dem schwimmenden Estrich. Spindeltreppen sollten aufgrund der hohen Punktlast allerdings grundsätzlich auf dem Rohboden stehen. Wird die Treppe auf den Estrich gestellt, muss dieser im Auflagerbereich zusätzlich bewehrt werden, um Rissbildungen durch zu hohe Punktbelastungen zu vermeiden.

Als Erstes wird das Holztraggerüst, also die Wangen der Treppe, eingesetzt. Achten Sie hierbei darauf, dass die Treppenwangen schallentkoppelt eingesetzt werden. Als Puffer dienen zum Beispiel Neoprenscheiben, die unter die Metallauflagerwinkel am unteren und oberen Treppenauflager gelegt werden. In die montierten Wangen werden dann die Stufen eingesetzt. Die Stufenmontage erfolgt am besten von unten nach oben, weil dann die bereits gesetzten Stufen als Arbeitsplattform für die nächsthöhere Stufe genutzt werden können. Nach der Montage aller Stufen sollte überpüft werden, ob die Auftrittstiefen auf der Lauflinie der Treppe, also in der Mitte jeder Stufe, einheitlich sind. Ist alles in Ordnung, wird zum Schluss das Geländer montiert.

Treppenschutz nach der Montage

Abschließend muss die gesamte Treppe geschützt werden, wenn sie noch von Handwerkern und Bauarbeitern genutzt wird. Einfache Folien oder Ähnliches würden sofort reißen, es müssen mindestens Pressspanholzauflagen gesetzt werden, die am besten vom Schreiner, der die Treppe einbaut, gleich mit angefertigt werden. Der Stufenschutz muss rutschfest, aber beschädigungsfrei auf die Stufen montiert werden. Manche Schreiner helfen sich mit Stellstufen, die den Trittstufenschutz von zwei Seiten halten und mit ihnen verschraubt werden.

Einschubtreppen

Dachbodentreppen zum Ausziehen können vom Zimmerer (⋯> Seite 153) oder Schreiner gesetzt werden. In der Regel bezieht er die fertigen Treppen oder Leitern im Einschubkasten vom Fabrikanten oder Großhändler und übernimmt nur noch Lieferung und Einbau.

Luftdichter Anschluss an die Geschossdecke wichtig

Wichtig für die Montage ist der luftdichte Anschluss an die Geschossdecke. Dieser erfolgt meistens durch eine Kombination aus Dichtband und einem Schaumstoff-Dämmzopf, die zwischen Futterkasten und Geschossdecke gesetzt wird. Auch zwischen Futterrahmen und

Deckel sollte so eine Dichtung vorhanden sein. Der Futterdeckel selbst sollte unbedingt vollflächig gedämmt sein. Der Wärmedämmwert (U-Wert) der Boden-Einschubtreppe sollte bei Anlieferung anhand des Lieferscheins oder der Verpackungsbeilage geprüft werden.

Holzdecken

Eine Holzdecke kann direkt unter der Rohdecke oder auf einer verputzten Decke montiert werden. Manchmal dienen Holzdecken auch als Verschalung für eine darüberliegende Dämmung.

In der Regel wird direkt in der Betondecke eine Unterkonstruktion verschraubt, auf die dann die Kassetten- oder Holzpaneele montiert werden. Wie alle Holzkonstruktionen arbeiten Deckenverkleidungen, wenn das Holz auf wechselnde Temperaturen und Luftfeuchten reagiert. Die Einzelelemente sollten deshalb bereits vor der Montage gestrichen oder behandelt sein. So wird vermieden, dass sich das Holz durch die einseitige (nur deckenunterseitige) Behandlung verzieht und dabei die verdeckten und daher ungestrichenen Bereiche (zum Beispiel bei einer Nut- und Federschalung) sichtbar werden. Bei der Montage ist besonders darauf zu achten, dass sich das Holz spannungsfrei ausdehnen und wieder zusammenziehen kann. Das wird durch flexible Montageelemente und ausreichende Wandabstände (mindestens eineinhalb Zentimeter) der Holzverkleidung unterhalb der Abschlussleisten erreicht.

Holzelemente müssen arbeiten können

Akustikdecken sind abgehängte Unterdecken mit schallabsorbierenden Eigenschaften. Sie vermindern die Nachhallzeit (Halligkeit) eines Raums und damit den Geräuschpegel. Typische deckenbekleidende Elemente für Akustikdecken sind Mineralfaserplatten, Lochplatten bzw. Loch-Kassettenplatten (mit schallschluckenden Materialien hinterlegt) und geschlitzte Holzverkleidungen. Falls in Ihrem Haus Akustikdecken zum Einsatz kommen, ist auf die schalltechnische Entkopplung der gesamten Unterkonstruktion und der Verkleidung von der Decke und den Wänden allerhöchste Aufmerksamkeit zu legen.

Auf Schallentkopplung der Unterkonstruktion und Verkleidung achten

Holzanstriche

Nur selten wird Holz ohne vorherigen Anstrich oder Behandlung eingebaut. Wie das Holz zu schützen ist, hängt vor allem von der künftigen Belastung ab: Eine Holztreppenstufe wird mechanisch viel

> **Tipp**
>
> Lösemittelarme Produkte, also Dispersionslacke und -farben mit Wasser als Hauptlösemittel, sind vor allem in Innenräumen immer zu bevorzugen. Hinweise dazu gibt das Umweltzeichen „Blauer Engel" in Verbindung mit der Bezeichnung „weil emissionsarm". Schreiben Sie schon in den Auftrag für alle Holzarbeiten, dass grundsätzlich umweltschonende Behandlungsmittel zu verwenden sind.
>
> Lassen Sie sich vom Schreiner vor der Behandlung der Hölzer die GISCODE-Einstufungen (→ Seite 87) aller verwendeten Anstrichmittel aushändigen und besprechen Sie diese mit Ihrem Planer oder Bauleiter. Stimmen Sie die Anstrichmittel dann mit dem Schreiner ab. Lassen Sie sich mindestens eine Leerdose jedes Anstrichs vom Schreiner aushändigen.

stärker beansprucht als Holzdeckenpaneele oder Wandverkleidungen.

Wachsen oder Ölen schützt die Holzoberfläche nur bedingt und muss in regelmäßigen Abständen wiederholt werden.

Lasuren haben den Vorteil, dass sie das Holz einerseits schützen, es andererseits aber nicht vollständig versiegeln. Man spricht deshalb auch von offenporigen Anstrichen.

Eine vollständige Versiegelung und der beständigste Schutz erfolgt mit dem **Lackieren** des Holzes.

Alle Anstrichlösungen enthalten mehr oder weniger giftige oder allergene Inhaltsstoffe. Verwenden Sie deshalb im Innenraum niemals Lasuren oder Lacke, die für den Außeneinsatz vorgesehen sind.

31 Parkettarbeiten

Fertigparkett besteht aus einer stärkeren Tragschicht und der Nutzschicht, die nur einige Millimeter dick ist. Es kann freitragend auf Lagerhölzern oder schwimmend auf Estrich verlegt oder mit ihm verklebt werden. Die einzelnen Elemente haben eine umlaufende Nut-Feder-Verbindung, sodass die Platten beim Verlegen dicht ineinanderschließen. Fertigparkett ist in der Regel fertig abgeschliffen und versiegelt und kann direkt nach dem Verlegen begangen werden.

Klassischer Parkettboden aus einzelnen Parkettstäben ist in der Montage aufwendiger und teurer. Der Parkettleger verlegt das von Ihnen gewünschte Muster vor Ort. Klassisches Stabparkett können Sie noch nach Jahren abschleifen und frisch versiegeln lassen. Dann

Parkettarbeiten

erledigt am

	Prüfen Sie, ob das gelieferte Material in Holzart und Dicke mit den Vorgaben übereinstimmt.
	Bestimmen Sie gemeinsam mit dem Parkettleger nochmals das Verlegemuster der Parkettstäbe.
	Prüfen Sie, ob der von Ihnen gewählte Kleber verwendet wird.
	Achten Sie darauf, dass das Parkett nirgends mit der Wand in Berührung kommt.
	Klären Sie, dass Sockelleisten an der Wand und nicht am Boden befestigt werden.
	Vor dem stark staubenden Parkettschliff angrenzende Bereiche gut abdichten lassen.
	Prüfen Sie die fertige Parkettoberfläche nach dem Schleifen und Versiegeln auf Unebenheiten (Streiflicht).
	Achten Sie darauf, dass das Parkett auch in den Raumecken sauber geschliffen wurde.
	Lassen Sie sich eine Pflegeanleitung aushändigen.
	Kontrollieren Sie, ob Wandflächen, Balkontüren usw. gesäubert wurden, falls diese versehentlich mit Kleber verunreinigt wurden.

sieht es wieder wie neu aus. Bei Fertigparkett ist das nur möglich, wenn die Nutzschicht mindestens vier Millimeter dick ist.

Der Parkettleger sollte an einem zentralen Ort, zum Beispiel im Flur, beginnen und zunächst einen durchgängigen Streifen Parkett durch das gesamte Haus legen, wenn Sie das Parkett als durchgängigen Bodenbelag wünschen. Vom Flur aus arbeitet er sich dann gleichmäßig in die Zimmer vor, sodass an den Türdurchgängen keine unschönen Übergänge entstehen. Achten Sie beim Parkettlegen darauf, dass nach Möglichkeit lösungsmittelfreier Kleber verwendet wird (GISCODE-Check ···> Seite 87). Dieser ist oftmals zwar teurer als herkömmlicher Parkettkleber, aber diese Investition lohnt sich.

Parkett ist ein Naturbaustoff und braucht Raum zum Arbeiten – es muss sich ausdehnen und wieder zusammenziehen können. Ein falsch verlegtes Buchenparkett ist zum Beispiel in der Lage, Wände einzudrücken, oder es löst sich von der Klebeschicht ab und wölbt sich großflächig auf. Bei einem ausreichenden Wandabstand gibt es damit keine Probleme. An sichtbaren Randabschlüssen, an denen später keine Bodenleiste montiert wird, ist es sinnvoll, einen Strei-

Tipp

Prüfen Sie bei der Anlieferung, ob das in der Ausschreibung geforderte Material geliefert wurde. Wenn das Parkett mit dem Estrich verklebt werden soll, ist vor dem Verlegen der Restfeuchtegehalt des Estrichs zu prüfen. Lassen Sie diese Überprüfung vom Estrichleger vornehmen und die Eignung schriftlich bestätigen.

> **Tipp**
>
> Achten Sie bei der Oberflächenbehandlung des Parketts auf umweltfreundliche Produkte. Sie können das Parkett auch wachsen oder ölen lassen. Das kann sehr schön aussehen, schützt aber das Parketthholz nicht so sicher wie eine Versiegelung.
>
> Wenn nach dem Versiegeln oder Ölen des Parkettbodens weitere Arbeiten im Haus erfolgen, sollte das Parkett vor dem Abdecken der Böden zwei bis drei Tage lang offen aushärten können.

fen Kork einzulegen. Dieser ist elastisch und markiert einen sauberen Übergang.

Wenn der Parkettboden verlegt ist, wird er zunächst abgeschliffen. Die einzelnen Stabelemente werden dadurch auf eine gleichmäßige Oberfläche gebracht. Nach dem ersten Schleifgang wird der Boden versiegelt. Ist die erste Versiegelung trocken, wird der Boden nochmals abgeschliffen und anschließend endversiegelt. Ist die Endversiegelung trocken, kann der Boden begangen werden.

Nun werden an den Rändern des Parkettbodens noch die Sockelleisten gesetzt, um saubere Wandanschlüsse zu erhalten. Achten Sie vor allem darauf, dass die Sockelleisten an der Wand befestigt werden! Sonst können durch das Arbeiten des Parketts die Sockelleisten abgerissen werden oder das Parkett selbst kann an den Befestigungspunkten einreißen.

32 Teppich- und Linoleumbelagsarbeiten

Wenn alle anderen Handwerker das Haus verlassen haben, kann als Letzter der Bodenleger den gewünschten Bodenbelag legen. Teppichboden beziehen Sie vom Raumausstatter bzw. Teppichleger. PVC- und Linoleumbeläge erhalten Sie in der Regel bei Bodenbelagsbetrieben. PVC sollte allerdings wegen seiner schlechten Umweltverträglichkeit heute nicht mehr in Betracht gezogen werden.

Hochwertige **Teppichböden** sind zwar teuer, halten aber auch wesentlich länger als sehr preiswerte Ware. Falls Sie durch den Hausbau finanziell bereits stark belastet sind, können Sie aber zunächst eine einfache Teppichqualität wählen, die Sie dann noch austauschen lassen können, wenn die finanzielle Belastung durch den Hausbau etwas nachgelassen hat.

Teppich- und Linoleumbelagsarbeiten 231

Wenn Sie Ihren Teppichboden flächendeckend verkleben wollen, sollten Sie auf lösungsmittelfreie Teppichkleber achten, um die Innenraumluftbelastung zu minimieren (GISCODE-Check, ⋯⟩ Seite 87).

Teppichbahnen sind in Richtung auf die Hauptfensterwand zu verlegen, in Fluren in Längsrichtung. Ist mehr als eine Bahn notwendig, müssen die Teppichstöße sehr exakt gearbeitet werden, damit man die Übergänge möglichst nicht sieht. An Übergängen zu anderen Bodenbelägen sollten die Teppichböden mit Abschlussleisten, zum Beispiel aus Messing, gefasst sein.

Leider gibt es noch immer Bauherren, die auf **PVC-Böden** nicht verzichten möchten. PVC ist in der Herstellung und Entsorgung hochgradig umweltschädlich. Eine gute Alternative hierzu ist **Linoleum,** ein leinöl- und harzgebundener Bodenbelag, der in Aussehen und Charakter dem PVC stark ähnelt. Verlegt wird er auch in Bahnen und dann in der Regel flächig verklebt. Auch hier gilt die Empfehlung, einen lösungsmittelfreien Kleber zu wählen (GISCODE-Check, ⋯⟩ Seite 87). Achten Sie darauf, dass die Bahnen in Längsrichtung des Raumes laufen, sauber gestoßen sind und Abschlussleisten haben.

> **Tipp**
>
> Überlegen Sie sich grundsätzlich genau, ob Sie einen Teppichboden flächendeckend verkleben lassen wollen oder ob Sie ihn nur punktuell mit Doppelklebeband fixieren und mit den seitlichen Bodenleisten festklemmen lassen. Das hat den Vorteil, dass Sie ihn viel leichter und schneller auswechseln können.

> **Tipp**
>
> Heben Sie Typenbezeichnungsschilder von Teppichböden gut auf, für den Fall, dass Sie etwas nachkaufen müssen.

✓ Teppichböden, Linoleumböden

erledigt am

		Das Verlegen von Teppich- und Linoleumböden sollte erst nach Fertigstellung aller anderen Arbeiten erfolgen, um die Oberflächen vor späteren Verunreinigungen zu schützen.
		Prüfen Sie, ob die gelieferten Beläge den ausgesuchten Mustern in Farbe, Material und Qualität entsprechen.
		Kontrollieren Sie, ob der Untergrund gereinigt und für das Verlegen vorbereitet wurde (z. B. Risse im Estrich ausgebessert, Unebenheiten durch Spachteln ausgeglichen).
		Prüfen Sie die Höhen der Übergänge zu den einzelnen Räumen.
		Teppichbahnen sind in Richtung auf die Hauptfensterwand zu verlegen, in Fluren in Längsrichtung. Die Bahnen sollten nur in einer Richtung verlegt werden, da sich sonst an Stößen Farbunterschiede zeigen können.
		Klebstoffreste sind sofort zu entfernen.
		Lassen Sie sich eine Pflegeanleitung für den Bodenbelag geben.
		Größere Materialreste sollten Sie für spätere Ausbesserungsarbeiten aufbewahren.

Luftdichtigkeit allgemein

Die Luftdichtigkeit der Gebäudehülle hat heute einen besonderen Stellenwert. Viele Bauschäden, beispielsweise im Dachbereich, entstehen durch Leckagen in der Dampfbremse, durch die feuchte Raumluft in die Dämmung eindringen kann und diese unbrauchbar macht. Durch Leckagen in der Abdichtung kann es in den betroffenen Räumen auch unangenehm ziehen, was die Wohnqualität mindert.

Beim **Blower-Door-Test** wird nur eine Tür oder ein Fenster geöffnet und dann mit einem winddichten Stoff- oder Kunststoffrahmen ausgefüllt. In dem Rahmen ist ein starker Ventilator eingebaut, der eine kleine Druckdifferenz zwischen dem Inneren des Hauses und der Umgebung aufbaut. Je nach Dichtheit des Hauses muss der Ventilator mehr oder weniger stark arbeiten, um die Druckdifferenz über eine Stunde hinweg zu halten. Hieraus wird das Maß der Undichtigkeit (die Luftwechselrate) bestimmt. Ein guter Wert für die Luftwechselrate ist bei Einfamilienhäusern das ein- bis eineinhalbfache Luftvolumen des Innenraums. Schlechte Werte gehen bis zum sechs- bis achtfachen Luftvolumen, was etwa einem permanent offenen kleinen Fenster entspricht. Um Leckagen genau zu lokalisieren, können auch kleine Mengen ungiftiger Prüfnebel versprüht werden, die zu den undichten Stellen ziehen.

Die kritischen Stellen für Undichtigkeiten der Gebäudehülle

- Stöße der Dampfbremse im Dachgeschoss
- Anschluss der Dampfbremse an Wandflächen
- Durchdringungen der Dampfbremse durch Leitungsrohre
- Anschluss der Dampfbremse an Dachflächenfenster
- Unverputzte Kamine
- Revisionsklappen der Rollläden
- Unverputzte Wandflächen
- Steckdosen und Schalter in der Außenwand
- Unterer Anschluss der Haustür
- Oberseite von Hochlochziegeln an Fensterbrüstungen
- Fensteranschluss an seitlichen Laibungen

Luftdichtigkeit

erledigt am

- Lassen Sie einen Blower-Door-Test durchführen.
- Die Revisionsöffnungen von Rollladenkästen und der Auslass der Gurtbänder sollten gut abgedichtet sein.
- Für Schalter und Steckdosen in Außenwänden müssen besondere Unterputzdosen montiert werden.
- Stehende Hochlochziegel bei Fensterbrüstungen sollten vor Montage der Fensterbänke verputzt werden.
- Risse in Holzpfosten der Dachkonstruktion sind Luftöffnungen und sollten geschlossen werden.
- Lassen Sie alle Wandflächen verputzen, auch die Giebel im Spitzboden.
- Lassen Sie alle Kamine verputzen, auch im Spitzboden.
- Achten Sie auf eine sorgfältige Verklebung der Stöße der Dampfbremse sowie den Anschluss der Folie an Wandflächen.
- Für eine luftdichte Verklebung von Rohrdurchführungen gibt es teilweise fertige Passstücke.
- Achten Sie auf sorgfältige Abklebung der Dachflächenfenster.
- Die Haustür muss in geschlossenem Zustand luftdicht sein.
- Der Anschluss der Fensterrahmen an die Mauerwerkslaibung muss mit speziellen Profilen luftdicht hergestellt werden. Klären Sie, ob diese Arbeiten beim Einbau der Fenster oder beim Verputzen der Wände durchgeführt werden.

Es empfiehlt sich, den Test nicht erst bei Fertigstellung des Hauses durchzuführen, weil Nachbesserungen dann nur noch mit großem Aufwand möglich sind. Ein guter Zeitpunkt ist nach der Montage der Dampfsperre im Dachgeschoss. Der Innenputz muss aufgebracht und der Estrich verlegt sein. Alle Fenster und Fensterbänke sollten ebenfalls schon montiert sein.

Legen Sie bereits in den zusätzlichen technischen Vertragsbedingungen (⋯▸ Seite 70) fest, dass ein Blower-Door-Test durchgeführt wird und dass die Kosten hierfür (rund 400 Euro) zwischen den Firmen aufgeteilt werden, bei denen Mängel in der Ausführung festgestellt werden. Eine luftdichte Gebäudehülle ist im Übrigen seit Jahren Stand der Technik und gehört damit ohnehin zum Leistungsumfang des Handwerks.

Fertigstellung, Abnahme, Schlussrechnung, Gewährleistung

Bauen Sie in Eigenregie, werden Sie Abnahme und Rechnungsprüfung komplett allein durchführen oder sich nach Bedarf externen fachlichen Rat hinzuziehen. Bauen Sie mit einem Architekten oder Bauleiter, werden Sie alle handwerklichen Leistungen *einzeln* abnehmen, es sei denn, Sie haben mit allen handwerklichen Leistungen nur einen Generalunternehmer beauftragt. Die Abnahme der handwerklichen Leistungen übernimmt Ihr Architekt nur dann, wenn er eine gesonderte Vollmacht von Ihnen hat, was aber selten ist. Meist ist er bei der Abnahme zwar dabei, da aber Bauherr und Handwerker die Vertragspartner sind, muss der Bauherr selbst die Abnahme gegenüber dem Handwerker erklären. Bauen Sie mit dem Bauträger oder Generalübernehmer, kann es gut sein, dass Sie nur eine Abnahme des gesamten Hauses haben.

Egal, mit welchem Baupartner Sie bauen und ob Sie einzelne Handwerkerleistungen oder ein ganzes Haus abnehmen: Die Rahmenbedingungen und Auswirkungen einer Abnahme sind identisch. Wesentlicher Unterschied ist aber, ob Sie einen BGB- oder einen VOB-Vertrag (⋯→ Seite 63) mit Ihrem Baupartner abgeschlossen haben.

Fertigstellung und Abnahme

Hat der Unternehmer seine Arbeiten fertiggestellt, folgt die Übergabe an Sie als Auftraggeber, meist in Form einer Abnahme. Mit der Abnahme erkennen Sie die Leistungen des Unternehmers als im Wesentlichen vertragsgemäß erbracht an. Die Abnahme der Unternehmerleistung gehört zu Ihren vertraglichen Pflichten. Kleinere Mängel stehen der Abnahme nicht entgegen.

Komplettabnahme und Einzelabnahme von Gewerken

Bei der Einzelabnahme von Gewerken, wie der Heizungsanlage, haben Sie Einblick in die Qualität der handwerklichen Arbeitsausführung. Nehmen Sie ein komplettes Haus ab, sind viele Gewerke, etwa die Heizungsinstallation, schon unter Putz verlegt. Bei einer solchen Abnahme geht es dann nur noch um die sichtbaren Gewerke.

Für sichtbare und auch für verdeckte Mängel haben Sie eine Gewährleistungsfrist von fünf Jahren (BGB-Vertrag) bzw. vier Jahren (VOB-Vertrag).

Zur Vorbereitung der Abnahme sollten Sie das Bauwerk einige Tage vor dem Abnahmetermin gründlich prüfen. Sie können es beispielsweise mit einem Bausachverständigen durchgehen und sich alle problematischen Punkte notieren.

Als Auftraggeber müssen Sie bei der förmlichen Abnahme (···} Seite 238) anwesend sein. Auch Ihr Bauleiter bzw. Architekt sollte anwesend sein und die ordnungsgemäße technische Ausführung und Vollständigkeit der erbrachten Leistungen prüfen.

Nach der Abnahme hat der Unternehmer Anspruch auf **Bezahlung** seiner Leistung und wird Ihnen die **Schlussrechnung** stellen.

Mit dem Tag der Abnahme beginnt auch die **Gewährleistungszeit**. In diesem Zeitraum muss der Unternehmer auftretende Mängel kostenfrei nachbessern.

Werden bereits bei der Abnahme **Mängel** festgestellt, müssen diese im Abnahmeprotokoll vermerkt werden, sonst besteht keine Verpflichtung zur Nachbesserung.

Auch die Geltendmachung einer **Vertragsstrafe** oder ein eventueller Geldeinbehalt muss im Abnahmeprotokoll vermerkt werden.

Mit der erfolgten Abnahme kommt es außerdem zur **Umkehr der Beweislast:** Ab dem Tag der Abnahme müssen Sie dem Unternehmer im Zweifelsfall nachweisen, dass ein Mangel vorliegt.

Außerdem tragen Sie nun das Risiko für Beschädigungen an der ausgeführten Leistung **(Gefahrenübergang).**

Abnahme nach BGB
Das BGB sieht in § 640 zwar eine Abnahmeregelung vor. Kommen Sie Ihrer Abnahmepflicht allerdings nicht nach, kann das Werk auch als abgenommen gelten, wenn Sie eine vom Unternehmer

---

Tipp

Vor Abnahme unbedingt die Wohnfläche messen, berechnen und mit den Plänen abgleichen.

Auswirkungen der Abnahme

- Der Unternehmer hat Anspruch auf Bezahlung seiner Leistung
- Die Gewährleistungszeit beginnt
- Mängelbeseitigung bestehender Mängel nur bei Vorbehalt im Abnahmeprotokoll
- Vereinbarte Vertragstrafe nur bei Vorbehalt im Abnahmeprotokoll
- Umkehr der Beweislast
- Gefahrenübergang

gesetzte Abnahmefrist unbegründet verstreichen lassen. Daher ist zur Sicherheit zu empfehlen, eine förmliche Abnahme und auch die Regelungen für eine mögliche Terminverschiebung der Abnahme vertraglich detailliert zu vereinbaren. Auftraggeber und Unternehmer begutachten bei einer Abnahme gemeinsam vor Ort die erbrachten Arbeiten und protokollieren das. Vorbehalte gegen Mängel, die Sie noch haben, werden im Protokoll vermerkt. Das Protokoll wird von allen Beteiligten unterzeichnet.

Wenn der Unternehmer Sie mit einer angemessenen Frist zur Abnahme auffordert, müssen Sie dem nachkommen, es sei denn, wesentliche Mängel des Werks stehen dem entgegen. In vielen BGB-Bauverträgen finden sich nach wie vor Verweise auf den § 641a des BGB. Nach diesem war es dem Unternehmer möglich, durch einen Gutachter eine sogenannte Fertigstellungsbescheinigung erstellen zu lassen, die der Abnahme durch den Auftraggeber gleichstand. Der § 641a wurde durch die BGB-Novellierung im Jahr 2009 allerdings ersatzlos gestrichen.

Abnahme nach VOB

Auch wenn VOB/B-Verträge zwischenzeitlich der Inhaltskontrolle nach dem BGB unterliegen, werden nachfolgend die Abnahmeregelungen der VOB/B erläutert, damit Sie einen Überblick über diese Regelungen haben. § 12 der VOB/B regelt die möglichen Abnahmeformen.

Förmliche Abnahme nach Vereinbarung oder auf Verlangen

Eine förmliche Abnahme findet statt, wenn sie im Bauvertrag vereinbart wurde oder wenn einer der Vertragspartner sie verlangt. Der Auftragnehmer kann die Abnahme mit einer Frist von zwölf Werktagen verlangen, wenn keine andere Frist vereinbart wurde. Der Auftraggeber kann eine Abnahme nur ablehnen, wenn dem wesentliche Mängel entgegenstehen.

Es ist bei der förmlichen Abnahme nicht zwingend notwendig, dass der Auftragnehmer anwesend ist, wenn der Termin zur Abnahme schon lange feststand oder ihm der Termin zur förmlichen Abnahme mit ausreichender Frist mitgeteilt wurde. Hierfür sollte der Auftraggeber mindestens 14 Tage ansetzen, sonst kann es sein, dass der Termin angefochten wird. Das Protokoll der Abnahme ist dem Auftragnehmer anschließend zuzustellen.

Ist keine förmliche Abnahme vereinbart, gilt die Leistung zwölf Werktage nach schriftlicher Mitteilung der Fertigstellung als automatisch abgenommen. Das ist natürlich sehr gefährlich für den Auftraggeber, da er in diesen zwölf Tagen alle Vorbehalte gegenüber dem Unternehmer schriftlich geltend machen muss. Versäumt er das, gehen ihm Ansprüche aus bekannten Mängeln verloren. Daher sollte schon im Bauvertrag eine förmliche Abnahme vereinbart sein.

Ist vom Auftraggeber keine Abnahme verlangt worden und der Auftraggeber bezieht das Gebäude einfach, gilt die Abnahme sechs Werktage nach dem Bezug als erfolgt.

Wenn Sie bereits vor der Abnahme die **Schlussrechnung** bezahlen, können Ihnen Nachteile entstehen, bis hin dazu, dass die Leistung des Unternehmers als abgenommen gilt. Schlussrechnungen sollten daher nicht vor der Abnahme bezahlt werden, da erst im Rahmen der Abnahme festgestellt wird, ob der Unternehmer seine Arbeiten vollständig und mangelfrei erbracht hat.

Es ist wichtig, dass Sie oder Ihr Bauleiter zum **Abnahmetermin** die DIN-Vorschriften für die Gewerke, die Ausschreibungsunterlagen bzw. den Bauvertrag und, falls Vertragsbestandteil, die Baubeschreibung dabeihaben, damit neben der Qualitätsprüfung der erbrachten Leistung die folgenden Punkte kontrolliert werden können:

Kontrollen bei der Abnahme

- Sind die vereinbarten Fristen eingehalten worden?
- Wurden die vereinbarten Materialien verwendet?
- Gibt es Mängel in der Ausführung?
- Wurde die Leistung vollständig erbracht?
- Wurden zusätzliche Leistungen erbracht?
- Wurden Leistungen anderer Unternehmer beschädigt?
- Wurde die Baustelle geräumt und wurden alle Abfälle beseitigt?
- Wurden erforderliche Betriebsanleitungen übergeben?
- Wurden alle zusätzlichen Vertragsbedingungen erfüllt (zum Beispiel Durchführung eines Blower-Door-Tests)?

Wesentlicher Bestandteil einer förmlichen Abnahme ist das **Abnahmeprotokoll**, das von allen Beteiligten unterzeichnet wird und das jeder in Kopie erhält. Falls Sie wegen Fristüberschreitungen des Unternehmers einen Anspruch auf Zahlung einer Vertragsstrafe haben,

> **Tipp**
>
> Lassen Sie sich beim Abnahmetermin nicht unter Druck setzen, wenn ein Unternehmer auf Eile drängt, weil er Folgetermine wahrnehmen möchte. Bieten Sie ihm an, den Abnahmetermin abzubrechen und zu einem anderen Zeitpunkt zu wiederholen.
>
> Kommt es wegen Mängeln zu Streit, kann es ebenfalls sinnvoll sein, die Abnahme abzubrechen und bei einem neuen Termin einen Gutachter oder Anwalt dabeizuhaben.

240   Fertigstellung, Abnahme, Schlussrechnung, Gewährleistung

✓ Vollständiges Abnahmeprotokoll

enthält

- [ ] Datum, Ort, Namen der Teilnehmer
- [ ] Gewerk, Datum des Vertrags
- [ ] Beginn, Fertigstellung der Leistung
- [ ] Vereinbarter Fertigstellungstermin
- [ ] Gegebenenfalls genaue Terminüberschreitung
- [ ] Vorbehalt vereinbarter Vertragsstrafe, sofern vereinbart
- [ ] Übergabe von Unterlagen, Schlüsseln
- [ ] Detaillierte Auflistung der festgestellten Mängel
- [ ] Bei Mängeln: Frist zur Beseitigung der Mängel und Höhe des Geldeinbehalts bis zur Mängelbeseitigung
- [ ] Ausdrückliche Erklärung oder Verweigerung der Abnahme
- [ ] Gewährleistungsdauer
- [ ] Unterschriften aller Beteiligten

Beispiel für ein Abnahmeprotokoll

muss das im Protokoll vorbehalten werden. Sie verlieren sonst möglicherweise Ihren Anspruch darauf. Das Gleiche gilt für alle Mängel, die zum Zeitpunkt der Abnahme bekannt sind. Stehen diese nicht im Protokoll, verlieren Sie unter Umständen den Anspruch auf eine kostenfreie Behebung.

Halten Sie im Abnahmeprotokoll zu den einzelnen Mängeln und Schäden sowohl eine Frist für die Beseitigung als auch den Geldbetrag fest, der bis dahin einbehalten wird. Die Höhe des Einbehalts sollte etwa das Doppelte der Kosten betragen, die zur Beseitigung dieser Mängel oder Schäden notwendig sind. Ist der Betrag zu gering, kann es passieren, dass der Unternehmer lieber auf das Geld verzichtet, um sich die Arbeit zu sparen. Sie haben dann den Ärger und den Aufwand, um die Dinge in Ordnung bringen zu lassen.

Bedenkt man das hohe Maß an Handarbeit beim Bau, ist es nicht ungewöhnlich, wenn bei der Abnahme kleinere Mängel festgestellt werden, die ohne großen Aufwand behoben werden können.

Nicht immer sind sich Unternehmer und Auftraggeber aber darüber einig, ob eine Beanstandung der Leistung rechtmäßig ist. Meist bringt ein Blick in die DIN-Normen Klarheit (⋯⟩ Seite 111).

DIN-Normen helfen Rechtmäßigkeit zu klären

Lässt sich beim Abnahmetermin keine Einigkeit erzielen, können Sie den Sachverhalt ins Abnahmeprotokoll aufnehmen. Der Text könnte so lauten:

„Folgende Leistung wird als mangelhaft beanstandet: (Beschreibung des Mangels). Der Auftragnehmer widerspricht mit folgender Begründung: (Stellungnahme des Handwerkers). Der Auftragnehmer wird innerhalb von fünf Werktagen einen schriftlichen Nachweis der Mängelfreiheit erbringen. Der Mangel gilt so lange als vorbehalten, bis der Sachverhalt geklärt ist. Bis zur Klärung wird folgender Geldbetrag vom Auftraggeber einbehalten: (ca. zweifache Summe der Kosten für die Mängelbeseitigung)."

Anschließend können Sie mit der Abnahme fortfahren.

Prüfung der Schlussrechnung

Wenn Sie mit einem Architekten oder Bauleiter bauen, wird dieser die Rechnungsprüfung der Handwerkerrechnungen für Sie übernehmen. Das gehört nach Leistungsphase 8 der HOAI zu seinen Grundleistungen (⋯⟩ Seite 11). Bauen Sie hingegen mit einem Bauträger, werden Sie Ihre Rechnungen in aller Regel nach der Makler- und Bauträgerverordnung (MaBV) bezahlen (⋯⟩ Seite 117). Beim Bauen mit dem Generalübernehmer hingegen werden Sie unter Umständen

Prüfung klassischer Handwerkerrechnungen

242 Fertigstellung, Abnahme, Schlussrechnung, Gewährleistung

nach individueller Vereinbarung zahlen. In diesem Kapitel geht es um die Rechnungsprüfung und Schlussrechnung klassischer Handwerkerrechnungen.

Nach der Abnahme und Beseitigung restlicher Mängel stellt der Unternehmer seine Schlussrechnung. Mit der vollständigen Bezahlung dieser Rechnung sind bis auf die Gewährleistungsansprüche alle gegenseitigen Ansprüche ausgeglichen.

Die Schlussrechnung sollte von Ihrem Bauleiter sachlich, inhaltlich und rechnerisch geprüft und freigegeben werden, da nur er genau überblicken kann, ob der Unternehmer auch wirklich alle vertraglich vereinbarten Arbeiten fristgerecht und mangelfrei ausgeführt hat.

Ablauf einer Rechnungsprüfung

Bei der Schlussrechnung wird zunächst geprüft, ob überhaupt die **Voraussetzungen für die Fälligkeit** gegeben sind. Wurde beispiels-

---

✓ Prüffähige Rechnung

Generell
geprüft

- [ ] Bezeichnung der Rechnung (Abschlagsrechnung, Schlussrechnung)
- [ ] Gliederung der Rechnung wie Gliederung der Vertragsunterlagen
- [ ] Verwendung der Texte des Angebots
- [ ] Unterscheidung zwischen vereinbarten, geänderten und zusätzlichen Leistungen
- [ ] Nachweis der erbrachten Leistungen

Bei Stundenlohnarbeiten beachten
geprüft

- [ ] Vom Bauleiter unterschriebene Stundenlohnzettel liegen vor

Zusätzlich bei Einheitspreisvertrag beachten
geprüft

- [ ] Aufmaß bzw. Mengenermittlung liegt bei
- [ ] Abweichungen von vereinbarten Mengen sind erkennbar
- [ ] Einheitspreise und Menge jeder Position sind nachvollziehbar

Zusätzlich bei Pauschalpreis beachten
geprüft

- [ ] Kennzeichnung von Änderungen und Ergänzungen

weise eine förmliche Abnahme vereinbart und hat diese noch nicht stattgefunden, kann noch keine Schlussrechnung gestellt werden.

Anschließend muss kontrolliert werden, ob die Rechnung überhaupt **prüffähig** ist. Prüffähig ist eine Rechnung dann, wenn sie übersichtlich gestaltet ist und eine Vergleichbarkeit von Angebot und Abrechnung ermöglicht. Zum Nachweis des Leistungsumfangs sind ein prüfbares Aufmaß bzw. Mengenberechnungen beizulegen. Änderungen oder Ergänzungen müssen besonders gekennzeichnet sein und auf Verlangen des Auftraggebers getrennt abgerechnet werden. Der Unternehmer ist verpflichtet, prüffähige Abschlags- und Schlussrechnungen vorzulegen.

Tauchen in der Rechnung Nachtragsforderungen auf, muss kontrolliert werden, ob der Unternehmer vor der Ausführung dieser zusätzlichen Leistungen über deren Erfordernis informiert hat, ein Nachtragsangebot vorliegt und er auf dieser Basis beauftragt wurde. Erscheinen diese zusätzlichen Forderungen jedoch ohne Ankündigung auf der Schlussrechnung, muss zunächst geprüft werden, ob die Nachtragsforderungen überhaupt berechtigt sind, bevor in einem zweiten Schritt die Höhe der Forderungen beurteilt werden kann.

Nachtragsforderungen für zusätzliche Leistungen kontrollieren

Danach folgt die **inhaltliche Prüfung,** indem die Einheitspreise der Rechnung mit den Einheitspreisen des Angebots und eventuell beauftragter Nachträge verglichen werden.

Klären Sie zunächst, ob die in Rechnung gestellten Leistungen tatsächlich erbracht worden sind. Danach wird das Aufmaß bzw. die Mengenermittlung geprüft. Als Nächstes muss die Multiplikation von Einheitspreis und Mengenansatz der einzelnen Positionen rechnerisch geprüft werden. Besteht die Rechnung aus mehreren Seiten, muss kontrolliert werden, ob die Zwischensummen bzw. Überträge korrekt sind. Wurde ein sogenanntes Abgebot auf die Einheitspreise vereinbart, muss dieses an den entsprechenden Positionen abgezogen werden.

Wenn bereits **Abschlagszahlungen** geleistet wurden, müssen diese einzeln aufgeführt sein und die Beträge mit den tatsächlich

244 Fertigstellung, Abnahme, Schlussrechnung, Gewährleistung

gezahlten Beträgen verglichen werden. Diese Beträge sind von der Schlussrechnung abzuziehen.

Mögliche Abzüge vom Endbetrag

Es kann sein, dass die Leistung des Unternehmers noch mit Mängeln behaftet ist und bei der Abnahme ein **Einbehalt** bis zur Mängelbeseitigung vereinbart wurde. Dieser Betrag muss abgezogen werden, ebenso eventuelle **Vertragsstrafen.** Falls für die Gewährleistungszeit ein **Sicherheitseinbehalt** (---› Seite 246) vereinbart wurde, muss auch diese Summe abgezogen werden, sofern der Unternehmer das nicht schon getan hat.

Wenn **Skontovereinbarungen** bestehen, müssen diese beim Endbetrag berücksichtigt werden. Achten Sie darauf, dass für die Einräumung des Skontos der vereinbarte Zeitraum nicht überschritten wird. Hat der Bauleiter die Zeitüberschreitung zu vertreten und können Sie das Skonto nicht mehr geltend machen, besteht ihm gegenüber ein Schadenersatzanspruch.

Anwaltlicher Rat bei Streitigkeiten

Lassen Sie sich vor Bezahlung der Schlussrechnung von Ihrem Anwalt beraten, wenn es während der Ausführung oder Abnahme zu Streitigkeiten mit dem Unternehmer gekommen ist, zum Beispiel, weil eine Mängelbeseitigung unklar ist.

Mängel nach Abnahme

Nach der Abnahme beginnt die Gewährleistungszeit. Bei der Gewährleistungszeit handelt es sich in der Regel je nach Vertragsform um einen Zeitraum von fünf Jahren nach BGB, vier Jahren nach VOB 2002 und zwei Jahren, falls zum Beispiel versehentlich ein Vertrag auf Basis der alten VOB 2000 geschlossen wurde. Treten in dieser Zeit Mängel auf, muss der Unternehmer kostenfrei nachbessern. Entstehen durch den Mangel zusätzliche Schäden, muss er auch für die Beseitigung dieser Folgeschäden die Kosten tragen.

Beispiel: Im Mauerwerk wird ein Verbindungsstück der Heizungs-leitungen undicht. Die Wand muss geöffnet werden, um das Leitungsstück austauschen zu können. Kommt es innerhalb der Gewährleistungszeit zu diesem Schaden, muss der Unternehmer nicht nur die Heizleitung kostenfrei nachbessern, sondern auch die Kosten für den Handwerker tragen, der die Wandflächen nachher wieder schließt, verputzt, tapeziert und streicht.

Bauen Sie mit dem Generalübernehmer, Bauträger oder Fertighaus-anbieter, sollten Sie vor Ablauf der Gewährleistung einen gründli-chen Rundgang durch das Gebäude machen, eventuell in Begleitung eines Bausachverständigen.

Zeigen sich am Bauwerk Mängel, sollten Sie diese zunächst mit Ihrem Architekten oder Bauleiter gemeinsam besichtigen und die weitere Vorgehensweise besprechen. Danach wird er für Sie die Mängelrüge formulieren und dem Unternehmer zusenden. Bestehen Sie auf der Schriftform und lassen Sie sich eine Kopie geben. In der Mängelrüge muss der Mangel genau beschrieben und eine Frist für die Beseitigung gesetzt werden. Die Frist sollte ausreichend bemes-sen sein. Zur Beweissicherung sollte die Mängelrüge per Einschrei-ben/Rückschein versendet werden.

Meist folgt ein gemeinsamer Ortstermin mit dem Unternehmer und Ihrem Architekten bzw. Bauleiter, um den Sachverhalt zu prüfen. Nicht immer besteht Einigkeit darüber, ob es sich um eine mangel-hafte Leistung handelt oder nicht. Hier gilt die Regel, dass der Auf-traggeber nach erfolgter Abnahme beweisen muss, dass es sich um einen Mangel handelt. Vor der Abnahme ist Ihre Position besser, denn bis zur Abnahme muss der Unternehmer beweisen, dass es sich nicht um einen Mangel handelt.

Ist der Unternehmer der Ansicht, dass seine Leistung keine Mängel aufweist oder ihn kein Verschulden trifft, wird er die Frist zur Nach-besserung vermutlich verstreichen lassen. In diesem Fall sollten Sie die weitere Vorgehensweise mit Ihrem Anwalt besprechen.

Bei einem **Bauvertrag nach BGB** führt eine Mängelrüge nicht zur Aussetzung der Verjährung. Erst wenn der Unternehmer den Mangel

---

Tipp

Wenn Sie mit Ihrem Archi-tekten bzw. Bauleiter die Leistungsphase 9 der HOAI (···▶ Seite 11) vereinbart haben, muss er sich auch um Ihre Gewährleistungs-ansprüche kümmern. Er ist sogar dazu verpflichtet, vor Ablauf der Gewährleistungs-fristen eine Begehung Ihres Gebäudes durchzuführen, um festzustellen, ob an irgend-einer Stelle Nachbesserungen aus der Gewährleistung er-folgen müssen. Nur die aller-wenigsten Architekten oder Bauleiter sind sich jedoch dieser Tatsache bewusst oder setzen sie gar um.

Mängelrügen und Unter-brechung der Verjährung

anerkennt oder Sie ein selbstständiges Beweissicherungsverfahren einleiten, wird die Verjährung unterbrochen und beginnt für dieses Bauteil nach der Mängelbeseitigung neu.

Bei einem **VOB/B-Vertrag** wird die Verjährung schon durch eine schriftliche Mängelrüge unterbrochen.

Vor allem zum Ende der Gewährleistungszeit ist das ein großer Unterschied zu BGB-Verträgen. Läuft die Gewährleistungsfrist bei einem Bauvertrag nach BGB ab, bevor der Unternehmer den Mangel anerkannt hat, verfällt Ihr Anspruch auf kostenlose Nachbesserung, auch wenn Sie ihn noch innerhalb der Gewährleistungsfrist auf diesen Mangel aufmerksam gemacht haben.

Gewährleistungssicherung

Zur Sicherung von Gewährleistungsansprüchen kann im Bauvertrag ein bestimmter Betrag der Vertragssumme als Sicherheitsleistung vereinbart werden (§ 17 VOB/B). Dieser Betrag wird dann zum Beispiel sukzessive von den Abschlagsrechnungen einbehalten oder komplett von der Schlussrechnung abgezogen und erst nach Ablauf der Gewährleistungsfrist an den Unternehmer gezahlt.

Sicherheitsleistungen von bis zu fünf Prozent der Vertragssumme möglich

Oft wird ein bestimmter Prozentsatz von der Vergütung angesetzt. Mehr als fünf Prozent der Auftragssumme sind in der Regel nicht zu vereinbaren; und mehr als zehn Prozent pro Abschlagszahlung einzubehalten, bis die Summe von fünf Prozent der Gesamtvergütung einbehalten ist, kann problematisch werden: Gehen Sie über diese Summen hinaus, können Ihre gesamten vertraglichen Regelungen zu den Sicherheitsleistungen unwirksam werden, weil die Rechtsprechung Sicherheitsleistungen von mehr als fünf Prozent als kritisch ansieht und die VOB/B explizit fünf Prozent benennt. Bei kleineren Auftragssummen entspricht das nur einigen Hundert Euro.

Sie müssen diese Summe auf ein Konto einzahlen und verwalten. Meistens wird die vereinbarte Sicherheit vom Unternehmer durch Hinterlegung einer Bankbürgschaft gestellt. Diese ist für den Unternehmer mit Kosten verbunden. Da kleinere Mängel meist ohne großes Aufheben von den Firmen beseitigt werden, lohnt sich der Aufwand für eine Gewährleistungssicherung bei kleineren Aufträgen kaum.

Ihr Architekt wird Sie bei der Gewährleistungssicherung unterstützen, wenn Sie mit ihm die Leistungsphase 9 der HOAI „Objektbetreuung und Dokumentation" (┄┄> Seite 11) vereinbart haben. Bauen Sie in Eigenregie, mit dem Bauträger oder Generalübernehmer, müssen Sie sich um die Gewährleistungssicherung selbst kümmern.

> **Tipp**
>
> Bei Auftragssummen ab 25 000 Euro sollten Sicherheitsleistungen auf jeden Fall vereinbart werden.

Honorarschlussrechnung des Architekten, Bauleiters oder Fachingenieurs

Wenn Sie mit einem Architekten, Fachingenieur oder Bauleiter zusammengearbeitet haben, werden Sie von ihm eine Honorarschlussrechnung erhalten. Je nach Vertragsform und Art der Zusammenarbeit handelt es sich um eine Abrechnung nach Stundensatz, zum Beispiel, wenn Sie einen Sachverständigen nur tageweise eingeschaltet haben, oder aber um die Komplettabrechnung ganzer Leistungsphasen aus der HOAI (┄┄> Seite 11).

Voraussetzungen für die Fälligkeit seiner Honorarschlussrechnung sind die vertragsgemäß erbrachte, abgeschlossene Leistung und die Prüfbarkeit der Rechnung.

Fälligkeit der Honorarschlussrechnung

Hat der Architekt oder Bauleiter die Leistungsphase 9 der HOAI mit Ihnen vereinbart, endet seine vertragsgemäße Leistung erst mit dem Ablauf der letzten Verjährungsfrist der am Bau beteiligten

Unternehmer. Eine Honorarschlussrechnung kann er in diesem Fall erst etwa fünf Jahre nach Fertigstellung des Gebäudes stellen. Viele Architekten und Bauleiter vereinbaren diese Leistungsphase daher gesondert von den anderen Leistungen.

Der Architekt oder Bauleiter, die Fachingenieure sind wie die Handwerker dazu verpflichtet, **prüffähige Schlussrechnungen** vorzulegen. Prüffähig ist eine Rechnung dann, wenn sie vom Auftraggeber sachlich und rechnerisch kontrolliert werden kann. Eine Honorarschlussrechnung sollte daher mindestens folgende Punkte beinhalten:

- Objektbezeichnung und Vertragsgrundlage
- Aufschlüsselung der anrechenbaren Kosten nach den jeweiligen Leistungsphasen gemäß HOAI (⋯⟩ Seite 11)
- Honorarzone und -satz (⋯⟩ Seite 11)
- Erbrachte Grundleistungen (⋯⟩ Seite 11)
- Gegebenenfalls besondere Leistungen
- Gegebenenfalls Berücksichtigung eines Umbauzuschlags (⋯⟩ Seite 11)
- Gegebenenfalls Berücksichtigung mitverarbeiteter Bausubstanz (⋯⟩ Seite 11)
- Honorarberechnung nach § 34 HOAI (Fassung 2009) unter Berücksichtigung der Differenzen innerhalb der Gebührenstufen (Interpolation)
- Zusatzhonorar für besondere Leistungen
- Ermittlung des Erfolgshonorars, falls vereinbart
- Nebenkostenermittlung
- Abzug von Abschlagszahlungen
- Mehrwertsteuer

Die Honorarordnung für Architekten und Ingenieure (HOAI) wurde, wie schon auf Seite 11 erwähnt, im August 2009 umfassend überarbeitet. Die Änderungen haben erhebliche Auswirkungen auf die Honorarrechnungen von Architekten. Den vollständigen Wortlaut der HOAI mit den Honorartabellen finden Sie im Gesetzesportal des Bundesjustizministeriums unter **www.gesetze-im-internet.de**. Nachfolgend die wichtigsten Änderungen im Überblick.

Das bisherige Architektenhonorar nach den Honorartabellen wurde pauschal um zehn Prozent angehoben.

Das Honorar wird neu nur noch auf Grundlage der Kostenschätzung bzw. der Kostenberechnung der Planungsphase ermittelt, nicht mehr nach dem Kostenanschlag und der Kostenfeststellung der Ausschreibungs- und Bauausführungsphase. Das heißt, mit Abschluss der Planungsphase stehen auch die Honorarkosten fest. Während der Bauzeit auftretende Mehrkosten, die nicht vom Bauherrn verursacht werden, fließen nicht mehr in die Honorarberechnung ein und führen nicht mehr zu Honorarerhöhungen, was früher häufig der Fall war.

Mit dem Architekten kann ein Bonus-Malus-System vereinbart werden. Bei einer Unterschreitung der vereinbarten Baukosten kann ein Honoraraufschlag von bis zu 20 Prozent, bei einer Überschreitung ein Malus von bis zu fünf Prozent vereinbart werden. Beides kann, muss aber nicht vereinbart werden. Für Verbraucher ist das allerdings nicht ganz ohne Risiko, denn der Planer kann natürlich auch dazu verleitet werden, von vornherein mit einer zu hohen Kostenschätzung oder -berechnung zu arbeiten, um später einen Bonus zu erhalten.

Neu kann ein Modernisierungs- und Umbauzuschlag von bis zu 80 Prozent des Honorars vereinbart werden. Dieser Zuschlag lag bislang bei 20 bis 33 Prozent. Wird kein Umbauzuschlag vereinbart, gilt automatisch ein Zuschlag von 20 Prozent auf das Honorar. Bei Instandhaltungen und -setzungen kann der anteilige Prozentsatz am Gesamthonorar für die Bauüberwachungsleistung um 50 Prozent erhöht vereinbart werden. Ist nichts vereinbart, entfällt diese Erhöhung.

Die Anrechnung der „mitverarbeiteten Bausubstanz" (also etwa von angrenzenden Bestandsbauteilen bei An- oder Umbauten) entfällt bei der Berechnung des Honorars ersatzlos.

Wird mit einem Architekten ein Stundenhonorar vereinbart, ist der Stundensatz nun frei vereinbar. Bisher durfte der Stundensatz zwischen 38 und 82 Euro betragen.

Auch das Honorar sogenannter besonderer Leistungen, wie etwa Mitwirkung bei nachbarschaftlichen Zustimmungen oder Bauvoranfragen, die nicht durch die Grundleistungen abgedeckt sind, ist nicht mehr festgelegt und muss individuell vereinbart werden, falls solche Leistungen gewünscht sind oder anfallen.

Und etwas Weiteres kommt hinzu: Nach neuerer Rechtsprechung kann man eine nicht prüffähige Honorarrechnung des Architekten nicht einfach als nicht prüffähig zurückweisen, sondern man muss nun dem Architekten darlegen, in welcher Weise die Schlussrechnung nicht prüffähig ist. Macht man das nicht und verstreichen Fristen (in der Regel zwei Monate) kann das dazu führen, dass die Honorarrechnung grundsätzlich als prüffähig gilt.

Anhang

Adressen/Webseiten

Bauberatung und -information

Bauherren-Schutzbund e.V.

Kleine Alexanderstraße 9–10
10178 Berlin

Tel. 0 30/3 12 80 01
Fax 0 30/31 50 72 11

www.bsb-ev.de

Institut Bauen und Wohnen

Wippertstraße 2
79100 Freiburg

Tel. 07 61/1 56 24 00
Fax 07 61/15 62 47 90

www.institut-bauen-und-wohnen.de

Das Institut bietet bundesweit die Prüfung von
Baubeschreibungen an.

Verband privater Bauherren e.V.

Chausseestraße 8
10115 Berlin

Tel. 0 30/2 78 90 10
Fax 0 30/27 89 01 11

www.vpb.de

Wohnen im Eigentum. Die Wohneigentümer e.V.

Thomas-Mann-Straße 5
53111 Bonn

Tel. 02 28/30 41 26 70
Fax 02 28/7 21 58 73

www.wohnen-im-eigentum.de

Der Verein bietet die Prüfung von Baubeschreibungen,
baubegleitende Qualitätskontrollen und Vor-Ort-
Bauberatungen an.

www.baua.de

Technische Regeln für Gefahrstoffe (⋯⟩ Seite 87)

www.buergel.de
www.creditreform.de

Wirtschaftsauskunfteien, die Informationen über die
wirtschaftliche Situation eines Unternehmens geben

www.gisbau.de

Informationen zur Gesundheitsgefährdung und
zu Schutzmaßnahmen für chemische Produkte
(⋯⟩ Seite 87)

www.ift-rosenheim.de

Güterichtlinien für den Fensterbau (⋯⟩ Seite 170)

www.vde.com

Informationen zum Blitzschutz (⋯⟩ Seite 204)

www.bgbau.de

Informationen zum gesetzlichen Versicherungsschutz
auf Baustellen (⋯⟩ Seite 95)

Verbraucher allgemein

Stiftung Warentest

Lützowplatz 11–13
10785 Berlin

Tel. 0 30/26 31-0
Fax 0 30/26 31-27 27

www.stiftung-warentest.de

Verbraucherzentrale Bundesverband e. V. (vzbv)

Markgrafenstraße 66
10969 Berlin

Tel. 0 30/2 58 00-0
Fax 0 30/2 58 00-518

www.vzbv.de

Verbraucherzentralen

Verbraucherzentrale Baden-Württemberg e. V.

Paulinenstraße 47
70178 Stuttgart

Tel. 0 18 05/50 59 99 (0,14 €/min.,
     Mobilfunkpreis maximal 0,42 €/min.)
Fax 07 11/66 91 50

www.vz-bawue.de

Verbraucherzentrale Bayern e. V.

Mozartstraße 9
80336 München

Tel. 0 89/5 39 87-0
Fax 0 89/53 75 53

www.verbraucherzentrale-bayern.de

Verbraucherzentrale Berlin e. V.

Hardenbergplatz 2
10623 Berlin

Tel. 0 30/2 14 85-0
Fax 0 30/2 11 72 01

www.vz-berlin.de

Verbraucherzentrale Brandenburg e. V.

Templiner Straße 21
14473 Potsdam

Tel. 03 31/2 98 71-0
Fax 03 31/2 98 71 77

www.vzb.de

Verbraucherzentrale Bremen e. V.

Altenweg 4
28195 Bremen

Tel. 04 21/1 60 77-7
Fax 04 21/1 60 77 80

www.verbraucherzentrale-bremen.de

Verbraucherzentrale Hamburg e. V.

Kirchenallee 22
20099 Hamburg

Tel. 0 40/2 48 32-0
Fax 0 40/2 48 32-290

www.vzhh.de

Verbraucherzentrale Hessen e. V.

Große Friedberger Straße 13–17
60313 Frankfurt am Main

Tel. 0 18 05/97 20 10 (0,14 €/min.,
     Mobilfunkpreis maximal 0,42 €/min.)
Fax 0 69/97 20 10-40

www.verbraucherzentrale-hessen.de

Verbraucherzentrale in Mecklenburg-Vorpommern e. V.

Strandstraße 98
18055 Rostock

Tel. 03 81/208 70 50
Fax 03 81/208 70 30

www.nvzmv.de

Verbraucherzentrale Niedersachsen e. V.

Herrenstraße 14
30159 Hannover

Tel. 05 11/9 11 96-0
Fax 05 11/9 11 96-10

www.verbraucherzentrale-niedersachsen.de

Verbraucherzentrale Nordrhein-Westfalen e. V.

Mintropstraße 27
40215 Düsseldorf

Tel. 02 11/38 09-0
Fax 02 11/38 09-216

www.vz-nrw.de

Verbraucherzentrale Rheinland-Pfalz e. V.

Seppel-Glückert-Passage 10
55116 Mainz

Tel. 0 61 31/28 48-0
Fax 0 61 31/28 48-66

www.verbraucherzentrale-rlp.de

Verbraucherzentrale des Saarlandes e. V.

Trierer Straße 22
66111 Saarbrücken

Tel. 06 81/5 00 89-0
Fax 06 81/5 00 89-22

www.vz-saar.de

Verbraucherzentrale Sachsen e. V.

Katharinenstraße 17
04109 Leipzig

Tel. 03 41/69 62 90
Fax 03 41/6 89 28 26

www.verbraucherzentrale-sachsen.de

Verbraucherzentrale Sachsen-Anhalt e. V.

Steinbockgasse 1
06108 Halle

Tel. 03 45/2 98 03-29
Fax 03 45/2 98 03-26

www.vzsa.de

Verbraucherzentrale Schleswig-Holstein e. V.

Andreas-Gayk-Straße 15
24103 Kiel

Tel. 04 31/5 90 99-0
Fax 04 31/5 90 99-77

www.verbraucherzentrale-sh.de

Verbraucherzentrale Thüringen e. V.

Eugen-Richter-Straße 45
99085 Erfurt

Tel. 03 61/5 55 14-0
Fax 03 61/5 55 14-40

www.vzth.de

Stichwortverzeichnis

A

Abbruchabfälle 55
Abbrucharbeiten 52, 54
Abfallentsorgung 55
Abfallentsorgungscontainer 46
Abfallschlüssel 55
Abnahme 236
  – Abnahmeprotokoll 239, 240
  – Abnahmetermin 239
  – behördliche 102
  – Einzelabnahme 236
  – förmliche 238
  – Komplettabnahme 236
  – Schlussabnahme 35
Abschlagsrechnung 117
Abschlagszahlung 116, 122, 243
Absteckungsprotokoll 30
Abwasserleitung 139
Adressliste 80
Aktennotiz 107
Allgemeine Technische Vertragsbedingungen (ATV) 108
Alternativposition 72
Andienungspflicht 56
Angebote 76
  – Auswertung 77
  – Bietergespräche 78
  – Einholen 76
Anhydritestrich 210
Ansichtsplan 24, 44
Anträge bei Behörden 34
Anwalt 39, 60
Anzeigen bei Behörden 32, 54
Arbeitsschutz 88
Arbeitszeiten 89
Architekt 53, 101, 120, 247
Armaturen 193
Attika 160
  – Verkleidung 165
Auftragserteilung 78
Außenumbauten 44
Ausführungsplan 20, 197
Aushubarbeiten 136
Ausschreibung 67 ,90
  – Ausschreibungsunterlagen 67

B

Bankbürgschaft 117, 247
Bauabfälle 55, 252
Bauabzugsteuer 66
Bauaufsichtsamt 35
Bauausführungsplan
  ⇢ Ausführungsplan
Baubeginnanzeige 33
Bauberufsgenossenschaft (Bau-BG) 87, 95
Baubetreuer 12
Baufreigabe 135
Baugenehmigung 32
Baugerüst
  ⇢ Gerüst
Bauherren-Haftpflichtversicherung 96
Bauleistungsversicherung 96
Bauleiter 100
  – Aufgaben 100
  – Auswahl 103
Baumschutz 47
Bauschutt 55
Baustelle
  – Absicherung 85
  – Arbeitsschutz 86
  – Baustelleneinrichtung 25, 83, 134
  – Baustellenordnung 82
  – Baustellen-Verordnung 82
  – Baustellenvorschriften 86
  – Begehung 126
  – Besucher 84
  – Gefahrstoffe 87
  – Sicherheit 83
  – Versicherungsschutz 94
Baustraße 46, 134
Baustrom 36, 38, 59, 96, 134
  – Baustromverteiler 92
  – Kennzeichnung auf Stromgeräten 92
Bautagebuch 101, 106
Bauträger 13
Bauüberwachung 11, 104
Bauunterlagen 105
  – Ordnerstruktur 105
Bauvertrag
  ⇢ BGB-Vertrag
  ⇢ VOB-Vertrag
Bauwagen 135
Bauwasser 36, 58

Bauwesenversicherung
⟶ Bauleistungsversicherung
Bauzaun 85, 134
Bauzeitenplan 27, 28, 52
Behinderungsanzeige 114
Behörden 32, 54
Besonders überwachungsbedürftige Abfälle (büA) 55
Bestandsschutz 45, 48, 52, 209
Beton 139
Betonwerksteinplatten 220
Bewehrung 134, 144
Beweislast, Umkehr der 237
BGB-Vertrag 63, 108, 116, 237
Bietererklärung 69
Bietergespräche 78
Blecharten 165
Blechnerarbeiten 165
Blitzschutzanlage 203 f.
Blower-Door-Test 214, 232
Bodenarten 136
Bodengutachter 30
Bodenplatte 139
Bus-Technik 197

C
Chemie-WC-Häuschen 46

D
Dach
– Dachbegrünung 161
– Dachdeckungen 165
– Dachterrasse 163
– Flachdach 159
– Steildach 155
Dachstuhl 153
– Holzarten 155
Dampfbremse 214, 232
Decken 148
– Akustikdecken 214
– Holzdecken 214
Dickbettverfahren 220
DIN-Normen 111
Drainage 146
Dünnbettverfahren 217

E
Einbehalt 244
Eindichtung 165
Einheitspreis 73
Einheitspreisvertrag 64
Elektroinstallation 196
Elementarschadenversicherung 97
Energieeinsparverordnung (EnEV) 31, 170,188, 191
Erdarbeiten 83
Erschließung 38
Erste Hilfe 90
Estrich
– Anhydritestrich 110
– auf Trennlage 211
– Gussasphaltestrich 210
– schwimmender 211
– Trockenestrich 210
– Verbundestrich 210
– Zementestrich 209
Estricharbeiten 211
Eventualposition 72

F
Fachingenieure 29, 53
Fällen von Bäumen 33
Fassadenschutz 50
Fenster 170
– Fensterbänke 183
– Fensterstürze 183
– Laibung 176
– Montage 171
Fensterbankschutz 50
Fensterschutz 50
Fertighaus 16
Fertighausanbieter 16
Fertigparkett 228
Feuerlöscher 90
Feuerrohbauversicherung 96
First 150
Firstlasche 150
Firstpfette 150, 153
Flächenplanung 24
Fliesenarbeiten
– Außenbereich 217
– Fliesenbodenschutz 49
– Innenbereich 217
Freistellungsbescheinigung 67
Frischbeton 139
Fundamenterder 139
Fußbodenheizung 189
Fußpfette 150

G

Gaube 150
Gebäudeeinmessung 35, 57
Gebäudefeuerversicherung 97
Gefahrenübergang 237
Gefahrstoffe 87
Gefahrstoff-Informationssystem CODE (GISCODE) 87
Gefahrstoffverordnung (GefStoffV) 87
Generalübernehmer 14
Generalunternehmer 15, 123
Gesamtpreis 72
Gewährleistungsfrist 246
Gerüst 84, 93
   – Gerüstfreigabeschein 93
   – Gerüstumstellungen 93
   – Laufstege 93
Gewährleistungssicherung 246
Gewässerschaden-Haftpflichtversicherung 97
Giebelwand 150
Gipsputz 207
Grundleistung 11
Grundleitung 139
Grundrissplan 20, 21
Grundstücksgrenze 35
Grundwasser 34
Grundwasserabsenkung 33, 132
Gussasphaltestrich 210

H

Handwerker 74
   – Auswahl 74
   – Versicherung 95
Hausanschluss 38
Haustechnik-Ingenieur 31
Heizung 57, 188
Holzanstriche 227
Holzdecken 227
Holzfassadenverkleidung 185
Holztreppen 224
Honorarordnung für Architekten und Ingenieure (HOAI) 10
Honorarschlussrechnung 12, 247 f.
Honorarzonen 11
Honorarzuschlag 11
Horizontalsperre 142

I

Innenarchitekt 53
Innenumbauten 43

J

Jour fixe 106

K

Kaltdach 158, 162
Kanalanschluss 38
Kehlbalkenlage 150
Kehlblech 167
Kellerdecke 144
Kellerfensterschacht 144
Kellerwand 142
   – Abdichtung 143
Kerndämmung 148
Klempnerarbeiten 165
Klinkerfassade 181
Kniestock 150
Kostenkontrolle 120, 122
Kostensteuerung 120, 122
Kreislaufwirtschafts- und Abfallgesetz (KrW-/AbfG) 55

L

Lehmputz 207
Leistungsphasen 11
Leistungsverzeichnis 71, 72
Linoleum 231
Luftdichtigkeit 232
Lüftungsanlage 199
   – Erdwärmetauscher 201
   – Montage 200
   – mit Wärmerückgewinnung 199
Luftwechselrate 232

M

Makler- und Bauträgerverordnung (MaBV) 116
Malerarbeiten 221
Mangel 100, 108, 244
   – Mangelfolgeschaden 109
Mängelrüge 40
Maschinensicherheit 91
Maschinenstandpunkte 90

Mauerwerk
– einschaliges 148
– hinterlüftetes 148
– mehrschaliges 148
– Verblendmauerwerk 181
Mengenansatz 72
Mittelpfette 150, 153

N

Nachbesserung 109
Nacherfüllung 109
Nachtragsforderung 123, 243
Nebenleistung 65
Nicht besonders überwachungsbedürftige Abfälle
(nbüA) 55

O

Oberputz 179
Objektüberwachung
⇢ Bauüberwachung
Öffentliche Verkehrsflächen 33
Ölheizung 98
Ortgang 150
– Ortgangblech 167

P

Parkett 228
– Parkettbodenschutz 49
Pauschalpreisvertrag 65
Planunterlagen 20, 42
Positionsplan 29
Potenzialausgleich 204
Preisminderung 109
Preisspiegel 77
Preisverhandlung 78
Projektzeitenplan 27, 51
Putzfassade 178
– Putzschäden 180
– Witterungseinflüsse 179
PVC-Böden 231

R

Ratenzahlung 117
Rechnungsprüfung 116, 241
Regenrinne 168
Reihenhaus 142
– Trennfuge 142

Ringanker 142, 148
Rohbauabnahme 34, 57
Rohbauarbeiten
– Gründung 138
– Kellergeschoss 142
– Obergeschosse 151
Rollladen 173
– Elemente 173
– Montage 173
– Rollladenkasten 142, 148, 173
Ruhezeiten 89

S

Sanitäreinrichtungen 91, 193
Sanitärinstallation 191
– Fertigmontage 191
– Rohinstallation 191
Schadenersatz 109
Schallschutz
– Fenster 170
– Fliesen 217
– Nachweis 31
– Trockenbauplatten 215
Schlosserarbeiten 205
Schlussabnahme 35, 58
Schlussrechnung 237, 239
Schnittplan 20, 22
Schnurgerüst 138
Schornstein 149 f.
Schreinerarbeiten 223
Schutzausrüstung 89
Schutzdach 86
Schwarzarbeit 66
Selbstvornahme 109
Sicherheit auf Baustellen 83
– Sicherheitsausrüstung 84
Sicherheitseinbehalt 119
Sicherheitseinrichtungen 90
Sicherheits- und Gesundheitsschutzkoordinator
(SIGEKO) 82
Sicherheitsleistung
⇢ Gewährleistungssicherung
Sickerwasser 143
Skontovereinbarung 244
Sparren 150
Statiker 29

T

Technische Regeln für Gefahrstoffe (TRGS) 87
Teillos 72
Telefonliste 75
Teppich 230
  – Teppichbodenschutz 49
Toiletten 91
Toleranzmaße 113
Traufe 150, 158
Treppen 149
  – Holztreppen 224
  – Treppenschutz 49
Trockenbauarbeiten 213
  – Dachflächen 213
  – Zwischenwände 214
Trockenestrich 210
Türen 223
Türschutz 49

U

Überspannungsschutz 204
Umbauplanung 43 f.
Umbauzuschlag 11
Umkehrdach 159
Umweltingenieur 53
Umweltschutz 84
Unfallversicherung 95
Unterputz 178
Urkalkulation 125
U-Wert
  ⸱⸱⸱⟩ Wärmedämmwert

V

Verblendschale 182
Verbundestrich 210
Vergabe- und Vertragsordnung für Bauleistungen
  (VOB) 64
Vermessungsingenieur 30
Verordnung über Sicherheit und Gesundheitsschutz
  auf Baustellen (BaustellenV) 82
Versicherungen 94
  – Bauherren-Haftpflichtversicherung 96
  – Bauleistungsversicherung 96
  – Elementarschadenversicherung 97
  – Feuerrohbauversicherung 96
  – Gebäudefeuerversicherung 97
  – Gewässerschaden-Haftpflichtversicherung 97
  – Handwerkerversicherung 95
  – Wohngebäudeversicherung 97

Versicherungsschutz
  – Baustellen 94
Versorgungsunternehmen 36, 58
  – Anträge 36, 37, 54
  – Trassenanfrage 36
Vertragsstrafe 237, 244
Verwahrung 165
VOB-Vertrag 110, 238, 246
Vordach 205

W

Wandanschlussblech 166
Wandputz 178
Wandschutz 49
Warmdach 158, 162
Wärmedämmung
  – Fassade mit Wärmedämmverbundsystem 175
  – Fenster 170
  – Flachdach 160
  – Klinkerfassade 181
  – Putzfassade 179
  – Rohbauarbeiten 147
  – Rollladen 174
  – Steildach 158
  – Trockenbauarbeiten 213
  – Wärmedämmverbundsystem 175
  – Wärmedämmwert 170
  – Warmwasserleitungen 191
Waschräume 91
Wasserhaltung 132
WC-Häuschen 46
Werkplan 20
Werkvertrag 62
Wohngebäudeversicherung 97

Z

Zählermontage 38
Zahlungsansprüche, zusätzliche 124
Zahlungsplan 117
Zement 139
  – Zementestrich 209
  – Zementputz 178
Zimmererarbeiten 153
Zusätzliche Vertragsbedingungen 70
  – zusätzliche technische Vertragsbedingungen 71
Zuschlagsschreiben 79

Impressum

Herausgeber

Verbraucherzentrale Nordrhein-Westfalen e. V.
Mintropstraße 27, 40215 Düsseldorf
Telefon: 0211/3809-555
Telefax: 0211/3809-235
E-Mail: ratgeber@vz-nrw.de
www.vz-nrw.de

Mitherausgeber
Verbraucherzentrale Bundesverband e. V. (vzbv)
Verbraucherzentrale Hamburg e. V.
(Adressen ⋯⟩ Seite 253)

Autoren
Dipl.-Ing. Peter Burk
Dipl.-Ing. Günther Weizenhöfer
www.institut-bauen-und-wohnen.de

Koordination
Wibke Greeven

Fachliche Mitwirkung
Claus Mundorf
Beate Uhr

Gesamtproduktion
punkt 8, Berlin
www.punkt8-berlin.de

Fotos und Zeichnungen
Dipl.-Ing. Peter Burk
Dipl.-Ing. Günther Weizenhöfer

Umschlaggestaltung
Ute Lübbeke, LNT Design, Köln
Titelbild: Getty Images

Druck und Verarbeitung
Stürtz GmbH, Würzburg

Redaktionsschluss: Oktober 2012

verbraucherzentrale

Unser Plus für Sie!

Noch Fragen?
Die Beratung der Verbraucherzentralen

Hoffentlich haben Ihnen die Informationen in diesem
Ratgeber weitergeholfen. Wenn Sie noch Fragen haben ...
Die Expertinnen und Experten der Verbraucherzentrale beraten
Sie individuell, kompetent und unabhängig:

- in Ihrer Beratungsstelle vor Ort,
- am Telefon oder
- im Internet.

! Wir beraten zum Beispiel zu:

- Banken und Geldanlagen
- Baufinanzierung
- Energie
- Ernährung
- Haushalt, Freizeit,
  Telekommunikation
- Kreditrecht, Schuldner- und
  Insolvenzverfahren
- Patientenrechte und Gesundheits-
  dienstleistungen
- Reiserecht
- Versicherungen

www.

Unter www.verbraucherzentrale.de
finden Sie das vollständige
Beratungsangebot in Ihrem
Bundesland.

Oder Sie nehmen direkt Kontakt mit Ihrer Verbraucherzentrale
auf: Die Adressen finden Sie auf Seite 253 f.

Nutzen Sie unser Beratungsangebot und treffen Sie mit
unserer Unterstützung die richtigen Entscheidungen.
Wir sind für Sie da!

262 Die Ratgeber der Verbraucherzentralen

Hier können wir Ihnen nur eine kleine Auswahl aus unserem Ratgeberprogramm vorstellen. Mehr als 100 Titel halten wir für Sie bereit. Auf Wunsch senden wir Ihnen gern ein Gesamtverzeichnis zu. Zu den genannten Preisen (Stand: Oktober 2012) kommen noch Porto und Versandkosten.

Kauf eines Reihen- oder Doppelhauses

Wer ein Reihen oder Doppelhaus vom Bauträger kauft, erhält zwar alle Leistungen bequem aus einer Hand. Doch er geht auch Risiken ein. Dieser Ratgeber zeigt, wie man diese populärste Variante des Bauens angeht und zuverlässig umsetzen kann.

1. Auflage 2011, 256 Seiten, 12,90 €

Kostenfallen beim Immobilienkauf

Ob Haus- oder Wohnungskauf, ob neu oder gebraucht: Außer den allseits bekannten Nebenkosten wie Notargebühren oder Grunderwerbsteuer lauern zusätzliche Kostenfallen. Dieser Ratgeber zeigt Ihnen, wie Sie sich schützen können. Muster-Fragebögen helfen Ihnen, Immobilienanbieter gezielt nach typischen fehlenden Leistungen zu fragen. Checklisten geben Ihnen Auskunft darüber, welche Kosten sich in welcher Höhe hinter den fehlenden Leistungen verstecken und welche Alternativen es gibt.

1. Auflage 2012, 240 Seiten, 12,90 Euro

Kauf und Bau eines Fertighauses

Das Bauen mit einem Fertighausanbieter ist eine interessante Alternative zum klassischen Hausbau. Doch unterschiedliche Konstruktionsarten und Baustoffe machen die Entscheidung schwer. Hier gibt der Ratgeber zuverlässige Hilfestellungen – unter anderem bei Herstellerprüfung und Vertragsgestaltung, Baudurchführung und Abnahme.

4. Auflage 2011, 198 Seiten, 9,90 €

Richtig bauen: Planen

Der Traum von den eigenen vier Wänden kann für Bauherren schnell zum Albtraum werden: Behörden stellen sich quer, der Bauablauf verzögert sich, Kosten explodieren. Um Probleme zu vermeiden, begleitet der Ratgeber Bauherren von der Einrichtung der Baustelle bis zur Fertigstellung – mit Checklisten für alle Gewerke und zahlreichen Arbeitsvorlagen.

1. Auflage 2005, 208 Seiten, 19,90 €

Die Muster-Baubeschreibung

Was Bauherren für ihr Geld bekommen, steht in der Baubeschreibung des Anbieters: Ausstattung, Haustechnik, Innenausbau und weitere Details werden hier festgelegt. Doch viele Baubeschreibungen bleiben hier zu allgemein – nicht selten zugunsten des Unternehmers. Das Buch zeigt, was eine gute Baubeschreibung enthalten muss und erläutert wichtige Punkte.

2. Auflage 2010, 216 Seiten, mit CD-Rom, 19,90 €

Die Baufinanzierung

Dieser Ratgeber ist unentbehrlich für alle, die in den eigenen vier Wänden wohnen wollen. Der Bestseller bietet das Knowhow, das Bauherren brauchen, um sich im Konditionendschungel der Kreditinstitute zurechtzufinden und Finanzierungsangebote vergleichen zu können. Mit WohnRiester – einem Baustein der Immobilienfinanzierung.

4. Auflage 2011, 176 Seiten, Flexcover, 14,90 €

Meine Rechte als Nachbar

Haben Sie sich auch schon mal über die Bäume im Garten des Nachbarn geärgert? Oder ist die Garage der Stein des Anstoßes? Streitigkeiten mit dem Nachbar kosten nicht nur Zeit und Nerven, sondern können auch teuer werden. Wir zeigen anhand vieler Beispiele aus der Praxis, wie sich solche Streitigkeiten beilegen lassen.

4. Auflage 2011, 264 Seiten, 11,90 €